La Logique
de l'honneur

Du même auteur

La Science et le Prince
Denoël, 1970

La Politique du bonheur
Seuil, 1973

Le Chômage paradoxal
PUF, 1990

Philippe d'Iribarne

La Logique
de l'honneur

Gestion des entreprises
et traditions nationales

Éditions du Seuil

La première édition de cet ouvrage
a paru dans la collection « Sociologie » en 1989

TEXTE INTÉGRAL

EN COUVERTURE : archives J.D.L.

ISBN 2-02-020784-2
(ISBN 2-02-010709-0, 1re publication)

© Éditions du Seuil, mai 1989

Préface
pour l'édition de poche

La parution en édition de poche de *La Logique de l'honneur* fournit l'occasion, quatre ans après la publication initiale, de discuter et d'éclaircir la perspective adoptée dans l'ouvrage. Celui-ci a sa cohérence interne et il n'était pas opportun d'en modifier le texte. Mais les réactions qu'il a suscitées et les enseignements apportés par la suite des recherches ont conduit à approfondir plusieurs pistes de réflexion qui permettent de mieux situer la démarche entreprise.

Mettant en évidence des modèles nationaux de fonctionnement et de gestion des entreprises, à partir de l'analyse comparée de la vie d'établissements de production appartenant à plusieurs pays, l'ouvrage relève d'un double registre. Œuvre de sciences sociales, il concerne des chercheurs et des étudiants. Portant sur des questions à fortes implications pratiques, il s'adresse simultanément à ceux qui, dans les entreprises, sont soucieux d'éclairer leur action de gestionnaires ou militent pour changer les relations entre dirigeants et dirigés. Mais, si chercheurs et praticiens se rencontrent souvent dans les objets qu'ils souhaitent mieux comprendre, les types de connaissance auxquels ils aspirent ne se recouvrent pas totalement. Aussi le parti adopté dans la rédaction du texte a-t-il été de mettre l'accent sur les questions qui concernent à la fois les uns et les autres. Ce faisant, ce qui relève de l'intérêt exclusif soit des chercheurs soit des praticiens a été laissé de côté. L'ouvrage ne comporte ni discussions théoriques approfondies ni recettes de gestion.

Pareilles limitations, qui n'ont pas manqué de susciter interpellations et invitations à poursuivre de la part des diverses catégories de lecteurs et critiques, n'étaient bien sûr que provisoires. L'ouvrage une fois paru, des articles à caractère théorique ont été rédigés pour des revues académiques[1]. Et des problèmes pratiques ont été traités à la demande d'entreprises, ce qui a amené à élaborer des prescriptions concrètes de gestion[2]. Sans chercher, dans la présente préface, à rendre compte exhaustivement de cet ensemble de travaux, on s'attachera à clarifier les questions centrales qui ont été soulevées.

Nous évoquerons successivement des questions théoriques et méthodologiques relevant de la position de notre démarche au sein des sciences sociales, puis des questions liées à la gestion des entreprises. Les praticiens pourraient sans doute ne pas se sentir concernés par la première de ces rubriques (ce qui les inciterait à passer directement à la page XX). Mais ils trouveront peut-être quelque intérêt à voir comment notre capacité à concevoir des pratiques de gestion adaptées aux divers contextes nationaux est liée à certains aspects fondamentaux de notre compréhension des sociétés où nous vivons. Et de même, les théoriciens pourraient trouver trop terre à terre les questions de gestion (et sauter les pages XX à XXVI). Mais ils seront peut-être heureux de voir combien les débats qui agitent les sciences sociales sont lourds de conséquences concrètes.

Culture, institutions, stratégies, histoire

Les principales interpellations, écrites ou orales, adressées à *La Logique de l'honneur* par les sociologues des organisations ou du travail ont porté non sur les résultats obtenus, qui dans l'ensemble

---

1. Philippe d'Iribarne, « Culture et effet sociétal », in *Revue française de sociologie*, vol. XXXII, n° 4, octobre-décembre 1991. « The logic of honour in the bureaucratic phenomenon », à paraître in *Organization Studies*, 1994. « The usefulness of an ethnographic approach to international comparisons of organisations », à paraître in *Organization Studies*, 1994.
2. Ainsi ont été traitées la mise en place de pratiques inspirées du modèle managérial dans les organisations bureaucratiques, l'adaptation des démarches de qualité totale au contexte français, la prise en compte dans la gestion des spécificités culturelles des travailleurs immigrés.

II

ont été bien reçus, mais sur la nature disciplinaire de l'approche adoptée[3].

Dans ses courants dominants, la sociologie des organisations contemporaine ne s'intéresse guère ni aux cultures nationales ni à l'histoire. Analysant le système d'action français, Michel Crozier a fait pourtant, il y a trente ans, un travail de pionnier dans ce domaine[4]. Il a cherché à mettre en relief le caractère culturel des modes de conception et d'exercice de l'autorité et s'est penché sur l'existence, dans la France contemporaine, d'un « modèle d'action sociale » hérité de l'Ancien Régime. A la même époque, d'autres travaux portant sur le Japon ont eux aussi mis l'accent sur les questions de culture[5]. Mais depuis cette veine de recherche a été pour l'essentiel abandonnée, y compris par Michel Crozier. Le rejet de ce qu'il est convenu d'appeler le « culturalisme » s'est répandu[6]. Et les comparaisons internationales portant sur les entreprises privilégient, dans leurs courants dominants, les différences de systèmes institutionnels[7].

Dans pareil climat intellectuel, le fait de remettre à l'honneur une dimension culturelle a suscité nombre d'interrogations et quelques réactions négatives. De multiples questions portant sur les orientations théoriques de l'ouvrage ont été posées :

— à quelle conception de la culture est-il fait appel ?

— quels types de rapports suppose-t-on entre la culture, les institutions, l'histoire et les stratégies des acteurs ?

— quels processus interviennent-ils dans la transmission de la culture sur de longues périodes historiques ? s'il est vrai en particulier que l'honneur joue toujours un rôle essentiel dans la

---

3. Cf. les comptes rendus de *La Logique de l'honneur* par Pierre Dubois, in *Sociologie du travail,* vol. XXXII, n° 1, 1990 et par Denis Segrestin, in la *Revue française de sociologie,* vol. XXXI, n° 4, 1990.

4. Michel Crozier, *Le Phénomène bureaucratique,* Paris, Seuil, 1963.

5. J. C. Abeglen, *The Japanese Factory : Aspects of its Social Organisation,* Free Press, Glencoe (Ill.), 1958.

6. Ceci est très net dans les travaux portant sur le Japon ; cf. par exemple, le numéro spécial « Japon. Nouveaux défis », *Sociologie du travail,* vol. XXXIII, n° 1, 1991.

7. Cf. le numéro « Les comparaisons internationales. Théories et Méthodes », *Sociologie du travail,* vol XXXI, n° 2, 1989.

société française, comment un mode de fonctionnement manifestement contraire aux valeurs « républicaines » qui la régissent officiellement peut-il voir son influence perdurer, alors qu'il n'est revendiqué ouvertement par personne ? si on fait appel pour expliquer ce fait à des phénomènes de continuité culturelle, quel est le support de pareils phénomènes ?

— quelle homogénéité suppose-t-on aux cultures nationales ? comment pareille homogénéité est-elle compatible avec la diversité des fonctionnements d'entreprise que l'on observe ? quels rapports y a-t-il entre les cultures nationales et les cultures d'entreprises ?

— quels rapports les analyses qui sont présentées entretiennent-elles avec les travaux contemporains portant sur les organisations ? pourquoi est-il fait référence de manière privilégiée à Montesquieu et Tocqueville plutôt qu'à pareils travaux, ou à des auteurs tels que Durkheim et Weber auxquels la sociologie contemporaine doit beaucoup plus ?

Traiter de manière précise et documentée cet ensemble de questions dépasserait bien sûr le cadre d'une simple préface. Mais, tout en se référant pour l'essentiel à d'autres publications, il est possible de commencer à clarifier ce qui est en cause.

La plupart de ces questions renvoient en fait à la première : qu'est-ce que la culture ? Les conceptions de la culture que véhicule la sociologie des organisations sont très diverses. Mais elles ont en commun de ne pouvoir rendre compte des phénomènes que nous avons observés, et en particulier des formes de continuité culturelle et d'articulation entre culture, institutions, histoire et stratégies correspondant à ces phénomènes. Pour comprendre ces derniers, il faut se référer à une conception de la culture qui, tout en étant dominante chez les anthropologues, est méconnue des sociologues.

Ainsi prenons la perspective crozièrienne, qui tend à considérer la culture comme « capacité »[8]. Elle met l'accent sur la plus ou moins grande aptitude psychologique des individus à assumer un type donné de relations, et en particulier des relations de critique ouverte. A un état donné de la culture, correspond un plus ou moins grand développement de pareille aptitude. Ainsi, on peut dans

8. Michel Crozier, Erhard Friedberg, *L'Acteur et le Système,* Paris, Seuil, 1977.

pareille perspective opposer les cultures, telle la culture américaine, où les individus ont, selon Michel Crozier, une forte capacité de relations face à face, aux cultures, telle la culture française, où cette capacité est faible. Grâce à des phénomènes d'apprentissage culturel, cette capacité évolue au cours du temps, élargissant du même coup le champ des modes d'organisation possibles dans une société donnée. Toute continuité sur très longue période supposerait dès lors une absence obstinée d'apprentissage culturel, laquelle, s'agissant d'une société « moderne », serait à la fois intellectuellement peu crédible et moralement choquante.

De même, dans la vision classique, systématisée par Parsons, de la culture comme système de valeurs, toute affirmation de continuité culturelle sur longue période est difficilement crédible tant il paraît clair que les valeurs évoluent dans le temps. Et il en est de même encore dans les conceptions de la culture qui voient celle-ci soit comme une sorte de superstructure d'un système institutionnel, en fait déterminant[9], soit comme la face affective de la vie d'un groupe rassemblé par des intérêts communs[10], tant il est clair, là aussi, que l'on n'a pas là de fondement à une stabilité de longue période.

Mais, si l'on se tourne vers l'anthropologie contemporaine, de Lévi-Strauss à Geertz, et vers la compréhension de la culture qu'elle propose, ces difficultés disparaissent[11].

Les humains vivent dans un univers de significations. Ils décodent sans cesse non seulement les mots de leurs congénères, mais leurs expressions, leurs postures, leurs actes de toute nature, leur donnent un sens. Et ils agissent de même en tenant compte du sens que vont prendre leurs actions. Or, loin d'être universelle, cette

9. Marc Maurice, François Sellier, Jean-Jacques Silvestre, *Politiques d'éducation et Organisation industrielle en France et en Allemagne,* Paris, PUF, 1982.
10. Jean-Daniel Reynaud, *Les Règles du jeu : l'action collective et la régulation sociale,* Paris, Armand Colin, 1989. On trouve déjà cette manière de voir chez Max Weber, dans *Économie et Société.*
11. Claude Lévi-Strauss, *Anthropologie structurale,* Paris, Plon, 1958 ; Clifford Geertz, *The Interpretation of Cultures,* New York, Basic Books, Inc. Publishers, 1973. On trouve une discussion portant sur la diversité des manières dont les sciences sociales appréhendent la culture dans Robert Wuthnow, *Meaning and Moral order : Exploration in Cultural Analysis,* University of California Press, 1987.

signification est toujours liée à une sorte de langage particulier. Et la culture est avant tout langage, code. Elle fournit un référentiel permettant aux acteurs de donner un sens au monde où ils vivent et à leurs propres actions. Elle désigne, classe, repère, relie, met en ordre. Elle définit les principes de classification qui permettent d'ordonner la société en groupes distincts, des groupes totémiques aux catégories professionnelles. Elle fournit des schémas d'interprétation qui donnent sens aux difficultés de l'existence, les présentant comme les éléments d'un ordre, qu'il faut dès lors endurer, ou comme fruit de sa perturbation, qu'il faut dès lors corriger.

Loin de fixer à chacun des rôles auxquels il ne pourrait échapper, la culture influence ainsi les orientations particulières que prennent, au sein de chaque ensemble social, les jeux stratégiques par lesquels il défend aussi bien ses intérêts que ses convictions. Il n'existe pas, en effet, d'intérêts, de désirs, assez « naturels » pour être totalement indépendants des significations attachées à ce qui est l'objet d'enjeux. Les formes d'opposition pertinentes dans chaque culture conduisent à une certaine structuration des intérêts. Ainsi, par exemple, dans une société qui, telle la société indienne, donne une place centrale à l'opposition pur/impur, tout ce qui est lié à cette opposition va tenir une grande place dans les intérêts et les stratégies des acteurs, rendant parfois celles-ci incompréhensibles pour ceux qui ne tiennent pas compte de ces phénomènes.

La continuité de chaque culture, alors même qu'elle est marquée par de multiples évolutions, vient de la stabilité du système d'oppositions fondamentales sur laquelle elle est construite. Ainsi, l'opposition noble/commun est restée au cours de l'histoire extrêmement significative au sein de la culture française, alors même que la définition de ce qui est noble et de ce qui est commun a profondément varié. Et dire que l'honneur a un rôle persistant au sein de cette culture, c'est dire que la pertinence de cette opposition y est persistante et y intervient de manière persistante dans la conception des droits et des devoirs. De manière générale, l'existence d'une continuité culturelle n'est nullement incompatible avec le caractère évolutif de l'organisation de la société. Elle correspond au fait que cette organisation prend sens dans des repères qui sont beaucoup plus stables qu'elle. Selon les termes de Lévi-Strauss[12], « Dans tous les cas il y a quelque chose qui se conserve et que l'observation historique permet de dégager progressivement, par une sorte de filtrage laissant passer ce qu'on pourrait appeler le contenu lexicographique des institutions et des coutumes, pour ne retenir que les éléments structuraux. »

Pour comprendre comment certains principes organisateurs demeurent ainsi dans un monde qui évolue, il convient de considérer les stratégies mêmes de ceux qui veulent réformer la société (pour la rendre meilleure ou améliorer la place qu'ils y occupent). Pour avoir quelque chance de conduire au succès, les objectifs des réformateurs et les voies d'action qu'ils adoptent doivent paraître sensés aux yeux de ceux qu'ils veulent entraîner dans leur combat. Or le fait que quelque chose apparaisse ou non comme sensé se détermine par rapport à des repères qui ne sont jamais totalement créés *ex nihilo*. C'est en référence à des repères fondamentaux communément partagés que les réformateurs peuvent faire apparaître comme sensés les changements qu'ils préconisent à un niveau moins fondamental. Et ils contribuent ainsi à assurer la pérennité de ces repères fondamentaux.

Dans le cas français en particulier, il existe de multiples traces de l'existence de ce type de processus qui, conduisant à modifier ce qui était ou non considéré comme noble, a assuré du même coup la persistance de la référence à l'opposition noble/commun.

Pareil processus était déjà en œuvre dans la France médiévale, qui était loin de constituer une société « immobile ». On le retrouve dans la France moderne. On peut en donner mainte illustration s'ajoutant à celles que l'on a évoquées dans le corps de l'ouvrage. Ainsi, le manifeste de Sieyès *Qu'est-ce que le Tiers-État?*, où s'exprime l'esprit de 1789, montre combien était vif le désir des révolutionnaires d'être « honorés » suivant les valeurs d'Ancien Régime. La création de l'École polytechnique par la Convention, régime le plus révolutionnaire que la France ait connu au cours de son histoire, est un bon indice du désir révolutionnaire de créer une aristocratie des « talents », destinée à se substituer à celle du

12. Claude Lévi-Strauss, *op. cit.*, p. 30.

« sang », mais sans réelle remise en cause du référent aristocratique [13].

Pareil mouvement s'est poursuivi au cours de l'histoire ultérieure, et en particulier dans le monde du travail. Ainsi le mouvement ouvrier français a cherché à faire reconnaître la « noblesse » de l'activité ouvrière, avec l'ensemble de reconnaissance sociale et de sens du devoir y afférant [14], et cet objectif avait du sens au sein d'une société qui, dans la représentation qu'elle se donne d'elle-même, accorde une place centrale à une hiérarchie des rangs marquée par l'opposition entre le noble et le commun. Ce faisant il a contribué à assurer la pérennité de la place que la société française accorde à pareille opposition. On peut citer de même la création, dans les années trente, de la catégorie, si typiquement française, des « cadres » [15]. Cette création a résulté de stratégies extrêmement explicites d'un ensemble d'acteurs. La référence à l'existence d'une responsabilité sociale élevant les cadres au-dessus du simple statut d'employé y a tenu une place centrale. La double dimension de privilèges et de devoirs associés à l'appartenance à un corps, caractéristique d'une logique de l'honneur, a été ainsi mise en avant. Et ce mouvement a contribué à actualiser les formes de manifestation concrète de cette logique et par là même à assurer son maintien.

Les institutions sont elles-mêmes influencées par les référentiels de sens propres à chaque culture et contribuent à entretenir l'« évidence » de ces référentiels.

Cela apparaît bien, par exemple, quand on compare les systèmes éducatifs français et allemand. Il est possible d'obtenir une certaine compréhension de ce qui les différencie en montrant qu'existe une cohérence entre la structure de chacun d'eux et l'organisation des entreprises qu'il alimente en personnel [16]. Mais le fait de comprendre les cohérences respectives de deux systèmes n'explique en rien pourquoi l'un s'observe justement en Allemagne et l'autre en

13. Jean-Paul Charnay (éd.), *Lazare Carnot ou le savant-citoyen,* Paris, Presses de l'université Paris-Sorbonne, 1990.
14. A. Guèdez, « Travail ouvrier et travail humain : l'exemple du compagnonnage », in *Cahiers internationaux de sociologie,* vol. LXXXI, 1986.
15. Luc Boltanski, *Les Cadres. La formation d'un groupe social,* Paris, Les éditions de Minuit, 1982.
16. Marc Maurice et alii, *op. cit.*

France[17]. Pareille explication se dessine, au contraire, quand on tient compte des différences culturelles entre les deux pays. Ainsi, tenir compte de la place spécifique du « rang », de l'opposition entre le plus ou moins noble et du refus de déchoir dans la société française permet de comprendre l'importance qu'a en France le « niveau » atteint en matière de formation générale par rapport à la spécialisation acquise. Ce niveau permet de révéler les « capacités » de l'individu, son « potentiel », et donc ce à quoi il peut légitimement prétendre, ce qui est, dans une logique de rang, plus important que le fait d'avoir telle ou telle variété de connaissances. De même cela permet de comprendre le rôle si particulier que jouent les grandes Écoles et les concours qui permettent d'y accéder dans la société française, l'« épreuve » du concours constituant un rituel où se révèlent solennellement les capacités de chacun[18].

On pourrait certes se demander si les spécificités culturelles ne sont pas en la matière une conséquence plus qu'une cause des spécificités institutionnelles en matière de systèmes éducatifs et d'appareils industriels. Mais, de fait, l'opposition entre les référentiels culturels qui marquent d'une part la société française et d'autre part la société allemande s'observait déjà à l'époque pré-industrielle. Ainsi, au XVIIIe siècle, une France marquée par une stratification de rangs, s'opposait déjà à une Allemagne marquée par un ensemble de communautés faiblement hiérarchisées[19]. Ces référentiels ne peuvent donc être interprétés comme la conséquence de constructions institutionnelles contemporaines, mais plutôt comme la source de pareilles constructions.

La coexistence de l'unité d'une culture et de la variété des fonctionnements concrets d'organisations se comprend très bien, elle aussi, quand on conçoit la culture comme référentiel de sens. Ainsi, l'opposition noble/commun marque l'ensemble de la culture française. Mais il n'existe pas de consensus au sein de celle-ci sur ce qui est noble et ce qui est commun. Et la définition de ce qui est noble y est un enjeu particulièrement stratégique, comme l'ont bien

17. Denis Segrestin, *Sociologie de l'entreprise,* Paris, Armand Colin, 1992.
18. Philippe d'Iribarne, « Culture et effet sociétal », *op. cit.*
19. Norbert Elias, *La Civilisation des mœurs,* Paris, Calmann-Lévy, 1973 (1re éd. allemande, 1939).

mis en évidence les travaux de Pierre Bourdieu (même si celui-ci, mettant l'accent sur les phénomènes de « distinction » liés à cette opposition, ne porte pas autant d'attention à l'honneur français et aux devoirs qui lui sont associés, qu'il l'avait fait à l'honneur kabyle) [20].

On rencontre, en particulier, des différences significatives entre cultures d'entreprises, de métiers, de groupes sociaux ou même entre cultures régionales, dans la délimitation de ce qui est noble ou commun. Le référentiel noble/commun est bien partagé, mais les signifiants associés à ces signifiés diffèrent. Là encore on pourrait illustrer ce phénomène par d'innombrables exemples. Ainsi, lors de la fusion de deux entreprises de fabrication de poids lourds, des heurts se sont produits du fait que la définition du noble et du commun n'était pas la même. Chez l'une, où dominait une orientation technicienne, les « petits » poids lourds n'étaient pas considérés comme de vrais poids lourds et c'était déchoir que de s'y consacrer, ce qui n'était pas le cas chez l'autre, marquée par une orientation plus commerciale.

Par ailleurs, si dans toutes les entreprises françaises les acteurs défendent vigoureusement la noblesse de leur position, ils ne disposent pas tous des mêmes atouts pour le faire. Et si chacun doit y « tenir son rang », chaque rang a ses exigences spécifiques. Aussi les stratégies appropriées à chaque situation sont loin d'être uniformes. Si les « ingénieurs techniques » immortalisés par Michel Crozier n'ont pas les mêmes stratégies que les polytechniciens qu'ils affrontent, ce n'est pas seulement parce que les zones d'incertitude qu'ils maîtrisent de par leur place dans l'usine ne sont pas les mêmes. C'est aussi parce que, « sortis du rang », ils ne disposent pas des mêmes atouts pour être traités noblement et que simultanément ils peuvent se permettre d'asseoir leur pouvoir sur des comportements « de contremaître » que des polytechniciens ne pourraient adopter sans déchoir [21]. Et on aura corrélativement une grande variété de compromis entre acteurs et de formes d'organisation. De même qu'une langue permet de construire un nombre infini de

---

20. Pierre Bourdieu, *Esquisse d'une théorie de la pratique, précédée de trois études d'ethnologie kabyle,* Genève, Droz, 1972.
21. Michel Crozier, *op. cit.,* p. 108.

discours, où elle est pourtant bien reconnaissable, une culture permet de bâtir un nombre infini de formes d'organisation, sans cesser d'être reconnaissable.

La reprise d'un vieux débat qui touche au plus profond la nature des sociétés dites « modernes »

Les débats portant sur la conception de la culture et sur la place à accorder aux analyses culturelles dans la sociologie des organisations sont pour une part des débats scientifiques. Ils ont aussi des aspects plus larges, et touchent à la conception même que les sociétés modernes se font d'elles-mêmes, lesquelles influencent de manière décisive les grandes orientations de la sociologie.

La vision de la société à partir de laquelle l'approche adoptée dans *La Logique de l'honneur* a été le plus mise en question déborde largement le champ de la sociologie des organisations. Elle était déjà présente, par exemple, dans les débats qu'a provoqué, dans un domaine apparemment tout autre (la compréhension du système des castes dans l'Inde moderne) la publication par Louis Dumont, en 1967, de *Homo hierarchicus*.

Louis Dumont caractérise ainsi l'enjeu de la discussion qui l'a opposé à ceux qu'il appelle les « empiricistes »[22].

> Ce qui était évident pour l'auteur en 1955 ou 57 et s'est dans une certaine mesure imposé depuis, c'est qu'un nominalisme intransigeant, pour qui il n'y a que des individus, un matérialisme sommaire, un fonctionnalisme ébranlé sans doute, mais qui persistait à fermer la dimension historique, ne pouvaient trouver grâce devant quelqu'un qui se proposait d'appliquer l'anthropologie sociale à l'étude d'une vaste société historiquement porteuse d'une grande civilisation. Je voudrais revenir, une fois de plus, sur un point. Lorsque par hasard la discussion sur ces questions avec des empiricistes ne s'enlise pas mais s'approfondit, on aperçoit où réside la différence essentielle entre étudier des hommes pensant et agissant et étudier des comportements, comme on ferait d'insectes, quitte à les saupoudrer de représentations indigènes plus ou moins épiphénoménales. La différence tient à la profondeur de la « motivation » du chercheur : ou

22. Louis Dumont, *Homo hierarchicus*, Paris, « Tel », Gallimard, 1979, p. XVII.

bien il est prêt à se mettre en cause lui-même dans ses propres représentations pour mieux comprendre l'autre, ou bien il n'est pas disposé à le faire et rapporte par conséquent ce qu'il observe et ce qu'il vit à un système de coordonnées immuable dans l'essentiel. C'est dans la considération des idées et valeurs que la relation à l'autre s'approfondit. Le refus de centrer l'attention sur les idéologies équivaut à un refus du chercheur de se mettre en cause lui-même dans sa recherche.

On voit exprimer là sous une forme incisive la question de la place à accorder aux questions de sens. Peut-on comprendre les actions de ceux qui appartiennent à une autre culture et le rôle des institutions qu'ils bâtissent sans s'intéresser à l'univers de sens où ces actions et ces institutions prennent place ? On a là, depuis longtemps, un débat central quant aux orientations des sciences sociales[23].

A cette question du sens s'associe celle de l'usage de données historiques. Cherchant à comprendre la société indienne contemporaine, Louis Dumont s'est retrouvé dans une situation déjà évoquée par Lévi-Strauss d'une société qui a en quelque sorte perdu la clef de pratiques qu'elle continue à vivre, pratiques dont le décodage demande qu'on opère un retour dans l'histoire, vers des périodes où le sens de pratiques analogues était apparent[24]. Et, à propos d'un « point central », il a utilisé une incursion dans l'Inde ancienne pour comprendre le sens de données contemporaines difficiles à interpréter, ce qui n'a pas manqué de soulever de vives réactions[25].

> Il y avait un problème posé à la recherche contemporaine par l'Inde d'aujourd'hui, celui de la relation générale entre caste dominante et caste brahmanique, à l'échelon local. Il était clair que ce que nous appelons caste dominante au village reproduit en fait à ce plan la fonction royale qui, sauf exceptions, n'est plus observable. Or il se trouve que, lors d'une incursion dans l'Inde ancienne je rencontrai chez de très vieux ritualistes une formule, qu'on peut cette fois appeler « védique », de la relation entre les brahmanes et le roi qui résolvait parfaitement le problème contemporain. Je la leur ai empruntée, admettant par là une continuité,

23. Alexander C. Jeffrey, Seidman Steven (edited by), *Culture and Society. Contemporary Debates,* Cambridge University Press, 1990.
24. Claude Lévi-Strauss, *op. cit.,* p. 129.
25. Louis Dumont, *op. cit.,* p. XX.

mieux une permanence à cet égard entre le présent et une époque très reculée, et important ainsi dans le présent un trait emprunté à un passé lointain. C'est sans doute une des raisons du scandale soulevé.

C'est une démarche du même type qui a permis de comprendre le fonctionnement de l'usine française de « Saint-Benoît-le-Vieux ». C'est la référence à un principe d'ordre, l'honneur, jamais explicitement évoqué par les acteurs, qui a enfin permis, après des années de tâtonnements infructueux, de donner sens aux données recueillies dans l'usine. Les phénomènes « étranges » qui avaient été répertoriés avaient longtemps paru constituer un ensemble informe. Mais, dès qu'ils ont été rapprochés des propriétés d'une société régie par l'honneur, telles qu'elles ont été analysées par Montesquieu et Tocqueville, l'ensemble a pris forme, chacun de ces phénomènes incompréhensibles correspondant exactement à une propriété de pareille société.

Pourquoi ce type de démarche a-t-il choqué les critiques de Louis Dumont comme ceux qui n'ont pas accepté (et ce, non en s'appuyant sur des données empiriques mais à partir d'une position de principe) la démarche de *La Logique de l'honneur*. L'enjeu majeur porte sur la vision, issue des Lumières, que les sociétés modernes ont d'elles-mêmes.

Suivant l'idéologie moderne, les hommes créent leur destin, leurs institutions, leurs règles. Ils sont affranchis du poids du passé au point qu'il ne sert à rien de faire appel à celui-ci pour comprendre le présent. Et si les sociétés diffèrent, c'est qu'ils se donnent librement des institutions différentes en des lieux différents.

Certes, pareille vision, qui conçoit la société en se fondant sur l'image du contrat social, était loin d'être celle de Rousseau, quand il élaborait le mythe de fondation de nos sociétés. Dans le *Contrat social*, celui-ci n'a pas manqué, se référant à Montesquieu, de noter combien les lois dépendaient des mœurs[26]. Certes la tradition sociologique s'est en partie construite contre pareille vision — cf. les analyses de Nisbet[27]. Mais celle-ci a gagné du terrain dans la société

26. Jean-Jacques Rousseau, *Du contrat social*. On trouve dans l'édition Garnier-Flammarion, 1966, les références aux mœurs et à Montesquieu, p. 82, 91, 118.
27. Robert A. Nisbet, *La Tradition sociologique,* Paris, PUF, 1984.

et la sociologie contemporaines. Et elle a produit une conception de la culture qui permet d'éluder ce qui sort de son champ.

Selon cette façon de voir, qu'exprime par exemple Jean-Daniel Reynaud, « une régulation est en quelque sorte une décision collective ». Chaque communauté est vue comme « créant » une régulation, comme la « négociant »[28]. Les valeurs, dont on peut rapprocher la notion de culture, « ne sont rien d'autre que ce sur quoi une action collective peut se mettre d'accord et se fonder. Elles en sont le produit et sont construites par elle »[29]. Et « la " culture " devient alors une ressource pour les ententes ou les compromis entre acteurs, ou un point d'appui pour leur coopération »[30].

Pareille vision répugne évidemment à prendre en compte l'aspect hérité de la culture. Et elle incite donc à se détourner de tout ce qui relève de la manière dont chaque culture construit un système de significations sociales. Ces significations, en effet, ne sont pas délibérément choisies par les individus. Ceux-ci les reçoivent pour l'essentiel, comme ils reçoivent la langue qu'ils parlent. Elles modèlent les « évidences » sur lesquelles ils s'appuient pour agir « rationnellement ». Et (comme l'a par exemple mis en évidence Max Weber à propos de la continuité des visions contrastées de la société qui soustendent les droits anglo-saxon et germanique depuis le Haut Moyen Age) elles trouvent souvent leurs racines dans un passé très ancien et ne sont nullement apparues en réponse aux problèmes qui se posent *hic et nunc*[31]. Les modernes peuvent difficilement l'admettre.

Bien que les plus lucides des adeptes d'une telle vision ne manquent pas de percevoir qu'elle permet mal de rendre compte de la réalité, ils lui restent pourtant fidèles. « Si, au total, reconnaît Jean-Daniel Reynaud, l'essentiel de la tradition est réinventé, c'est-à-dire maintenu, l'autonomie de l'acteur a-t-elle beaucoup de

28. Jean-Daniel Reynaud, *op. cit.*, p. 280.
29. *Ibid.*, p. 234.
30. Marc Maurice, François Sellier, Jean-Jacques Silvestre, « Analyse sociétale et cultures nationales. Réponse à Philippe d'Iribarne », in *Revue française de sociologie*, vol. XXXIII, n° 1, 1992.
31. Max Weber, *Sociologie du droit*, Paris, PUF, 1986 (1920, nouvelle édition allemande, 1960).

poids ? » [32]. Mais la force de ce que l'on peut appeler l'idéologie moderne est telle que l'intéressé proclame néanmoins avec insistance que les règles que se donnent les sociétés sont exclusivement des « construits ».

C'est dans pareil contexte que l'on peut saisir l'intérêt qu'il y a, pour comprendre des fonctionnements contemporains d'organisation, à faire appel de manière privilégiée à des auteurs a priori aussi étrangers au champ concerné que Montesquieu ou Tocqueville. S'ils tiennent une telle place dans *La Logique de l'honneur,* par rapport à Durkheim, Weber ou aux spécialistes contemporains de sociologie des organisations ou du travail, c'est pour une raison très simple. La capacité des cadres d'analyse qu'ils proposent à permettre de rendre compte des données d'observation a été déterminante.

Cela n'était nullement prévu au départ de la recherche, qui est partie d'une problématique wébérienne : reprendre la vieille question des rapports entre culture et efficacité économique, dans la ligne de *L'Éthique protestante et l'Esprit du capitalisme* [33]. Mais, l'idée wébérienne de rationalisation s'accordait mal avec nos observations ; quand Weber semble croire au mythe de fondation des sociétés modernes, il n'aide pas à comprendre le fonctionnement des organisations relevant de ces sociétés. Ceci ne veut pas dire, bien sûr, que, à un autre niveau, cette recherche n'est pas restée fidèle à une perspective wébérienne de mise en relation entre formes de société et formes d'économie.

De même notre approche, qui cherche à comprendre les organisations comme des construits politiques et s'intéresse à la manière dont les acteurs organisent leur coopération et gèrent leurs conflits, s'inscrit clairement à ce titre dans une filiation crozierienne. Mais, dans le laborieux effort de mise en ordre des matériaux qui a été le cœur de la recherche, le modèle crozierien du système d'action français ne nous a pas fourni d'aide ; et il en a été de même de la conception crozierienne du fonctionnement d'un système d'acteurs s'adonnant à des jeux stratégiques guère influencés par des questions de légitimité. Là encore, une vision très moderne de ce qui fait

32. Jean-Daniel Reynaud, *op. cit.,* p. 279.
33. Philippe d'Iribarne, « Régulation sociale, vie des entreprises et performances économiques », in *Revue économique,* vol. XXXVII, n° 3, mai 1986.

l'efficacité d'une entreprise a paru, face à nos données d'observation, peu éclairante.

De fait, la manière dont les membres des sociétés « modernes » perçoivent celles-ci et les orientations des sciences sociales sont extrêmement liées. La sociologie, par laquelle ces sociétés s'étudient elles-mêmes, est largement une expression savante d'une sorte de « vision indigène ». Ses orientations fondamentales sont très tributaires des grands mythes de fondation qui font partie du sacré de nos sociétés. La référence au contrat social a pour celles-ci un rôle analogue à celui qu'ont, dans la plupart des sociétés, les récits concernant les ancêtres mythiques des origines. Il est vrai que la plupart des grands sociologues, loin de célébrer sans retenue les effets des nouveaux mythes, ont, tels Max Weber, souligné les aspects néfastes d'un certain « désenchantement du monde ». Mais ils l'ont fait justement parce qu'ils ont cru que nos sociétés avaient rompu dans la réalité, et pas seulement dans leurs mythes, avec l'ordre traditionnel. Et c'est la croyance en pareille rupture qui fonde la séparation entre la sociologie et l'ethnologie, traditionnellement vouée à l'étude des sociétés dites « primitives », ou à la rigueur à celle de sorte de survivances de conduites ou de croyances traditionnelles dans des traits secondaires des sociétés modernes : rituels d'anniversaire, de noce ou de départ en retraite, aspects cérémoniels de la vie politique, etc. [34].

Portant notre regard sur des entreprises industrielles, et plus précisément sur la manière dont elles s'organisent pour produire efficacement, nous abordions la partie des sociétés modernes réputée la plus fidèle à leur vœu d'adhésion à une rationalité universelle. Mais, remarquant qu'au sein même de ces entreprises la rupture avec les formes d'ordre traditionnel spécifiques à chaque société était plus imaginaire que réelle, nous nous sommes éloignés des postulats et de la vision du sociologue pour regarder nos sociétés avec le regard de l'ethnologue. Cette démarche a été cohérente avec le recours à des cadres d'analyse empruntés à un « proto-sociologue » tel que Montesquieu, dont les travaux sont antérieurs à la

34. Cf. les remarques en ce sens de Bruno Latour, dans *Nous n'avons jamais été modernes,* Paris, La Découverte, 1991.

séparation sociologie-ethnologie. Elle l'a été également avec le fait que nous ayons eu recours à une conception de la culture qui, incompatible avec la manière dont les sociétés modernes se voient elles-mêmes, est une conception non de sociologue mais d'ethnologue.

Questions de méthode

Adoptant la perspective de l'ethnologue, préoccupé non seulement d'institutions, de règles et de stratégies mais aussi de sens et de mœurs, il nous fallait nous rapprocher de ses méthodes.

Ce faisant, nous avons rencontré à nouveau un sujet de divergences entre disciplines : les méthodes et champs d'observation. Et le fait que nous nous soyons appuyés sur l'observation attentive, dans chaque société où s'est déroulée notre recherche, d'une partie restreinte d'une seule et unique usine, a suscité des réactions très contrastées. Conforme pour les ethnologues aux canons de la profession, il a été chez les sociologues source de réserves ou au moins d'inquiétudes [35]. De fait le parti ainsi adopté était cohérent avec ce que nous recherchions.

Si nous nous étions demandés quels sont, dans une usine d'un pays X, le nombre d'échelons hiérarchiques, le taux de diplômes parmi les cadres, la place des grèves dans l'évolution des conflits, le degré d'automatisation des installations ou mille autres choses pour lesquelles chaque établissement a son propre profil, nous aurions dû, à coup sûr, chercher pour le moins à mener nos investigations dans une usine « représentative » de la moyenne des usines du pays. Et il eût été préférable de construire un échantillon d'usines convenablement stratifié et de mener une vaste enquête au moyen de questionnaires dûment standardisés. Mais tel n'était pas notre propos.

---

35. Cf. les comptes rendus de *La Logique de l'honneur*, in *Sociologie du travail*, la *Revue française de sociologie*, *op. cit.*, et par Guy Barbichon, « L'ethnologie des organisations. A propos de *La Logique de l'honneur* », in *Ethnologie française*, vol. XX, n° 2, 1990.

Nous ne recherchions pas, au sein de chaque pays, des valeurs moyennes prises par une batterie de paramètres à dispersion notable, mais des propriétés à la fois caractéristiques et omniprésentes (analogues aux propriétés qui permettent à une langue d'être reconnue sans ambiguïté dans n'importe lequel des discours singuliers où elle est utilisée). C'était ce qui fait l'unité d'une culture politique (des manières de structurer les droits et les devoirs, de définir des repères à l'aune desquels les modes d'exercice de l'autorité et d'accès aux positions d'autorité apparaissent ou non légitimes) dont nous étions en quête, pensant que les mœurs en étaient suffisamment imprégnées pour que le fonctionnement d'organisations singulières en soit marqué lui aussi. Dès lors, les représentations que l'on construirait devaient pouvoir être compatibles avec n'importe quelle observation faite dans n'importe quelle entreprise appartenant à la société considérée.

Simultanément, les raisons ne manquaient pas pour éviter de multiplier les terrains d'observation. Plus, resserrant le champ d'investigation, on focalise son attention, plus on augmente ses chances de percevoir des phénomènes trop subtils pour se laisser découvrir par un regard rapide. Cet argument, que l'on trouve chez Lévi-Strauss[36], s'est montré à l'usage plein de réalisme. Les traits culturels que nous cherchions à mettre en évidence étaient souvent loin d'être immédiatement perceptibles. Ceci était particulièrement vrai dans le cas français, sur lequel était centrée notre recherche. Il existait clairement une discordance extrêmement forte entre les institutions, règles et procédures qui régissaient officiellement la vie de l'usine et la réalité de cette vie telle qu'elle apparaissait à travers les récits des acteurs. Et il n'était pas difficile de voir que les références officielles à une conception moderne de la vie d'une organisation n'étaient pas celles qui de fait guidaient implicitement les acteurs. Mais ces dernières références ont été très difficiles à décoder. Un long cheminement, scrutant attentivement des « détails » (dont l'importance n'est apparue que progressivement) des matériaux recueillis a été nécessaire pour y arriver.

De plus, la variété qui marque toute société était déjà très

---

36. Claude Lévi-Strauss, *op. cit.*, p. 317.

présente dans chaque établissement (et ce n'est qu'en adoptant une forme d'investigation bien superficielle que la vie interne d'une usine peut être vue comme quelque chose d'homogène). Les relations entre un chef de service et son adjoint, par exemple, s'y montrent à maints égards bien différentes des relations entre un contremaître et un ouvrier de fabrication ; certains y prônent la centralisation là où d'autres veulent décentraliser ; le service A y communique facilement avec le service B mais difficilement avec le service C, etc. Trouver des principes communs derrière cette variété (voir, par exemple que la diversité des relations hiérarchiques françaises renvoie au fait que toute relation hiérarchique est, dans la culture française, fortement influencée par la noblesse relative du supérieur et du subordonné, la seconde pouvant très bien être supérieure à la première) a constitué une démarche centrale de la recherche. Et la variété dont il nous a fallu rendre compte par la suite quand, poursuivant nos recherches en France, nous avons diversifié nos terrains d'investigation ne nous a pas renvoyé à des principes explicatifs plus généraux que celle qui marquait l'usine de Saint-Benoît-le-Vieux.

Par ailleurs nous avions été attentifs, dans le déroulement de la recherche, à tester la capacité des modèles que nous élaborions, à rendre compte de données autres que celles qui servaient à le construire. Mais, pour rendre compte convenablement de cette démarche, il eût fallu doubler le volume de cet ouvrage. C'est dans des travaux ultérieurs que nous avons procédé explicitement à pareil test[37].

Ces travaux nous ont conduit notamment à mettre nos représentations à l'épreuve des données d'observations rassemblées par des auteurs ayant des perspectives théoriques différentes des nôtres, et au premier chef par Michel Crozier. Expérience faite, le modèle du système d'action français que nous avons proposé s'accorde bien avec les riches matériaux ethnographiques que rapporte *Le Phénomène bureaucratique*[38]. Cohérent avec ceux de ces matériaux qui

---

37. Ce test conduit en particulier à réaliser des investigations au sein d'entreprises appartenant à des secteurs divers (cf. plus loin *Approfondir et étendre*).
38. Philippe d'Iribarne, « The logic of honour in the bureaucratic phenomenon », *op. cit.*

sont mis en avant dans le modèle croziérien, il permet en outre de rendre compte d'observations difficiles à intégrer dans ce modèle, tels le rôle de la conscience professionnelle dans le fonctionnement du « monopole industriel » ou l'existence de conduites qui, dommageables en termes de stratégies de pouvoir, relèvent clairement d'un refus de déchoir.

Par ailleurs, nous avons pu tester de manière plus indirecte la validité de nos constructions par des travaux portant, à un niveau beaucoup plus macroscopique, sur les fonctionnements comparés des marchés du travail et sur les différences de chômage entre pays [39].

Quelles conséquences pour la gestion ?

Bien que parue dans une collection de sociologie et ne dissimulant pas son statut de produit de recherche, *La Logique de l'honneur* n'a pas rebuté les praticiens. La presse d'affaires lui a fait largement écho, de manière très positive [40], et les demandes de conférences à des cadres d'entreprises ont été nombreuses. On aurait pu croire que beaucoup seraient choqués de voir mise en doute l'existence de méthodes universelles de gestion, expression d'une rationalité transcendant les frontières. Mais il n'en a rien été. L'époque où, animés d'une foi à transporter les montagnes, les enseignants français en gestion allaient chercher outre-Atlantique le Saint-Graal du « vrai » management est manifestement révolue, même si la flamme n'est pas encore tout à fait éteinte [41]. Et de nombreux lecteurs ont manifesté la satisfaction qu'ils ont éprouvé à disposer d'une grille de lecture permettant de rattacher maint trait de leur quotidien professionnel à une manière d'exister ayant ses règles et sa cohérence. Ils se sentaient mieux armés pour gérer ce quotidien.

39. Philippe d'Iribarne, *Le Chômage paradoxal*, Paris, PUF, 1990.
40. Cf. les comptes rendus de presse de *La Logique de l'honneur*, in *L'Expansion* du 22 juin 1989, *Dynasteurs*, juin 1989, *Liaisons sociales*, juin 1989, *Fortune-France*, juillet-août 1989, *L'Usine nouvelle*, 31 août 1989, *A. pour Affaires économiques*, septembre 1989.
41. Cf. la critique par André Boyer de *La Logique de l'honneur*, in la *Revue française de gestion*, n° 75, septembre-octobre 1989.

Simultanément, l'ouvrage a suscité chez les praticiens de multiples questions, accompagnées de quelques inquiétudes :
— s'il faut se soumettre au poids des cultures, ne sommes-nous pas prisonniers de notre passé, voués à le reproduire, pour le meilleur et pour le pire ? quelle liberté le gestionnaire conserve-t-il pour aller de l'avant, répondre aux défis de l'heure, bâtir des organisations plus productives ?
— si chaque culture est enfermée dans ses spécificités, quel profit réel pouvons-nous tirer de l'expérience d'autres pays ? la référence actuelle au Japon n'est-elle qu'un effet de mode ? et comment interpréter, si c'est le cas, les succès qui paraissent bien réels des « transplants » japonais ?
— comment passer d'une compréhension intellectuelle des particularités de telle ou telle culture à la conception d'outils de gestion qui lui soient adaptés en matière de démarche qualité, de relations fournisseur-client, de contrôle de gestion, ou de tel ou tel autre domaine ?

Les deux premières questions renvoient largement, sous une autre forme, à des conceptions de la culture identiques à celles qui animaient les questionnements théoriques précédemment évoqués.

Il existe une vision courante de la culture, qui s'est particulièrement exprimée à propos du Japon, pour laquelle celle-ci représente une sorte de force magique produisant des conduites stéréotypées chez ceux qu'elle marque. Ainsi, suivant pareille vision, les Japonais posséderaient, du fait de leur culture, une sorte de « qualité » psychologique qui les rendrait désintéressés, coopératifs, etc. (de même que les Africains seraient gentils, les Espagnols fiers, les Allemands disciplinés, les Français vantards). Cette qualité les pousserait à se montrer coopératifs indépendamment de tout contexte et en particulier de toute organisation de leurs relations. La culture fournirait une vertu censée opérer au-delà de la contingence des situations[42].

Si pareille vision de la culture correspondait à la réalité, il est clair que le gestionnaire serait fort désarmé. Face à des gens « pares-

42. Cf. par exemple James P. Womack, Daniel T. Jones, Daniel Roos, *The Machine That Changed the World,* edited by Rawson Associates, Collier Macmillan Canada et Maxwell Macmillan International, New York, Toronto, 1990.

seux » ou « batailleurs », il ne lui resterait plus qu'à constater l'impossibilité où il se trouve de bâtir des organisations efficaces. Et il n'aurait pas grand-chose à tirer de l'exemple de pays où des modes de gestion novateurs ont fait la preuve de leur efficacité. Une « barrière culturelle » s'y opposerait. Pourtant l'expérience montre bien que l'on n'est pas aussi désarmé. C'est que cette vision est profondément inadéquate.

De fait, une fois encore, la culture n'est pas un pouvoir, « quelque chose auquel on pourrait attribuer les comportements », mais un contexte, « quelque chose au sein duquel les comportements peuvent être décrits de manière intelligible »[43]. Si, dans une entreprise, une position est recherchée, une marque d'autorité est jugée acceptable, une manière d'être suscite la confiance, le dégoût ou la colère, ce n'est souvent pas par ce qu'elles sont dans leur pure matérialité, mais à cause de ce qu'elles signifient. Et ce qu'elles signifient varie avec les cultures. Ainsi, comme cela apparaîtra dans le corps de l'ouvrage, une sanction sévère pour inobservation des règles de l'entreprise pourra constituer aux yeux d'un Américain une juste conséquence de la mise en œuvre d'un contrat et aux yeux d'un Néerlandais une rupture du processus d'« accommodation » communautaire.

Dans ces conditions, la culture intervient bien dans la marche des entreprises, par le fait que les situations qui incitent à être dévoué, motivé ou coopératif d'un côté, rebelle, passif ou replié sur ses propres intérêts de l'autre, diffèrent suivant les lieux. La mise en place d'un salaire au rendement tendra à avoir un effet positif en termes de motivation aux États-Unis, un effet très douteux aux Pays-Bas. Mais cela n'empêche nullement qu'il y ait en chaque lieu des situations qui incitent à adopter le premier type de conduite et d'autres le second. Et un large champ d'action s'ouvre aux responsables pour promouvoir des modes de fonctionnement qui conduisent, de manière appropriée à chaque lieu, à des situations génératrices de manières d'agir favorables à l'entreprise. L'existence de contraintes culturelles ne pèse pas plus (et pas moins) sur lui que l'existence d'un vocabulaire et de règles de syntaxe propres à

43. Clifford Geertz, *op. cit.*

une langue ne pèse sur celui qui rédige un texte. Une culture permet de construire bien des formes d'organisation comme une langue permet d'écrire bien des textes. Mais l'organisateur ne peut pas plus ignorer les propriétés de la culture s'il veut que ce qui advient soit conforme à ses attentes que l'écrivain ne peut ignorer les propriétés de la langue s'il veut être compris.

Quels enseignements peut-on dès lors tirer des succès obtenus sous d'autres cieux ? Et quel parti des pratiques de gestion, hier américaines aujourd'hui japonaises, que l'on nous vante sans relâche et dont d'innombrables missions d'étude nous ont montré qu'elles n'étaient pas seulement objet de discours ?

En la matière il faut bien sûr distinguer plusieurs niveaux d'analyse. Celui de recettes de gestion, considérées dans leur littéralité, telle une formule cabalistique (par exemple le fameux « cercle de qualité » japonais). Et celui de principes beaucoup plus généraux d'organisation, considérés dans leur capacité à fournir des idées directrices (par exemple l'idée de s'appuyer sur les connaissances qu'ont les travailleurs de base sur le fonctionnement d'un process pour travailler sans cesse à parfaire le fonctionnement de celui-ci).

Une recette de gestion qui a fait ses preuves dans un contexte culturel donné ne conduit pas pour autant au succès dans un autre contexte. En effet, les conduites qu'elle suppose chez ceux qui ont à la mettre en œuvre peuvent, tout en étant ici parfaitement conformes à une « bonne » manière de vivre ensemble, être là fort choquantes. Ainsi qu'y a-t-il de plus central dans la panoplie des méthodes de gestion « universelles », enseignées dans les meilleures écoles et répandues par les consultants les plus sérieux, que le triptyque délégation, évaluation des résultats, récompense/sanction ? Mais en fait les actes que la mise en œuvre de ce triptyque demande d'accomplir aux supérieurs et aux subordonnés ont des significations très diverses suivant les cultures. Ils apparaissent comme parfaitement « fair » dans une perspective américaine, tant qu'ils restent faits de bonne foi et respectent un certain nombre de règles d'objectivité, évitent les attaques personnelles, etc. Ils sont ainsi compatibles avec le maintien de relations de travail confiantes. Mais, au Cameroun, les mêmes actes, accomplis avec les mêmes précautions, tendent à être perçus comme « méchants », donc à être incompatibles avec une relation de coopération confiante. Dans ces conditions, c'est en vain que mille efforts sont faits pour en répandre l'usage effectif[44]. De manière générale, l'utilisation nominale de pratiques de gestion venues d'ailleurs, conduit souvent sur le terrain à de multiples résistances et détournements.

Simultanément, on voit se constituer, à travers pareilles résistances et détournements ou grâce à une prise en compte plus explicite des cultures, des adaptations locales des pratiques de gestion étrangères. Ainsi, et on retrouve là les transplants japonais, l'esprit des approches japonaises de la gestion est largement présent dans les usines étrangères, et notamment américaines, des entreprises japonaises. Mais bien des efforts y sont faits pour mettre au point des modes d'organisation et des procédures adaptés aux conditions locales. La recherche, essentielle dans une approche japonaise, d'une meilleure coopération entre les niveaux hiérarchiques et les services est omniprésente dans les entreprises japonaises, en quelque lieu de la planète qu'elles opèrent. Mais pareille recherche s'appuie aux États-Unis, alors qu'elle ne le fait pas au Japon, sur la notion de « team » qui en fournit une version adaptée à la culture américaine. Et elle conduit dans le contexte américain à une sélection poussée du personnel en fonction de sa capacité à rentrer dans un mode de fonctionnement coopératif[45].

De son côté, la mise au point d'outils de gestion adaptés, dans des domaines divers, des procédures d'évaluation à celles d'auto-contrôle, à la diversité des contextes culturels, conduit à passer du registre de la recherche de base, où s'inscrit le présent ouvrage, à des recherches plus appliquées. Des travaux relevant de pareil registre sont en cours, en association avec des entreprises[46]. Sans entrer ici dans les détails des résultats obtenus à ce jour, on peut chercher à indiquer l'esprit de la démarche suivie. Dans son

44. Philippe d'Iribarne, « Face à l'impossible décentralisation des entreprises africaines », in *Revue française de gestion*, n° 80, septembre-octobre 1990.

45. Philippe d'Iribarne, à propos de : Haruo Shimada and John Paul MacDuffie, *Industrial Relations and « Humanware » : Japanese Investments in Automobile Manufacturing in the United States »*, Rapport MIT, International Motor Vehicle Program, 1987, in *Gérer et Comprendre. Annales des Mines,* n° 23, juin 1991.

46. Cf. note 2.

principe, elle est claire et directement liée à ce qui vient d'être dit. Il s'agit de concevoir des manières de travailler ensemble qui doivent être simultanément satisfaisantes suivant deux registres : un registre d'efficacité technique et un registre correspondant au sens qu'ont pour chacun les situations où il se trouve et les actions qu'il mène [47]. Dans la pratique, l'ajustement entre ces exigences relève largement d'un processus d'essais et d'erreurs susceptible d'être d'autant plus efficace qu'il s'appuie sur une bonne compréhension des difficultés rencontrées par les volontés réformatrices.

Dans un domaine qui demande que l'on rentre très précisément dans le concret des situations, (sans négliger ce qui pourrait à première vue passer pour des détails, alors que cela affecte sensiblement le sens d'une situation de travail), seuls les exemples sont sans doute parlants. On peut évoquer celui, essentiel dans les préoccupations actuelles de beaucoup d'entreprises, des questions de qualité.

Dans la culture française, le fait pour une entreprise de s'attacher à la « qualité » de ce qu'elle produit, relève d'une double dimension et suscite à ce titre des sentiments qui peuvent varier du tout au tout. Dans une première perspective, la notion de qualité renvoie à la qualité telle qu'elle est estimée par ceux qui font le travail. Elle s'associe alors aux notions de « beau travail », de « travail propre », de « bon boulot », de « travail de professionnel », de travail fait par « quelqu'un qui connaît son métier ». Dans une seconde perspective cette notion renvoie au contraire à la qualité telle qu'elle est perçue par le client et aux exigences de celui-ci. Elle s'associe aux « caprices du client », à l'idée que l'on est « à la botte du client », qu'on lui « cire les bottes ». Si une démarche de qualité est perçue comme s'inscrivant dans la première perspective, l'honneur professionnel exige que l'on s'y engage. Celui-ci exige au contraire que l'on y résiste si elle est perçue comme s'inscrivant dans la seconde.

Si la culture française définissait sans équivoque les formes de qualité qui relèvent soit du premier registre, soit du second, elle laisserait les gestionnaires fort désarmés. Mais l'expérience montre

---

47. Claude Riveline, « Un point de vue d'ingénieur sur la gestion des organisations », in *Gérer et Comprendre,* décembre 1991.

qu'il n'en est rien. Il est mille cas qui, suivant la démarche mise en œuvre, pourront être interprétés dans un sens ou dans un autre. Le « caprice du client », auquel l'honneur prescrit de résister, n'est souvent séparé du « problème du client », qu'un « vrai professionnel » s'honore d'être capable de résoudre, que par l'information dont dispose le professionnel en question sur ce qui motive la demande dudit client. Tout ce qui affecte la manière dont se construit la représentation qu'a chacun de ce qui est « derrière » cette demande affecte donc l'efficacité des efforts faits pour améliorer la qualité.

On voit s'ouvrir là, pour le gestionnaire, de vastes perspectives d'action que beaucoup, mais pas tous, utilisent bien sûr comme monsieur Jourdain. Permettre à chacun de se rendre compte *de visu* des problèmes que rencontre son client (et il est pour cela des moyens innombrables) va changer la manière dont les demandes de ce client, que celui-ci soit intérieur ou extérieur à l'entreprise, vont être reçues. Et, si le gestionnaire comprend bien ce qui est en cause, il sera bien placé pour trouver une manière d'apporter pareil éclairage qui porte les meilleurs fruits.

Ainsi, non seulement le fait de prendre en compte la « dimension culturelle » n'incite pas à la résignation et à l'immobilisme, mais cela aide à trouver des moyens de sortir de situations qui peuvent paraître bloquées par des résistances « irrationnelles ». C'est quand on se contente d'accepter les choses comme elles vont qu'il n'est pas nécessaire de s'intéresser à la culture. Ou alors si l'on rêve de réformes ou de révolutions aux résultats aussi mirifiques sur le papier que décevants dans la réalité. Comprendre l'univers de sens qui oriente l'action de ceux qu'il veut mener est indispensable au révolutionnaire réaliste.

Approfondir et étendre

Enrichir ainsi la démarche de mises au point théoriques et de développements pratiques n'a pas conduit pour autant à négliger son objet principal, tel qu'il s'exprime dans le présent ouvrage : comprendre la logique interne de formes de vie en société, l'ancrage de ces formes dans l'histoire, leur influence sur les modes d'organisation que privilégient les diverses contrées.

L'analyse approfondie du cas français demeure une pièce centrale de pareille entreprise. Le modèle français, tel qu'il est ici présenté, a été largement mis à l'épreuve depuis la rédaction, il y a cinq ans, des chapitres le concernant. Un ensemble d'investigations a été mené dans des branches d'activité diverses (ciment, automobile, transports parisiens, industrie aéronautique, chemins de fer). Notre modèle a été discuté dans de nombreux séminaires, confronté à des données recueillies par d'autres chercheurs, rapproché de données historiques autres que celles qui ont servi à le constituer. Dans quelle mesure cela l'a-t-il conduit à évoluer ? La place accordée au rang et à l'honneur dans la culture française n'a pas été remise en cause. La variété des types d'organisation qu'engendre pareille culture est par contre devenue plus apparente. Et nous avons pu mieux comprendre la manière dont, dans la France d'aujourd'hui, les références traditionnelles se combinent aux idéaux modernes.

L'usine de « Saint-Benoît-le-Vieux » n'a rien de singulier, parmi les usines françaises, quant aux références à partir desquelles les actions et les situations prennent sens. Et là comme ailleurs chacun, quand il définit ses droits et ses devoirs ou dessine l'image directrice qui inspire sa conduite, se réfère à un idéal marqué par des traditions de corps professionnel et un vif refus de déchoir. Mais la manière dont cet idéal informe la réalité est loin d'être uniforme.

Tout bien se définit en opposition à un mal. A une forme idéale de rapports qui, à l'image des rapports traditionnels entre suzerain et vassal, respectent la dignité de chacun, la société française oppose l'image dégradante des rapports entre maître et « laquais »[48]. Chacun, refusant d'être traité en laquais, entend bénéficier des égards dus à celui qui possède une certaine forme de noblesse, même si elle n'est pas de première magnitude (et on sait combien est vive, en particulier, la conception que se font les intéressés de la noblesse du travail ouvrier). Mais il ne l'obtient pas toujours. Et, si

---

48. Philippe d'Iribarne, « Éthique et entreprise, États-Unis, France, Japon », in *Notes de la Fondation Saint-Simon*, n° 39, décembre 1991 ; repris « Conflits d'éthique dans l'« entreprise française », in *Entreprise, Société, Communauté. Tissages invisibles*, éd. Autrement, 1993.

c'est déchoir que d'être soumis à l'autorité de qui n'est pas plus noble que soi, pareille situation se rencontre dans le monde réel.

Loin d'être une simple référence théorique, le modèle d'une hiérarchie de nobles inspire le fonctionnement effectif d'une partie des organisations françaises (il était en particulier très présent dans la vie réelle de Saint-Benoît-le-Vieux). Mais il existe des formes d'organisation qui, tout en prenant sens elles aussi dans l'opposition, fondamentale en France, entre ce qui est noble et ce qui ne l'est pas, ne traitent pas noblement tous leurs membres.

Le modèle d'entreprise que l'on pourrait qualifier de « domestique », héritier du rassemblement des serviteurs autour de leur maître, était encore très présent il y a quelques décennies[49]. Cible privilégiée de l'indignation ouvrière, il correspond à des formes traditionnelles de fonctionnement de PME utilisant un personnel à très faible « noblesse scolaire » et s'appuyant sur un encadrement promu sur des critères de fidélité au « patron ». On le retrouve, sous une autre forme, au sein des grandes entreprises, dans la gestion traditionnelle d'un personnel d' « exécution » supposé irresponsable et mis en tutelle par des « petits chefs ». Ce modèle paraît toutefois être en sensible régression, sous l'effet conjoint du déclin des cadres « maison » et de la tendance à remplacer les « exécutants » traditionnels par de véritables « professionnels » ayant accédé à la noblesse que donne la possession d'un « vrai métier ».

On ne saurait oublier non plus le modèle bureaucratique. Comme l'a bien montré Michel Crozier, celui-ci est largement inspiré par le refus de la soumission servile qu'implique le modèle domestique[50]. Il vise à fournir à ceux qui, du fait qu'ils n'ont ni un « vrai métier » ni une vraie « noblesse scolaire », n'ont pas les atouts nécessaires pour être traités noblement, une sorte d'ersatz de pareil traitement. Mais il ne procure pas, si ce n'est de façon clandestine, la forme d'autonomie responsable dont chacun est en quête et ne constitue à ce titre qu'un pis-aller. Pour les mêmes raisons que le précédent, ce modèle est en régression.

49. Robert Salais, Nicolas Baverez, Bénédicte Reynaud, *L'Invention du chômage,* Paris, PUF, 1986.
50. Michel Crozier, *op. cit.*

Malgré tout ce qu'il peut avoir d' « archaïque », le fonctionnement effectif de Saint-Benoît-le-Vieux, à l'époque où nous l'avons observé, est en quelque sorte « en avance » sur ce qu'on observe en bien des lieux. C'est qu'y sont particulièrement bien remplies certaines des conditions essentielles nécessaires pour que la logique de l'honneur professionnel puisse s'y épanouir. Les cadres peuvent s'y appuyer sur la légitimité et l'indépendance vis-à-vis de leur propre hiérarchie que confère une solide noblesse scolaire. La maîtrise de fabrication y est passée par un concours complété par un véritable itinéraire initiatique et y a une vraie compétence professionnelle ; son niveau supérieur bénéficie de plus d'une expérience internationale de démarrage d'usines qui lui donne une aura certaine. Seuls les ouvriers de fabrication ne sont pas encore pleinement rentrés dans cette logique, mais, s'agissant d'une industrie de process, leur poids dans le fonctionnement de l'usine est relativement limité (par ailleurs, depuis le moment où nos investigations se sont déroulées, leur situation a évolué nettement pour se rapprocher du modèle professionnel).

La manière dont la logique d'une société de rangs a été réinterprétée par la France républicaine n'est abordée que de façon sommaire dans l'ouvrage. Ce point est en cours d'approfondissement. Le passage d'une hiérarchie du « sang » à une hiérarchie des « talents » a, semble-t-il, été marqué par une continuité plus forte que cela n'est dit dans le corps du texte. Les « talents » correspondent en effet à quelque chose d' « inné », aux « dons » que chacun reçoit en naissant. Aussi une hiérarchie fondée sur les talents reste déterminée par la manière dont chacun est né, même si c'est maintenant de manière conforme à la nature et à la raison et non plus aux préjugés du sang. On « naît » toujours prédestiné à occuper un rang[51]. Et le concours qui, idéalement, permet de prendre possession de ce rang de manière pleinement légitime est un simple révélateur de ce à quoi la nature vous avait destiné.

L'extension géographique des recherches, menée parallèlement à

---

51. Cf. un propos de Georges Pompidou rapporté par Ezra Suleiman, *Politics, Power and Bureaucraty in France. The Administrative Elite,* Princeton, University Press, 1974.

cet approfondissement du cas français, représente pour sa part, un travail de longue haleine.

On ne connaît pas actuellement de système de catégories universelles qui permettrait de rendre compte de manière satisfaisante de la diversité des formes d'organisation que l'on observe sur la surface de la planète. Certes, certains ont tenté de bâtir pareil système. Ainsi, Geert Hofstede a cherché à caractériser les modes de fonctionnement des organisations des pays les plus divers par la valeur de quatre paramètres[52]. Mais, dès qu'on regarde les choses de près, la signification de ce qui est ainsi obtenu paraît peu claire[53]. La France apparaît par exemple comme ayant un niveau de « distance hiérarchique » analogue à celui de la Turquie et les États-Unis comme partageant la « masculinité » de la Colombie. Cela voudrait-il dire que la conception et le mode d'exercice du pouvoir sont identiques, ou même proches, en France et en Turquie, ou que le « machisme » colombien se retrouve tel quel aux États-Unis ? Non, bien sûr. La construction de typologies qualitatives rencontre les mêmes problèmes, tant les catégories disponibles tendent en fait à recouvrir des phénomènes hétérogènes. Quand on parle par exemple de clientélisme en Inde comme en Italie du sud, on rapproche des formes sociales à bien des égards fort différentes. Et il n'est pas sûr que, ce faisant, on progresse réellement dans la compréhension des diverses formes de vie en société.

Dans l'état actuel des recherches il paraît préférable, chaque fois que l'on aborde un pays, de laisser ouverte la question des catégories qui vont permettre de rendre compte des données d'observation. La définition même de ces catégories est un objet essentiel de la recherche. Ce n'est pas que les recherches menées dans des sociétés différentes ne puissent s'enrichir les unes les autres. Car une forme sociale qui est immédiatement visible dans une société peut être voilée dans une autre, tout en y tenant en pratique une grande place. Ainsi, le fait d'avoir procédé à des recherches en Inde où l'existence de droits et de devoirs spécifiques

52. Geert Hofstede, *Culture's Consequences : International Differences in Work Related Values,* Beverly Hills, London, Sage, 1980.
53. Philippe d'Iribarne, « The usefulness of an ethnographic approach to international comparisons of organizations », *op. cit.*

traditionnellement liés à une position sociale (le dharma) est immédiatement visible nous a aidés à percevoir pareille forme, qui y existe de manière voilée, en France. De même, le caractère très visible de l'opposition entre travail digne et position salariée dans les pays du Maghreb conduit à s'interroger sur la manière dont d'autres sociétés arrivent à les concilier. Et on est ainsi conduit à mieux comprendre le rôle de la référence à l'honneur professionnel dans la société française, au contrat dans les sociétés anglo-saxonnes ou à la négociation dans les sociétés de culture germanique. Mais, il ne s'agit en aucun cas de plaquer un schéma d'interprétation emprunté à d'autres sociétés. Il faut toujours, par une démarche inductive, découvrir des formes qui permettent de mettre en ordre, au sein de chaque société particulière, les données ethnographiques qui y ont été recueillies[54].

Parmi les recherches que nous menons, celles qui portent sur les entreprises d'Afrique noire sont les plus avancées[55]. Il est bien apparu que, largement liées à des facteurs culturels, les graves difficultés de fonctionnement que rencontrent la plupart des entreprises africaines ne relèvent pas pour autant d'une quelconque fatalité culturelle. Certes, l'inadaptation des pratiques « internationales » de gestion fait que leur utilisation aveugle dans un contexte africain est source de difficultés majeures. Mais il existe des entreprises qui ont su trouver des manières de gérer originales et efficaces, mettant en œuvre de façon moderne des manières traditionnelles de vivre ensemble.

En aucun lieu, la modernité n'a interrompu le travail par lequel

---

54. Cf. M. Matheu, « Taylor et Peter au pays d'Arjuna » (Inde), et J. P. Segal, « La gestion participative : une comparaison États-Unis, Québec, France », in *Revue française de gestion,* n° 64, septembre-octobre 1987 ; T. Globokar, « Ni père ni frère. Culture régionale et autorité des contremaîtres dans une usine yougoslave », in *Gérer et Comprendre. Annales des Mines,* n° 16, septembre 1989 ; J. Bogdan, T. Globokar, Ph. d'Iribarne, « Fonctionnement des organisations et cultures nationales dans une industrie à processus continu », in P. Dubois, J. Koltay, C. Mako, S. Richet (eds), *Innovation et Emploi à l'Est et à l'Ouest. Les entreprises hongroises et françaises face à la modernisation,* Paris, L'Harmattan, 1990.

55. A. Henry, « Peut-on redresser une entreprise africaine en respectant la parole des ancêtres ? in *Gérer et Comprendre. Annales des Mines,* n° 12, septembre 1988, et « Vers un modèle du management africain », in *Cahiers d'études africaines,* 1992. A. Henry, G.H. Tchente, Ph. Guillerme-Dieumegard, *Tontines et Banques au Cameroun. Les principes de la Société des amis,* Paris, éd. Karthala, 1991.

les sociétés ont, de tout temps, réinterprété sans cesse leurs traditions pour répondre aux exigences de l'heure. Elle a simplement conduit à rendre ce travail invisible ou honteux. En admettre pleinement l'existence et les vertus, en être plus conscient, devrait nous permettre de mieux comprendre nos sociétés et peut-être, nous montrant ainsi réellement fidèles à l'esprit de la modernité, de moins mal maîtriser notre destin.

Janvier 1993

REMERCIEMENTS

Ce livre s'appuie sur des recherches auxquelles je viens de consacrer plusieurs années. Je voudrais exprimer ici ma gratitude à ceux grâce à qui elles ont pu être menées à bien.

Le projet initial a pris corps au cours de multiples conversations avec mon frère, Alain d'Iribarne. Celui-ci a partagé avec moi les enquêtes menées en France et aux Pays-Bas et, malgré le poids de ses propres travaux, m'a apporté, sans relâche au long de ces années, son soutien moral et ses conseils avisés.

Jean-Pierre Segal a effectué un premier ensemble d'analyses sur les matériaux recueillis avec son concours dans l'usine américaine. Plus largement, bien des idées ici présentées ont mûri au cours d'une coopération quotidienne que ses vues ont richement alimentée.

Georges-Yves Kervern s'est intéressé à notre démarche alors qu'elle était encore dans les limbes et nous a aidés à bénéficier d'une qualité d'accès aux hommes du terrain exceptionnelle dans la recherche française en sciences sociales.

Tous ceux qui, dans chacune des usines dont nous avons étudié le fonctionnement, nous ont consacré leur temps et apporté leur expérience ont contribué à notre réflexion. Qu'ils sachent qu'à travers les transcriptions de leurs propos, maintes fois lus et relus, beaucoup d'entre eux sont devenus pour nous de vieux amis.

Je dois beaucoup aux remarques faites par les lecteurs d'un premier état du manuscrit, et tout particulièrement à George Strasser pour la partie relative aux Pays-Bays.

La poursuite de ces recherches dans des pays autres que ceux à qui cet ouvrage est consacré est une source de réflexions stimulantes auxquelles Tatjana Globokar et Michel Matheu ont largement œuvré. Et je ne voudrais pas manquer d'évoquer tous ceux qui ont participé, sous des formes diverses, à l'une ou l'autre phase de cette entreprise, sans oublier János Bogdán, Ireneus Bialecki, Pierre-Noël Denieuil, Bernard Feillet, Jadwiga Koralewicz, Dominique Letourneur, Josiane Maquet et Monique Vandenbrouck.

Je remercie enfin le Centre national de la recherche scientifique (et spécialement le PIRTTEM), le programme « Technologie, emploi, travail » du ministère de la Recherche, et le groupe industriel sur lequel ont porté nos investigations, pour leur précieux soutien financier[1].

---

1. Suivant l'usage, nous avons respecté l'anonymat de nos interlocuteurs. Cela nous a conduits à utiliser des pseudonymes pour les noms de personnes et de lieux, ainsi que pour le nom du métal autour duquel l'activité de l'entreprise s'est construite.

Mobilisons, mobilisons ; cette incantation résonne sans relâche aux oreilles de ceux qui gèrent nos entreprises. Inspirée par les dures réalités de l'heure, elle en reste pourtant bien distante. Elle se réfère certes à la sagesse des nations : « Considérez vos hommes, écoutez-les, traitez-les avec justice ; ils travailleront avec cœur. » Et on voit fleurir, de mode en mode, maintes recettes (des groupes de participation au salaire au mérite) arrachées à ceux qui paraissent détenir le secret de l' « excellence ». Mais comme la pâte humaine est lourde ! Qui n'a en mémoire les efforts exemplaires déployés par telle entreprise nationale pour mettre en place une gestion « motivante » et l'accablement de ses dirigeants devant des troupes révoltées et des trains arrêtés.

De quel monde parlent donc les donneurs de conseils quand ils peuplent leurs ouvrages d'une humanité indifférenciée, Japonais, Américains ou Français, tourneurs ou comptables, fondus dans une même grisaille ? Ils savent sans doute que les passions qui animent les hommes de chair et de sang sont souvent incompréhensibles sous des cieux étrangers. Comment pourraient-ils oublier que les traditions où chaque peuple s'enracine modèlent ce que ses membres révèrent et méprisent ; et qu'on ne peut gouverner sans s'adapter à la diversité des valeurs et des mœurs ? Mais ce savoir n'informe guère nos recettes de gestion, trop promptes à offrir des généralités là où il faudrait saisir précisément comment tirer parti de chaque situation singulière [1].

Le businessman qui va négocier à Tokyo ou à Abu Dhabi reste sans doute le moins mal loti. Il reçoit maints conseils avisés,

---

1. On trouvera à l'annexe 1 quelques indications sur la littérature concernant ce domaine.

distillés par d'innombrables sessions de « management intercultu-rel » que relaye une presse d'affaires friande de perspectives internationales. On lui apprend à décoder des manières de dire oui, non et peut-être qui varient à l'infini d'un bout à l'autre de la planète. On l'exhorte à ne pas prendre pour un engagement ferme ce qui, dans une bouche étrangère, ne signifie qu'une intention vague, un désir de faire plaisir ou même une simple politesse. On l'initie à l'art de créer un climat positif, du registre des impairs à éviter à celui des cadeaux en tout genre, sans oublier la manière d'aborder une conversation d'affaires par les préliminaires adé-quats. Dans pareils domaines, ceux qui ont appris, souvent à leurs dépens, à connaître les pays dont ils parlent sont bien armés pour instruire les néophytes.

Mais quand on quitte la table de négociation pour construire des usines et qu'on veut organiser ceux qui produisent en tenant compte de ce qu'ils sont, on ne peut plus compter sur les experts. Ceux-ci oublient alors la variété des hommes pour s'attacher aux principes supposés « universels » d'une bonne gestion. Et quand des « dérives » font que la réalité respecte mal ces principes, l'appel à des attitudes plus « volontaristes » l'emporte sur leur désir de comprendre et d'adapter.

Celui qui, dans notre propre pays, cherche à importer des pratiques qui ont fait leurs preuves en d'autres lieux est spéciale-ment mal pourvu. On l'a abreuvé naguère de références améri-caines. Et si celles-ci ne hantent plus les discours à la mode, elles appartiennent toujours à la panoplie du consultant de base. C'est de nos jours à l'adhésion japonaise envers l'entreprise que l'on cite en exemple. Mais comment la susciter quand on a affaire à des Français ? Faut-il emprunter, tout en les adaptant, les voies qui ont réussi ailleurs, ou faut-il tenter d'en inventer d'autres ? On ne sait. Et quand les recettes miracles déçoivent, qu'il est tentant de gémir sur le fait que la France (dont on avait déploré naguère qu'elle ne fût pas les États-Unis) n'est pas le Japon ou l'Allemagne. Pendant ce temps, nous ne cherchons guère à tirer le meilleur parti de ce qui, dans notre réalité, résiste aux plus zélées des volontés réformatrices tout en possédant des mérites que nous ne soupçon-nons sans doute pas.

Pour découvrir en quoi les traditions d'un pays régissent la vie de ses entreprises (et pour mieux saisir du même coup comment gérer ailleurs et comment gérer chez soi), il fallait analyser, plus finement que cela n'avait été fait jusqu'alors, ce qui sépare les fonctionnements humain et technique d'unités de production situées dans des pays différents. Et il fallait chercher ce qui, dans chaque société, permet d'expliquer les singularités ainsi observées. C'est à cette tâche que je me suis consacré au cours de ces dernières années, à la tête d'une équipe du CNRS et en association avec un groupe industriel français ayant une forte activité de production à l'étranger[1].

Il nous fallait pénétrer aussi loin que possible dans l'épaisseur de manières spécifiques de gérer et de travailler ensemble. Nous ne pouvions donc nous contenter de vues superficielles alimentées par des sondages d'opinion ou des entretiens plus ou moins sommaires avec quelques responsables. Aussi, nous avons choisi de concentrer nos efforts, dans chacun des pays que nous étudiions, sur un terrain très circonscrit ; nous nous sommes attachés à une usine. Et, pour rendre les comparaisons aussi parlantes que possible, nous avons choisi des établissements réalisant, en des lieux différents, les mêmes productions avec des équipements quasi identiques.

Ce parti pouvait paraître risqué. Que représente en effet une usine unique, marquée par une région et une branche particulières, une histoire et une personnalité propres, dans un pays tel que les États-Unis ou la France ? En fait, si nous avons concentré nos observations, nous les avons soigneusement recoupées en faisant appel à de multiples données portant sur les pays où nos investigations prenaient place. Cela nous a permis de faire le tri entre ce qui, dans chaque situation singulière, relevait de l'anecdote, ou au contraire révélait quelque chose de portée très générale (ainsi le style de Rembrandt ou de Piero della Francesca, de Bach ou de Mozart, est tellement présent dans chacune de leurs œuvres qu'on peut aller très loin dans la compréhension de ceux-ci en s'attachant à une seule d'entre elles).

Observant attentivement les aspects apparemment les plus terre à terre du fonctionnement de chaque usine et de sa gestion, nous avons vu progressivement se dégager et prendre du relief dans chaque pays une manière spécifique de relier l'individu à la collectivité et de séparer le bien du mal, le légitime de l'illégitime,

---

1. Des indications sur la recherche sont présentées à l'annexe 2.

ce que l'on respecte, ce qui indiffère et ce que l'on méprise. Et l'univers de l'organisation, des règles, des procédures, de tout ce qui n'est pas donné par la société, mais est le fruit direct de l'intelligence et de la volonté de ceux qui ont un pouvoir de gestion, s'est montré intiment lié à cet univers de valeurs et de mœurs. Ce que nous observions est entré en résonance avec tout un héritage de connaissances qui, de Montesquieu et Tocqueville aux travaux contemporains d'anthropologie politique et culturelle, éclairent les modalités du vivre ensemble, des formes de vie politique aux manières dont s'organise le sens du devoir.

Dans chaque pays un ensemble de données qui apparaissaient au départ disparates, et parfois étranges, s'est peu à peu mis en ordre, comme un tas de briques donne naissance à un bâtiment marqué par une logique qui a orienté sa structure et sa forme. Appréhendant ce nœud d'institutions et de mœurs, nous avons pu donner un sens de plus en plus concret à la notion de « culture nationale » souvent utilisée pour évoquer, tant bien que mal, ce qui fait la singularité d'un pays. Nous avons commencé à cerner dans chacun d'eux les traits fondamentaux qui traversent les siècles, et auxquels toute gestion ne peut que s'adapter, et la place qui s'ouvre aux incarnations possibles de pareils principes dans des pratiques et des institutions répondant aux nécessités de l'heure. Et nous avons ainsi pu baliser les voies que prennent déjà, ou que pourraient prendre, les adaptations de la gestion à ces particularités.

Le présent ouvrage voudrait tenter de rendre compte de ce que nous avons observé et compris en parcourant trois pays marqués par trois conceptions bien différentes de la vie en société et du gouvernement des hommes : les États-Unis, les Pays-Bas et la France.

Nous commencerons notre voyage par notre pays. Et nous pourrons comprendre ce qu'il a souvent de déroutant pour les observateurs étrangers comme pour nous-mêmes. Il nous apparaîtra profondément marqué par une logique de l'honneur léguée par l'histoire, aussi exigeante dans les devoirs qu'elle prescrit que dans les privilèges qu'elle permet de défendre. Et nous verrons comment une gestion « à la française » peut chercher à tirer le meilleur parti de nos singularités.

Nous nous rendrons ensuite aux États-Unis. Ceux-ci restent La Mecque du « management », et les pratiques de gestion qui y ont été conçues ont essaimé dans le monde entier. Nous verrons pourtant combien ces pratiques ne constituent pas des manifestations de la raison pure descendue sur la terre. Cherchant à apporter des solutions à des problèmes qui existent partout, elles le font en s'inspirant d'une philosophie particulière de la vie en société. Hantés par l'image idéale du contrat qui, passé entre des hommes libres, reste juste parce que la loi s'est unie à la morale pour limiter le pouvoir du plus fort, les Américains déploient des efforts immenses pour tenter d'y plier une réalité souvent rebelle.

Nous achèverons par les Pays-Bas que nous prendrons comme exemple de société consensuelle. Nous verrons le rôle qu'y jouent une grande objectivité dans l'examen des faits et un vif désir de conciliation, allant de pair avec une forte allergie à toute forme de pression exercée par une quelconque autorité. Et nous examinerons les procédures qu'appelle la gestion du consensus.

Nous conclurons par un retour sur l'art de la gestion, sur ce qui apparaît, après pareil voyage, comme ses principes universels, et sur ce qui se révèle mise en œuvre contingente, adaptée aux temps et aux lieux. Et nous en tirerons quelques leçons sur la manière dont, dans les entreprises comme ailleurs, la vie en société fait concourir une révérence pour des traditions qui demeurent avec une capacité à inventer et à créer.

Nous aurions pu prolonger notre voyage dans le tiers monde. L'adaptation de la gestion aux spécificités nationales y est sans doute plus cruciale encore que dans les pays industriels, au point que dans certains pays des méthodes de gestion « appropriées » restent à inventer. Nos recherches nous ayant conduits en Afrique noire et en Inde, les matériaux ne manquaient pas. Mais, à la réflexion, le sujet a paru suffisamment vaste pour mériter qu'un ouvrage spécifique lui soit consacré.

Par ailleurs, partis d'un problème concret, nous avons rencontré sur notre chemin certaines des questions les plus fondamentales de la sociologie : l'articulation des institutions et des mœurs, du sacré et du profane, de la continuité et du changement, de la modernité et de la tradition, de l'unité d'une société et de sa diversité, de la coopération et du conflit. Et nous avons eu le sentiment que, faisant avancer le sujet précis sur lequel nous travaillions, nous étions amenés à creuser ces questions générales. Il aurait été possible, prolongeant l'examen de notre sujet, de les aborder pour elles-mêmes. Mais là encore, il a semblé qu'il y avait matière à écrire un autre ouvrage.

Je me suis efforcé, dans chacun de ces lieux, de comprendre les conduites que l'on y observe, parfois curieuses pour un œil étranger, en partant de ce qui leur donne un sens pour ceux qui les adoptent. Je ne chercherai pas à juger les idéaux qui inspirent les manières de vivre en société et de gouverner les hommes propres à chaque pays ; plus j'avance dans cette recherche, moins je me sens qualifié pour porter pareil jugement. Je pourrais dire, paraphrasant saint Paul, que j'ai cherché à me faire américain avec les Américains et néerlandais avec les Néerlandais, avant de redevenir français avec les Français. Et il m'a semblé que chacun des trois modèles que j'observais méritait d'être regardé avec un grand respect, comme une tentative de répondre, non sans un certain génie, aux problèmes presque insolubles que pose l'organisation de la société des hommes. Je n'ai pas cru pour autant, bien sûr, qu'aucune ombre ne s'associait à ces lumières, qu'il n'existait pas des dérives propres aux manières américaines, néerlandaises et françaises de vivre ensemble ; ces dérives, qui ne peuvent que chagriner celui qui rêve (et qui n'y rêve pas plus ou moins ?) d'une humanité idéale, apparaissent même sous un éclairage particulièrement cru quand on les regarde d'ailleurs. J'ai cherché à les comprendre et réfléchi aux moyens de limiter leurs effets néfastes. Il est clair aussi que chaque pays bafoue parfois ses propres valeurs, qu'il est des Américains sans justice, des Néerlandais sans bonne foi et des Français sans honneur. D'autres ne manquent pas de dénoncer leurs turpitudes. Sans ignorer cette face obscure, je me suis plutôt donné comme tâche d'éclairer les voies où peut se construire, en chaque lieu, une manière de gérer qui sache s'appuyer sur la part irréductible d'idéal qui s'y manifeste.

Que peut faire de pareilles analyses celui qui veut avant tout être efficace ?

Je n'ai nullement l'intention de lui proposer, après tant d'autres, un catalogue de recettes qui lui permettraient d'agir sans comprendre. Comment en effet prendre en compte sans les analyser les multiples facettes d'une réalité infiniment diverse ? A copier simplement ce qui a été ici ou là facteur de succès, sans savoir en quoi les contextes se ressemblent et diffèrent, comment éviter les déboires ?

Par contre, quand on rencontre des résistances « absurdes » aux plans les mieux conçus, on peut, à mieux les comprendre, échapper à l'impression douloureuse d'être confronté à l'irrationalité constitutive des passions humaines. Et quand on saisit enfin ce qui anime « ces gens-là », des voies s'ouvrent à l'action. J'en fais régulièrement l'expérience avec des hommes d'entreprise, qui n'ont pas besoin d'être particulièrement versés dans les arcanes des sciences sociales. Saisissant les outils d'analyse qui vont être exposés, ils jettent un autre regard sur des situations qu'ils vivent quotidiennement et, découvrant une rationalité à ce qui leur paraissait absurde, ils commencent à mieux discerner les possibilités d'action qui s'offrent à eux. C'est pareille expérience que je voudrais proposer au lecteur qui se sent en butte à l'étrangeté des hommes.

La France
ou la logique
de l'honneur

Il n'est pas facile de regarder son pays. Tant de choses y paraissent si naturelles. Tant de propos ressemblent tellement à mille propos que l'on a déjà entendus qu'ils ne risquent guère de surprendre. Et si nous connaissons ses mœurs de manière infiniment plus détaillée que nous ne pouvons connaître des mœurs étrangères, elles manquent pour nous de relief. A cet égard, voyager a toujours constitué un moyen de se voir soi-même d'un autre œil. La recherche sur laquelle on s'appuie ici n'a pas échappé à cette règle. Ceux qui l'ont entreprise y ont beaucoup appris sur les pays étrangers où leurs investigations les ont menés. Elle a, plus encore peut-être, transformé leur compréhension de la société française. Sans doute savions-nous déjà que celle-ci n'est fondée ni sur le respect religieux des contrats ni sur l'esprit de consensus. Sans doute savions-nous qu'elle est composée de groupes jaloux de leurs statuts et de leurs prérogatives. Mais nous sous-estimons le zèle avec lequel chacun de ces groupes est capable d'être fidèle aux devoirs particuliers que lui fixent ses traditions. Et d'autres aspects nous restaient obscurs, dont l'importance nous a été révélée, tels que la place d'un principe de modération, qui paraît être un des grands régulateurs de la société française, ou les subtilités d'une relation hiérarchique profondément marquée par les exigences de l'honneur. Et nous voyons mieux suivant quels axes existe déjà, beaucoup plus dans la réalité que dans les théories, et peut se développer, une gestion « à la mode de chez nous ».

Comme nous le ferons dans chaque étape de notre itinéraire, nous prendrons tout d'abord une usine comme terrain d'observation. Nous chercherons à comprendre, au-delà de l'anecdote, ce qu'elle donne à voir des particularités d'une manière française de travailler ensemble. Puis nous nous tournerons vers l'histoire de

19

notre pays, de manière à saisir comment ce que nous avons observé traduit une manière française d'organiser la société dont les principes fondamentaux traversent remarquablement les siècles. Revenant enfin vers nos pratiques de gestion, nous chercherons comment il leur faut à la fois s'inscrire dans cette façon de vivre ensemble, et lutter contre les dérives qui la menacent.

1. L'usine de Saint-Benoît-le-Vieux

L'usine de Saint-Benoît-le-Vieux fabrique les mêmes produits que ses sœurs, avec des techniques sensiblement identiques. Mais elle le fait autrement. Hasard ? Fruit d'une culture d'entreprise singulière ? Nous aurions pu le penser si nous n'avions recoupé de multiples façons nos observations avec d'autres données, issues d'investigations menées par nous-mêmes et par d'autres, ou du témoignage de ceux qui travaillent dans notre industrie. Si certains traits (que nous noterons parfois au passage) donnent à cette usine sa personnalité propre, elle se montre par bien d'autres une usine française ordinaire, témoin comme beaucoup auraient pu l'être, de quelque chose qui la dépasse. C'est sur cela que nous insisterons. Et le lecteur vivant en France n'aura sans doute pas de mal à retrouver de multiples aspects de sa propre expérience. Nous l'inviterons, devant une collection de traits qui ne le surprendront guère, à découvrir ce qui les relie les uns aux autres et les principes, parfois cachés, dont ils constituent autant de manifestations visibles.

Accomplir les devoirs de son état

A Saint-Benoît-le-Vieux, les droits et les devoirs de chacun sont loin d'être fixés par les mêmes voies que celles qui, verrons-nous, prévalent aux États-Unis ou aux Pays-Bas. Certes il existe, dans les trois usines, un découpage général des attributions entre un ensemble de services (services de fabrication, d'entretien, services généraux) et de niveaux hiérarchiques (directeur d'usine, chefs de service, contremaîtres, etc.) à première vue semblable d'un pays à l'autre. De même il existe des procédures (consignes techniques, circulation de l'information) qui ne sont pas sans analogies. Mais, dès qu'on regarde les choses de plus près, des différences frappantes apparaissent. Nous verrons combien est poussée la codification minutieuse des droits et des devoirs dans l'usine américaine, à travers la définition des objectifs à atteindre et des procédures à respecter. Nous verrons le poids du consensus dans l'usine des Pays-Bas. Ni l'un ni l'autre ne se retrouvent dans notre usine française.

Si le subordonné américain entend bénéficier d'une large autonomie dans le choix des moyens qu'il adopte pour atteindre ses objectifs, il accepte volontiers, il demande même, que ceux-ci lui soient clairement fixés par son supérieur. Il travaille *pour quelqu'un,* qui doit précisément définir ce qu'il désire obtenir. Les demandes que les chefs de service américains font en ce sens à un directeur français contrastent, selon ce dernier, avec les pratiques françaises : « Les ingénieurs en France, la façon dont je les perçois, ont tendance à se créer leur propre système de valeurs en se disant : " Bon, c'est bien évident qu'*il faut que je fasse tourner mon propre machin.* " » Pareille affirmation paraît exprimer beaucoup de la réalité de notre usine et pas seulement pour les ingénieurs. Chacun tend à pousser très loin sa propre interprétation de ses responsabilités, sans attendre que la direction de l'usine définisse ses objectifs. Ainsi un contremaître nous a longuement expliqué (cf. encadré 1) qu'il *jugeait,* il *estimait,* sans que personne lui ait confié cette responsabilité, devoir prendre une décision grave (« arrêter l'usine une heure, deux heures, une demi-journée ») en cas de « danger corporel ». Sans doute y a-t-il quelque chose d'extrême et d'un peu provocant dans pareille déclaration. Mais, dans sa radicalité, elle traduit quelque chose de général qu'exprime bien la formule « Je *me sens* responsable ». Le subordonné français n'a pas besoin qu'on lui ait fixé une responsabilité pour *se sentir* responsable. Et ce terme n'a pas d'abord pour lui le sens américain des comptes à rendre à quelqu'un d'autre, mais met l'accent sur ce à quoi il estime devoir veiller.

Simultanément, l'action de chacun est beaucoup moins encadrée que dans une usine américaine par des règles et des procédures codifiant précisément les frontières qu'il n'a pas le droit de franchir (et à l'intérieur desquelles il peut se mouvoir avec une grande liberté). Nous verrons que les pressions qui s'exercent sur lui, et qui

---

ENCADRÉ 1

L'autodéfinition de ses responsabilités
par un contremaître

« Moi, je suis parti du principe, et c'est ce que j'essaie de faire respecter... nous avons la *décision* et la *responsabilité pleine et entière* dès qu'il s'agit de personnes.

Je donnerais l'ordre ou je couperais moi-même personnellement le courant, je dirais à la limite sur l'ensemble de l'usine, *si j'estime* qu'à un moment donné on court un danger corporel pour quelqu'un. Alors là j'avoue que je ne me sentirais pas du tout gêné de le faire [hésitation] *sans demander l'avis de qui que ce soit* [hésitation] immédiatement je couperais le courant. Je rendrais compte après. Après d'autres responsabilités seront prises à d'autres niveaux. Je n'hésiterais pas instantanément de plonger l'usine dans le noir si *j'estime* que... que *ça fait partie de mes fonctions en tant que technicien*, si *je juge* qu'il y a un danger et qu'on n'a pas le droit de faire courir un danger quelconque à qui que ce soit. Arrêter l'usine une heure, deux heures, une demi-journée, *j'estime* que c'est tout à fait secondaire par rapport à un danger quelconque. »

---

ne l'entravent pas forcément moins mais autrement que son homologue américain, sont largement d'une autre nature (et l'existence, souvent dénoncée comme un trait typiquement français mais à laquelle nos interlocuteurs n'ont guère fait allusion, d'une réglementation étatique proliférante, paraît loin de compenser, en matière de codification des conduites, le faible développement d'une codification contractuelle).

De plus, même lorsque les règles et les procédures ont été dûment mises en place (et peut-être l'influence des théories américaines de gestion y est-elle pour quelque chose), chacun en prend et en laisse en fonction de son appréciation personnelle, sans se sentir vraiment lié par ce qui est écrit (et celui qui, pour comprendre le fonctionnement de l'usine, se bornerait à étudier les textes, sans regarder comment ils sont mis en œuvre, en aurait une vision bien illusoire). Il existe un écart considérable entre l'« officiel » et l'« officieux », écart dont les intéressés ne font pas mystère, bien qu'ils en parlent parfois avec une certaine gêne.

Ce qui relève des sanctions et des récompenses, domaine où les conceptions américaines demandent tout particulièrement une codification rigoureuse, ou du moins des critères clairs et bien définis à l'avance protégeant de l'arbitraire du supérieur, illustre bien cet état de fait.

Il existe des sanctions théoriques commençant par l'avertissement oral et allant jusqu'au renvoi ; mais, dans la pratique, ce ne sont pas sur elles que l'encadrement compte, ainsi qu'un surveillant s'en explique sans détours : « Il n'y a pas de sanction [formelle] ce n'est pas le genre de la maison. Si le gars ne veut pas entendre, on peut toujours lui trouver un poste plus em... C'est peut-être pas très honnête [rire]. C'est à chaque surveillant de se dém... avec ce qui se passe dans son poste. Si on casse la croûte et boit un pot ensemble, c'est pas pour ça que, s'il fait une c..., il va pas prendre sa [inaud.]. Au lieu de se reposer, on peut lui trouver du boulot. C'est pas des sanctions avouées [rire]. C'est là que chaque surveillant est patron de son équipe. » « Un bon meneur d'hommes, c'est, selon les termes d'un contremaître principal, le gars qui sait passer la main sur une bêtise ou quelque chose comme ça. »

De même, en matière de récompenses, il existe une volonté affichée, inscrite dans une convention collective, d'avoir « des carrières différenciées basées sur des possibilités de choix et une appréciation du personnel par la hiérarchie » (cf. encadré 2). Mais le contraste est vif entre le caractère clair et net de ce qui est couché sur le papier, et le scepticisme de ceux qui ont à mettre pareille politique en œuvre. « Il n'y a aucune rémunération liée aux performances [c'est l'adjoint d'un chef de service qui parle]. La seule chose qui existe, c'est une prime de productivité pour tout le monde, fixée à un minimum de 12 % [rire]. Je ne sais pas à quoi ça correspond... et ça dépasse rarement 12 % », ou encore, selon un surveillant : « Depuis l'année dernière, il semblait qu'il y ait *une histoire d'évolution de carrière.* C'est pas mal tombé à l'eau. »

Si l'on passe à l'échelon supérieur de la hiérarchie, celui des chefs de service, on ne retrouve rien des procédures minutieuses d'évaluation que nous rencontrerons dans notre usine américaine. Et les pressions, associées à une estimation pointilleuse de la qualité des résultats obtenus, qui accompagnent là-bas la mise en œuvre de ses procédures, apparaissent ici absentes. Ainsi, pour l'adjoint à un des chefs de service : « Je n'ai jamais vu quelqu'un demander des comptes sur le fait qu'on ait dépassé un budget...

ENCADRÉ 2

La politique officielle en matière de salaires ouvriers
(d'après le responsable des services administratifs)

« La convention collective prévoit cinq coefficients pour les ouvriers correspondant aux indices 150, 160, 175, 190, 205. En entretien il a été créé trois échelons par coefficient. A l'intérieur d'un coefficient donné, un ouvrier change d'échelon en moyenne au bout de cinq ans d'ancienneté. Les bons ouvriers changent environ au bout de trois ans. Un ouvrier d'entretien qui a une progression rapide peut donc gravir tous les échelons et coefficients jusqu'au coefficient 205 en vingt ans environ. En fabrication les postes sont fonctionnels en ce sens que les postes sont positionnés par rapport aux minima de chaque coefficient. Pour changer de salaire il faut changer de fonction. Après 1978, une modification a été apportée à l'accord d'entreprise. Des échelons ont été créés en fabrication pour chaque coefficient, soit six échelons d'ancienneté à raison de cinq ans d'ancienneté pour le premier échelon et six ans pour la suite. Cela entraîne donc vingt-neuf ans pour avoir l'échelon le plus élevé à un coefficient donné. En 1980, il y a eu mise en place d'un nouveau dispositif d'évolution de carrière pour les ouvriers de fabrication en vue d'une individualisation plus forte des salaires ouvriers. L'objectif est de parvenir à des différences de rémunérations plus fortes en fonction de l'ancienneté avec des carrières différenciées basées sur des possibilités de choix et une appréciation du personnel par la hiérarchie. »

---

enfin... quelqu'un d'extérieur au service, hein. Je sais qu'à Paris des services suivent les prix de revient, mais, ou alors on suit très bien nos budgets, mais c'est pas toujours le cas... Personne ne nous a rien demandé. En ce moment, depuis quelque temps, il y a quand même une pression exercée... mais qui n'est... qui consiste à dire : " Bon, la société est en difficulté, il faut faire des économies ", ça s'arrête là... Bon, ben *chacun fait ce qu'il peut* [...]. »

On retrouve dans la mise en œuvre des procédures et des consignes techniques la même indépendance de chacun, qui en prend et en laisse et n'en fait pas mystère (ou même le revendique) pendant que son supérieur avoue n'y pas pouvoir grand-chose.

Ainsi un contremaître de fabrication, riche d'une expérience internationale qui l'a mené aux États-Unis et aux Pays-Bas, se plaint de l'indépendance d'esprit manifestée par les ouvriers dans le respect des consignes : « Nous Français, on dit : " Tu me balayes l'atelier. " Au Hollandais il faut lui expliquer : " Tu balayes, tu prends la brouette, tu mets là-bas. " Mais le Hollandais a quelque chose de mieux que le Français, c'est qu'une fois que vous lui aurez expliqué, il le fera et il continuera à le faire les jours suivants. Tandis que le Français, il le fera deux, trois jours, et après il cherchera des combines pour faire le plus vite possible. »

Mais lui-même ne se conduit pas différemment dans ses rapports avec son chef de service : « On se voit tous les matins, on a une réunion en principe à 9 heures, le chef de service, l'adjoint, le contremaître et l'adjoint. Des fois, je ne viens pas. Si j'ai un ennui qui, *à mon avis*, est plus important que la production, ou je lui donne un coup de fil, ou il ne me voit pas arriver ; il sait très bien : " Bon, ben Y... [celui qui parle] est accroché quelque part, hein ? je le verrai plus tard. " »

Dans une autre variante encore, les procédures sont formellement respectées, mais en étant largement vidées de leur contenu. Ainsi une procédure complexe a été mise au point pour assurer la coordination entre services en matière d'achats. Les commandes doivent être revêtues de quatre signatures (des chefs de service de fabrication et d'entretien concernés et de celui du service d'achats, plus du directeur de l'usine). Formellement, cette procédure est effectivement mise en œuvre, mais « bien souvent, affirme le chef de service d'entretien mécanique, on a ici confirmation d'une commande téléphonique, le matériel est déjà arrivé ».

Un esprit chagrin pourrait penser que les libertés ainsi prises sont fondamentalement motivées par un souci d'en faire le moins possible, ou de tirer la couverture à soi aux dépens de la bonne marche de l'usine. En fait, les choses sont loin d'être si simples. Il arrive certes que pareils motifs soient présents ; ainsi, on nous a raconté une histoire d'ouvrier qui, devant faire des mesures sur des échantillons, se contente d'inventer des chiffres, car « il sait très bien le résultat qu'il faut trouver ». Mais pareilles libertés avec les règles sont également prises pour la bonne cause. Ainsi on voit pendant le poste de nuit des ouvriers de fabrication se procurer les clefs de locaux électriques où il est interdit d'entrer, pour remettre en route les disjoncteurs qui ont sauté. Cela leur a permis d'éviter une attente de plusieurs heures, liée au délai de réaction des électriciens d'astreinte qu'il fallait réveiller et faire venir de chez eux. Et un responsable du service concerné de commenter : « Ça

marque une bonne volonté des ouvriers de fabrication [rire], qui
préfèrent travailler plutôt que [...]. »

Car, si elle n'est guère respectueuse des règles, cette manière de
faire s'associe à un sens du devoir qui, tout en étant différent du
sens du devoir américain (ou hollandais) ne paraît pas moins
intense. Ce sens du devoir ne s'inscrit pas dans une perspective de
relations contractuelles, où il faudrait respecter fidèlement les
termes d'un accord. *Il s'agit plutôt d'accomplir les devoirs que la
coutume fixe à la catégorie particulière à laquelle on appartient* (les
devoirs de son état). Le contremaître prêt à arrêter l'usine en cas de
danger corporel déclarait : « Ça fait partie de mes fonctions *en tant
que technicien.* » C'est l'image de la fonction de technicien qui
inspire alors la conduite. Nous avons vu affirmer maintes fois cet
attachement aux devoirs de la fonction, devoirs définis par une
norme propre au groupe qui exerce cette fonction (« Un surveillant, pour moi, *ça doit* », dira l'un d'entre eux) plus que par des
instructions venues d'ailleurs. Les expressions « faire son travail »,
« faire correctement son boulot », « on fait notre boulot », qui
reviennent sans cesse, renvoient à ce type de sens du devoir. La
référence à ce qui est considéré comme « normal » est alors
essentielle ; « Moi, dit un ouvrier, je fais mon rôle comme la
normale ». Et c'est la tradition propre à chaque groupe qui fixe ce
qui est ainsi « normal ». Parlant d'un autre service, un contremaître évoque ce qui sépare deux traditions : « S'ils n'ont pas terminé
la réparation à midi, ils la reprennent dans l'après-midi. Pour *eux*
ça semble *normal.* Pour *nous fabricants,* nous *n'aimons pas* partir
en laissant le travail dans le poste. »

Un vif amour-propre s'attache à cette réalisation des devoirs de
son état. « Il y a la fierté du travail bien fait », commente un
contremaître. Cette fierté qui pousse à travailler avec zèle, est
volontiers ombrageuse : « Je vois, c'est surtout, il y a des gens qui
sont très consciencieux, et il *ne faut pas les toucher dans leur amour-
propre.* » Elle s'accompagne d'un rapport très affectif à un travail
auquel on s'identifie fortement, qui n'est pas simplement un
contrat que l'on exécute en passant, mais quelque chose auquel on
est lié profondément. Ainsi, « on est un petit peu amoureux de
notre matériel, c'est bête, ça nous fait mal au ventre de le voir
souffrir », dira un contremaître d'entretien. Quand ce dont on se
sent responsable le demande, on donnera volontiers « un coup de

27

collier » sans compter sa peine. S'il y a une panne, « on fonce dedans ». Et, à un niveau plus élevé, les expressions sont moins imagées, mais la réalité demeure. On se sent tenu de bien faire au-delà des comptes que l'on a à rendre. S'il y a peu de pression sur les budgets, « heureusement que les chefs de service font attention à leur prix de revient », affirme l'adjoint de l'un d'entre eux. « On peut jouer sur les consommations de fuel, on *l'a toujours fait* [c'est la tradition du service], c'est pas *parce qu'on nous demande de faire des économies* [c'est notre propre sens du devoir]. » On pourrait dire, en reprenant les catégories de Montesquieu — sur lesquelles nous reviendrons plus longuement —, que l'on se trouve dans une logique de l'honneur (qui insiste sur les devoirs, fixés par la coutume, par lesquels le groupe auquel on appartient se distingue), plus que dans une logique de la vertu (qui incite à respecter les lois qui s'appliquent à tous).

Des conflits ouverts et des ajustements largement informels

Quand chaque individu, chaque groupe, se considère comme une sorte de puissance souveraine qui n'a, à la limite, de comptes à rendre qu'à sa conscience et à son propre sens de l'honneur, comment raccorder ce que chacun estime devoir faire suivant sa propre loi et ce que les autres attendent de lui. Certes, une société peut fonctionner en poussant extrêmement loin ce type de logique, quand le temps permet d'ajuster les devoirs et les attentes coutumiers des uns et des autres. La société indienne traditionnelle en donne un exemple saisissant. Mais dans une usine, où bien des choses se modifient sans cesse, des désajustements sont inévitables. Ce qui est considéré comme « normal » par ceux qui sont revêtus de certaines responsabilités et ce qu'en attendent ceux qui ont besoin de leurs services ne coïncident pas forcément (nous l'avons évoqué brièvement à propos des rapports entre entretien et fabrication). De plus, le flou que comportent inévitablement les devoirs propres à chaque état laisse la place pour des stratégies visant à s'affirmer aux dépens d'autrui. Des processus d'ajustement sont alors nécessaires pour que les idéaux, les besoins et les stratégies des diverses puissances puissent se raccorder. Ces processus font largement appel à des ajustements informels, où l'expression ouverte des antagonismes s'accompagne de concessions mutuelles, qui mettent en jeu un principe de modération. Et lorsque ces ajustements ne suffisent pas, le pouvoir d'arbitrage de l'autorité hiérarchique entre en jeu.

L'affirmation vigoureuse des points de vue de chacun, l'utilisation d'une certaine violence verbale pour leur donner du poids, et le choc des convictions et des intérêts font partie d'un fonctionnement normal.

L'utilisation d'un discours véhément, qui n'hésite pas à « se fâcher » et à « gueuler », est un moyen non dépourvu d'efficacité de se faire entendre (cf. encadré 3). Sans doute cette véhémence est-elle ressentie comme non sans rapport avec la sincérité de celui qui proteste, et donc avec la légitimité du point de vue qu'il défend. On la rencontre à tous les niveaux, envers les supérieurs comme envers les égaux et les inférieurs. Les ouvriers « se font engueuler » par les surveillants et parfois leur « parlent en gueulant ». Et quand chacun fait de même, des affrontements ouverts se produisent. Cela est vrai dans le fonctionnement de la ligne hiérarchique comme dans les rapports horizontaux : « Je ne suis pas toujours d'accord avec mon chef de service, affirme un contremaître, on s'est *accroché* plusieurs fois, et même des fois sévèrement, sérieusement. » Et dans une réunion hebdomadaire entre services, chacun, suivant un des participants, « *tirait à boulets rouges* ». On est très loin du consensus néerlandais, et des réunions paisibles qui permettent de le mettre en œuvre (cf. p. 214).

Ces processus d'ajustement avec conflits ouverts interviennent spécialement quand, un élément important ayant changé dans une situation, ou quelqu'un de nouveau étant arrivé, il faut remettre sur le métier le raccord entre les façons dont les uns et les autres voient leur travail. Ainsi un ouvrier appartenant à un service où rien de significatif n'a changé depuis bien longtemps et où les diverses parties se sont bien ajustées les unes aux autres célèbre les rapports faciles qui y règnent : « *On a notre travail ;* c'est peut-être la raison pour laquelle *ça va tout seul,* hein, c'est-à-dire on sait le travail qu'on a à faire. » Et il oppose ces « bons » rapports aux rapports tendus que l'on trouve dans un autre service (le service automobile), où un nouveau contremaître est en train de transformer profondément les méthodes de gestion, et où un processus d'ajustement est en cours : « On n'a pas *la maîtrise qui vient nous*

ENCADRÉ 3

L'efficacité d'un discours vigoureux

« En Ariège les types sortent à 5 heures du soir, c'est fini. Pour les dépannages c'est une négociation à chaque fois et bien souvent les types refusent. Alors on est obligé de *se fâcher* ou alors de reporter l'intervention au lendemain » (chef de service, entretien).

« A Tarascon il y avait un matériel que le chef de production n'admettait d'arrêter que le samedi ou le dimanche. Ça impliquait pour le petit entretien de venir travailler le dimanche. Ils ont fait ça une fois ou deux, puis ils n'étaient plus d'accord. Et *ils ont tellement gueulé, on a admis* qu'on pouvait arrêter le pont un autre jour, en fait, c'est ce qu'ils font maintenant sans perturber pour autant la production » (chef de service, entretien).

« Il arrive qu'on fasse marche arrière et qu'on suive l'avis d'un chef de poste. S'il *le défend avec beaucoup de véhémence* et qu'il a l'adhésion de beaucoup de gens, on fait un essai et il arrive que ça marche très bien » (contremaître, fabrication).

---

contredire sans arrêt non. Voilà ce qui crée la différence avec le service automobile, avec les tensions qui règnent entre ouvriers et maîtrise. »

Comme un contremaître en place depuis longtemps le raconte de son côté de façon imagée, pareil processus d'ajustement conduit, au bout d'un certain temps, à trouver un *modus vivendi :* « Au départ on vous prend, quand vous arrivez, pas pour un guignol, mais enfin, pour un bleu, quoi. Comme ça les mécanos une paire de fois ont essayé de me raconter des histoires, ça m'a permis de rétablir les choses et ils se sont dit : " Bon, ça va, c'est pas la peine de lui raconter trop d'histoires. " Bon, ne serait-ce que ça, je dirais que ça a réglé beaucoup de problèmes. »

Dans tous ces épisodes, poursuivre le bien dont on se sent responsable et prendre l'ascendant sur autrui constituent deux objectifs difficilement démêlables. Quand les idées du contremaître et celles de l'ingénieur sur la marche de la série sont contradictoires, ils les confrontent, et c'est « l'ingénieur qui va *gagner* », affirme l'intéressé, d'un ton quelque peu embarrassé. Quand le contremaître d'entretien électrique se réjouit de ce que ses ouvriers passent pour « *prendre le dessus* » sur ceux de fabrication, cela mélange de manière indiscernable le fait qu'ils regardent leurs collègues de haut, et que, connaissant bien le matériel, « ils ne peuvent pas se faire raconter d'histoires ». Les stratégies de pouvoir peuvent de la manière la plus naturelle (et même la plus sincère) se présenter comme étant au service d'un bon fonctionnement que personne n'a la charge exclusive de définir et sur lequel chacun peut légitimement avoir sa propre idée.

Ces affrontements se règlent normalement par des « arrangements » entre ceux qui sont concernés, personnes ou services, « arrangements » qui constituent autant d'armistices à durée indéterminée (contrastant avec les contrats à durée bien définie qui prévalent aux États-Unis ou aux accords néerlandais que seul un nouveau consensus pourra remettre en cause). Ils peuvent être dénoncés unilatéralement à tout moment ; on verra, par exemple, un planning d'entretien, dépourvu de tout caractère sacré, remis en cause le lendemain, alors qu'il a fait l'objet d'un accord la veille. La délimitation des sphères d'influence de chacun fera ainsi l'objet de sortes d'arrangements tacites et largement informels, au caractère plus ou moins précaire. Et dans ce registre, l'art du clair-obscur, des différences subtiles entre l'officiel et l'officieux, des yeux fermés qui maintiennent les principes en vigueur en tempérant leur application, des surveillances qui n'en ont pas l'air sans être vraiment dissimulées, de la « combine », ouvrent un large champ à l'imagination des protagonistes.

Ne pas abuser

Dans ce jeu informel des affrontements et des armistices, un principe nous a paru jouer un rôle régulateur essentiel. Et il nous semble que si bien des observateurs étrangers, ou même Français, ont du mal à comprendre comment, malgré des rapports quelque peu anarchiques, les Français arrivent à faire raisonnablement fonctionner leur industrie, c'est qu'ils ont négligé ce facteur. Il s'agit d'un devoir de modération, qui permet de travailler ensemble, même si on est loin de bien s'entendre.

Si les « accrochages » font partie des rapports normaux (et si on est très loin du caractère « lisse » des relations néerlandaises), ils sont menés avec un grand sens des limites à ne pas dépasser, sous peine de basculer dans quelque chose de grave que tous veulent éviter. Ils constituent une sorte de rituel où les protagonistes s'investissent de façon à la fois notable et limitée (à la manière des affrontements rituels des tribus primitives, où l'agressivité manifestée par les adversaires est largement verbale et symbolique cependant que les dommages qu'ils s'infligent restent modestes). Cette modération se traduit dans les attitudes et sentiments des intéressés comme dans leurs conduites. Elle s'exprime aussi bien dans la manière dont les situations personnelles peuvent être remises en cause que dans la façon dont chacun compose dans son travail avec l'intérêt général. Car quelle que soit sa place, et même si elle est modeste, il se sent comptable de cet intérêt général, lorsqu'il est bien convaincu que celui-ci est réellement en jeu.

Si les conduites agressives ne sont pas considérées comme illégitimes, c'est à condition de ne pas aller « trop loin », de ne pas « dépasser les bornes ». On voit des rires accompagner la mention d'accrochages où on est soi-même partie prenante, ce qui montre bien que leur statut relève de ce qui est toléré, non de ce qui est pleinement légitime. Et ces accrochages restent contenus dans des limites bien circonscrites (cf. encadré 4). Ils sont considérés largement comme une conséquence inévitable de la vie en société, l'expression d'antagonismes dont personne n'est vraiment responsable, plus que la résultante de menées de vrais adversaires. Et ils n'empêchent pas de chercher à comprendre ceux avec qui on a des rapports rugueux. Tout cela limite la passion réelle qui s'y attache et leur permet de garder un caractère beaucoup plus superficiel que ce que l'on pourrait imaginer sur la foi du bruit qui les accompagne[1].

On retrouve la même modération quand la situation des personnes est mise en cause. On a vu que, contrairement aux États-Unis, les protections contractuelles ou quasi contractuelles (qui définissent de manière rigoureuse dans quelles conditions et suivant quels critères cette remise en cause peut être faite) ne jouent guère (cf. p. 24 les propos d'un surveillant sur les sanctions).

---

1. Ce qui va sans doute de soi pour les Français, mais non pour des étrangers. Ceux qui viennent des pays où l'agressivité verbale n'est pas tolérée de la même façon ont du mal à s'imaginer, par exemple, comment on peut s'affronter comme on le fait en France couramment, devant les caméras de télévision ou dans l'arène politique, sans être pour autant brouillés pour la vie.

ENCADRÉ 4

La ritualisation des affrontements verbaux

« Ce sont également des accrochages qui vont pas chercher bien loin, hein [il s'agit des accrochages entre services]. Je pense que ce sont des accrochages un peu inévitables et... bah... qui se passent dans l'ensemble dans la bonne humeur. Ça va jamais chercher bien loin » (chef de service, entretien).

« Il y avait deux équipes, alors si j'avais une panne, si je commençais là, l'autre se mettait en colère. L'ambiance était un peu tendue. Mais enfin, vous savez, c'est normal, le type qui travaille en équipe il est toujours, enfin... Ça durait un quart d'heure puis c'était terminé » (ouvrier, fabrication).

« Des difficultés, il y en a comme partout. Je pense que ce sont des difficultés inhérentes à toute vie en société, où chacun vit à sa pendule et pas à celle de l'autre. C'est un peu vrai partout des personnes qui ne s'accommodent pas tellement l'une avec l'autre, ça ça arrive aussi, mais c'est parfaitement humain. Quand il y a des accrochages, il y a des torts des deux côtés. C'est bien évident, personne n'est tout à fait blanc ou noir. Il est certain qu'il y a des maladresses des deux côtés à la fois » (chef de service, entretien).

« Ce que je vois, je le comprends un peu. Il faut peut-être pas trop que je critique quand même. Il y a eu de très gros problèmes à la fonderie » (contremaître, fabrication).

Par contre une remise en cause de quelque ampleur est en pratique très difficile à réaliser. Contrairement à ce qui se passe dans la fonction publique ou dans des entreprises nationales, elle n'est guère entravée dans notre usine par des règles formelles régissant le statut des personnes. Mais elle l'est par une sorte de principe de modération informel (dont on sait bien que, même là où il existe des règles formelles, il est souvent beaucoup plus restrictif encore, quand il s'agit de modifier les situations acquises).

Ce principe de modération intervient en particulier dans l'attribution des récompenses et des sanctions. Un contremaître, ayant travaillé aux États-Unis, souligne le contraste. Ainsi, là-bas, il a mis des gens à la porte parce qu'ils étaient trop souvent en retard, et il n'y a pas eu de contestation. Mais, dit-il en riant, « ce qui est ennuyeux, c'est que tout le monde dit que c'est très bien mais on ne le fera jamais ici, *c'est pas pensable*, c'est pas possible ». De même, aux États-Unis, il est normal que celui qui a été promu redescende s'il n'a pas réussi. Mais « en France cette règle du jeu n'existe pas, parce que, bon, s'il est mauvais il reste bien souvent et puis... au contraire pour se débarrasser de lui on lui donne une bonne place ailleurs ». Quand il s'agit de décider de quelle augmentation chacun va bénéficier : « Il y a des critères, déclare un agent de maîtrise, celui qui a été augmenté en 81, on va pas l'augmenter en 82, et puis elle est fonction aussi des services rendus. » De même les attributions de chacun sont difficiles à modifier (et là encore le contraste est grand avec les États-Unis). Ainsi, on voit un chef de service, pourtant considéré comme autoritaire, se montrer bien timide en la matière, comme le rapporte le contremaître principal de son service ; quand un de ses surveillants est parti en retraite, « on a profité de l'occasion [pour revoir les attributions] parce que certainement M. A... depuis longtemps essayait de le faire, mais il ne pouvait pas du point de vue usine... parce que c'était en place ». Ce qui est, légalement et réglementairement, parfaitement licite n'est pas pour autant légitime. La coutume regarde facilement les attributions de chacun comme une sorte de charge dont il serait propriétaire.

Cette modération se retrouve dans les rapports quotidiens de travail. Si chacun est très attaché à une « indépendance » régulée par les devoirs de son état, il est très conscient du fait qu'il ne peut ignorer le bien d'un ensemble plus vaste. « Je pense qu'il faut qu'on soit imprégné, affirme un contremaître, nous ne sommes qu'un rouage dans la grande machine qu'est l'usine. » Aussi il faut savoir mettre une limite aux conflits. « Il ne suffit pas de travailler à couteaux tirés, dira un agent de maîtrise, au bout d'un moment on dit il faut s'arrêter, il faut donner la machine. » Et, plus positivement « il faut s'adapter à l'autre », avons-nous entendu affirmer à tous les niveaux, de l'ouvrier au chef de service. Et il faut « être beau joueur ». Il faut aussi se montrer diplomate, savoir dire les choses « d'une bonne façon », éventuellement « sur le ton de la plaisanterie », savoir « se forcer » pour prendre l'initiative de « monter voir » le partenaire avec qui on a des relations difficiles, et, quand quelque chose déplaît, « mettre son mouchoir par-dessus ». Tout cela permet de « s'entendre ». Et dans ces conditions on « s'arrange » à l'amiable.

On voit spécialement affirmer qu'il ne faut pas « abuser » : autant chacun peut défendre vigoureusement son point de vue quand la marche de l'usine n'est pas sérieusement menacée, autant pareille manière de faire devient inacceptable quand la situation se dégrade trop.

Les rapports entre entretien et fabrication illustrent bien pareille attitude de modération au sein de rapports tendus. Autant quand il n'y a pas d'urgence, quand l'enjeu technique ne paraît pas décisif, chacun a à cœur de manifester son autonomie, autant quand l'enjeu devient sérieux, un bémol est mis aux discussions. L'adjoint au chef du service principal de fabrication est, pour sa part, frappé par le contraste : « Il y a la *panne qui nous arrête complètement*, l'atelier est arrêté, les interventions arrivent assez rapidement, mais les interventions qu'on demande pour améliorer c'est ça qui traîne souvent, parce que les responsables, souvent le contremaître d'entretien, *se dit : " C'est pas vital "*[1]. »

Cette modération s'accompagne parfois d'un effort des intéressés leur permettant de se représenter leur rôle de façon telle que des concessions douloureuses puissent apparaître comme l'expression même des devoirs de leur état. Un contremaître principal d'entretien fait preuve en la matière d'un esprit inventif : « Il faut que l'on se considère un peu comme la nourrice et non pas comme la mère de la bécane. La mère, elle, a des droits sur son enfant, la nourrice n'en a pas…, et pourtant la nourrice soigne cet enfant. Je pense que pour nous c'est la même chose aussi. »

Les rapports hiérarchiques

Il existe un certain nombre d'images classiques des rapports hiérarchiques en France : la centralisation, le grand pouvoir du chef, la distance entre supérieur et subordonné. En fait, nous avons rencontré sur ces trois points des situations extrêmement diverses, et on ne peut pas dire qu'il existe en la matière un modèle français ayant quelque uniformité. Par contre, pareille diversité nous a paru

---

1. On trouve quelque chose d'analogue dans les rapports entre l'électrolyse et la fonderie (cf. p. 101).

résulter de la mise en œuvre, dans des contextes différents, d'un même ensemble de règles du jeu que nous allons tenter de mettre en lumière.

Nous avons effectivement rencontré des supérieurs dotés de larges pouvoirs utilisés avec beaucoup d'arbitraire. Nous avons vu (p. 24) comment un surveillant de fabrication pouvait se montrer le « patron » de son équipe en fixant, suivant son bon plaisir, le travail de ses subordonnés. Et l'un de ceux-ci, que nous avons rencontré, nous a confirmé la vigueur de cette pression, qui lui paraît considérable par rapport à celle qui règne dans l'usine hollandaise où il avait travaillé auparavant (cf. encadré 5). A un niveau très différent de la hiérarchie, les adjoints aux chefs de service semblent très dépendants de leur patron : « Le chef de service, affirme l'un d'eux, a tout ; ce que je fais, il le délègue. » Mais pareille situation n'est nullement générale. Car on rencontre aussi des subordonnés qui paraissent au contraire faire plus que largement le poids face à leur supérieur, et, là encore, à des places très diverses dans l'échelle hiérarchique. Ainsi, un agent de maîtrise d'entretien trouve difficile l'exercice de l'autorité : « En 78, ils m'ont demandé si je voulais faire l'évolution d'agent de maîtrise, du moins faire un essai. J'ai accepté. C'était assez dur parce que commander les collègues du jour au lendemain, commander les collègues [...]. » Et les chefs de service ne paraissent guère soumis, c'est le moins qu'on puisse dire, à une autorité envahissante de la direction de l'usine. Pour l'adjoint de l'un d'entre eux, « ce qui manque à cette usine, c'est un sous-directeur qui ait *une forte présence,* qui mette son nez dans chacun des services et oblige à coordonner. *La fonction de directeur est plus de relations publiques ;* le directeur de l'usine on le voit quand il y a des visiteurs ».

De même, la centralisation ne nous est nullement apparue comme une caractéristique générale des rapports hiérarchiques que nous avons observés. Ainsi le service d'entretien électrique est beaucoup plus décentralisé que celui d'entretien mécanique, et beaucoup plus décentralisé également que ses homologues d'autres usines. Cela se manifeste en particulier quand une panne survient en dehors des horaires de travail des services d'entretien, et que du personnel en situation d' « astreinte » à son domicile doit interve-nir : « Sur L... indique le contremaître principal de service, j'ai été

ENCADRÉ 5

**La pression exercée par la maîtrise
sur les ouvriers d'électrolyse**
(une comparaison avec l'usine hollandaise vue par un ouvrier)

« Nous on mesurait le bain et on faisait des interventions sur les cuves, qu'ici [à Saint-Benoît-le-Vieux] on ne peut pas. C'est surtout la maîtrise qui nous dit de faire. Parce que là-bas [dans l'usine hollandaise], on prenait des initiatives. Quand il y avait une cuve qui était malade, on savait ce qu'il fallait faire. On allait parler au surveillant mais il était toujours d'accord. Tandis qu'ici le surveillant est avec nous. Il nous dit de faire ça, faire ci. Tandis que là-bas on faisait tout tout seul. Je disais à un ancien contremaître : " Vous nous prenez pour des robots. " On n'a même pas d'initiative, rien. Le surveillant est comme nous sur les cuves. Là-bas, si on voyait que notre cuve n'allait pas, bougeait un peu, on prenait l'automate et puis on faisait la répartition. Là-bas on s'en occupe, le surveillant n'était même pas là, on faisait tout tout seul. Tandis qu'ici, il y a le surveillant. Question responsabilité, je préférais être là-bas, ça change. »

---

choqué. Pratiquement c'est l'agent de maîtrise qui rentre en premier sur une panne et éventuellement appelle du personnel derrière. Alors qu'en astreinte s'ils [les ouvriers] sont gênés, nous sommes à notre domicile à leur disposition. »

Enfin le style de rapports entre supérieur et subordonné varie beaucoup d'un type de situation à l'autre. Un contremaître pourra dire, parlant d'un ouvrier : « Je l'ai *convoqué* dans mon bureau », et d'un directeur d'usine : « Il a fallu que je lui demande *une audience* » ; un de ses collègues, parlant des agents de maîtrise, dira : « Quand il y a une panne et que nos gens ne s'en sortent pas, ils disent " *Monsieur...* " » Mais un adjoint à un chef de service parlant de ses supérieurs dira : « Il faut toujours le dire aux chefs de service ou à l'occasion au directeur, mais c'est tout, et ça *amicalement.* »

Comment comprendre pareille diversité ?

En fait, suivant la logique générale de la société française, les rapports hiérarchiques mettent en relation des hommes marqués par leur état, ses traditions, ses droits et ses devoirs. Et la notion de rapport hiérarchique ne correspond pas à la mise en œuvre d'une

37

logique uniforme, telle que la logique contractuelle, qui en ferait une catégorie cohérente. *Elle constitue une catégorie un peu fourre-tout, regroupant en fait des natures de rapports qui diffèrent considérablement suivant les types d'états qui se trouvent mis en relation à travers la personne du supérieur et celle du subordonné.*

Il existe des états qui constituent des sortes de charges donnant par elles-mêmes, de par leur définition coutumière, une responsabilité aux contours bien définis. C'est le cas dans l'usine des postes de chef de service (il paraît, par exemple, extrêmement difficile à la direction générale de l'entreprise de remettre en cause l'existence d'un service d'entretien mécanique et d'un service d'entretien électrique comme domaines de responsabilités séparés). Le pouvoir du supérieur se trouve alors singulièrement réduit. Mais il existe au contraire des états pour lesquels la coutume confie au supérieur le soin de fixer le domaine de responsabilité qu'ils couvrent. Il en est ainsi pour les jeunes ingénieurs adjoints aux chefs de service. Ils occupent dans l'usine le premier poste de leur carrière et sont là pour peu d'années avant d'être nommés chefs de service ailleurs. Ils sont dans une sorte de situation d'apprentissage sous la houlette paternelle de leur chef de service. C'est à celui-ci de choisir, dans ses propres responsabilités, celles qu'il va leur déléguer pour assurer au mieux leur formation (ce qu'exprime l'un d'eux quand il dit : « Le chef de service a tout ; ce que je fais, il le délègue »). De manière générale, il y a un lien direct entre le caractère plus ou moins flou de la « position » du subordonné, et la dépendance où il se trouve par rapport à son supérieur. Ainsi, affirme un contremaître d'entretien, « l'agent de maîtrise se sent *sans position établie* [...] Il est dans une situation très floue. L'agent de maîtrise *dépend du bon vouloir* de son directeur. Je dirais que... il n'attend pas, je dirais le favoritisme, ce serait un très grand mot, mais enfin le bon plaisir, le bon vouloir de son patron, de son chef de service, de son directeur, un truc comme cela ».

Par ailleurs, la nature des rapports entre supérieur et subordonné est très différente suivant que leurs états respectifs les font ou non appartenir à la même grande strate hiérarchique. On trouve dans l'usine de Saint-Benoît-le-Vieux comme dans maintes usines françaises, mais de manière particulièrement accentuée, trois strates bien distinctes : celle des ingénieurs, celle de la maîtrise et celle des ouvriers.

A l'intérieur de chaque strate, on peut avoir beaucoup ou peu de pouvoir, on est d'une certaine façon entre soi ; le passage d'une position à une autre est une étape normale d'une carrière, sans portée symbolique particulière, et l'on se parle « amicalement ».

D'une strate à l'autre la distance est tout autre. Il existe des frontières à très forte valeur symbolique, qui ne sont franchies que par un petit nombre, et qui ne peuvent l'être vraiment qu'en respectant de stricts rites de passage. A Saint-Benoît-le-Vieux, les ingénieurs sont issus des grandes écoles (et s'il existe dans bien d'autres usines des « ingénieurs maison », leur situation relève d'un entre-deux dont on sait quelles réticences il suscite). Un ouvrier de fabrication n'accède pas à la maîtrise sans avoir été soumis à un rite d'initiation, où l'on retrouve toutes les caractéristiques que possèdent pareils rites dans les sociétés primitives (le retrait par rapport à la vie ordinaire, le caractère ascétique et éprouvant, cf. encadré 6). A la distance ainsi créée s'associe une sorte de révérence qui ouvre la porte aux « convocations », aux « demandes d'audience », et plus largement à l'utilisation respectueuse du « Monsieur » envers les supérieurs et du « Untel » familier envers les inférieurs.

Restent les rapports marqués par une situation ambiguë quant à la strate à laquelle appartient l'un des protagonistes. On n'a alors ni la familiarité des rapports internes à une strate, ni le respect d'une strate pour la strate supérieure, mais des rapports que leur ambiguïté rend difficiles. Ainsi comment, pour un ouvrier, traiter le chef d'équipe promu sur place parce qu'« il connaissait un peu le boulot, comment ça marchait », mais qui n'a pas passé « la barrière du concours » (comme la désigne un contremaître qui, lui, l'a passée). Ce n'est plus un égal, mais ce n'est pas un vrai supérieur. Et la situation de l'intéressé est très inconfortable : « Quand vous travaillez avec un gars des années et des années ensemble, sept, huit, dix ans ensemble, et puis tout d'un coup, on vous envie. C'est pas agréable. Et en plus les critiques et tout ce qu'on a après : " Avant tu étais comme nous, maintenant tu es pour le patron "... Et puis on le ressent de tous côtés. »

Il faudrait raffiner considérablement les analyses que l'on vient de faire pour comprendre, dans leur subtilité, la diversité des situations que l'on observe, en fonction du contenu que la coutume donne aux divers états qui sont en présence. Ainsi l'ouvrier

---

ENCADRÉ 6

Les rites d'initiation de la maîtrise de fabrication
(vus par un jeune agent de maîtrise)

« On passe un concours, bon, si on est reçu on passe sept mois en stage. C'est un stage ouvrier. Au bout de ces sept mois, on passe sept mois à l'école. Au bout de ces sept mois d'école, on est muté dans l'usine de mutation.

Pendant ces sept mois on est stagiaire. Il n'y a pas de femmes. On vit dans le même local... alors... après... on arrive à satiété. Il y a des jours où c'est pas évident non plus, parce qu'il y en a qui sont mariés, qui ont des gosses. Tous au même endroit. On mange là. On dort là, en internat quelle que soit la situation familiale. Sept mois de stage, sept mois d'école, et on ne revient pas dans la même usine. On quitte entièrement l'endroit où on vivait, on part de chez nous. Même au bout de deux ans, on n'y revient pas, hein. Ah ça, ça dépend des gars. Il faut faire au minimum cinq ans, mais c'est rare ceux qui redemandent [à retourner dans leur usine d'origine]. »

---

d'entretien est passé par un enseignement professionnel qui lui a donné un vrai « métier », au contenu largement déterminé par la coutume. C'est un vrai « professionnel ». Il a, de par son état, une indépendance appréciable par rapport à son surveillant. L'ouvrier de fabrication qui, au contraire, n'est pas passé par un enseignement professionnel spécifique, n'a pas de vrai « métier », se trouve beaucoup plus sous la dépendance de son surveillant. Symétriquement, celui-ci est un « vrai chef » passé par un itinéraire initiatique qui l'élève nettement au-dessus de l'état d'ouvrier. Au contraire, son homologue d'entretien, promu sur place, a une position beaucoup moins solide non seulement vis-à-vis de ses supérieurs, mais aussi vis-à-vis de ses subordonnés : « L'agent de maîtrise, dit l'un d'eux, vis-à-vis de ses ouvriers, bien, il a rien pour prétendre imposer son autorité, il est dans une situation très floue je crois. »

A vouloir analyser finement la géographie des positions que l'on rencontre dans l'usine, on rentrerait sans doute trop avant dans ce qui la rend particulière : la région où elle se trouve ; la branche d'industrie à laquelle elle appartient ; la culture propre de l'entreprise et de l'usine elle-même (la place du chef de service principal de fabrication y est, par exemple, traditionnellement plus prééminente que dans les autres usines de l'entreprise). Nous sortirions ainsi de notre propos. Il vaut toutefois la peine de mentionner encore deux points qui ont un caractère très général : l'existence d'une double dimension dans la hiérarchie des états, et la manière dont la différence entre états plus ou moins « nobles » constitue, à certains égards, non seulement une source de révérence pour les états « supérieurs », mais un facteur de protection et d'indépendance pour les états « inférieurs ».

Il existe une hiérarchie entre états plus ou moins « nobles », qui renvoie à une dimension de pouvoir. On parle de certains chefs de service comme des « *seigneurs* du saturnium », pendant qu'un contremaître déclare : « Je pense que mon rôle c'est un peu un rôle d'" *intendant* ". » Ces termes sont loin d'être indifférents, l'autorité d'un seigneur étant d'une autre nature que celle d'un intendant.

Par ailleurs, il est des métiers plus ou moins nobles de par le rapport qu'ils entretiennent avec le savoir. Ainsi, dira le contremaître principal d'entretien électrique, « il y a quand même une différence entre le personnel de service entretien, et de façon peut-être encore plus marquée les électriciens, à qui on réclame de plus en plus de connaissances, et le personnel de fabrication pour qui, c'est regrettable, on est peut-être moins regardant. Leur travail est certainement *moins noble* je dirais que celui de mes gens ». Le métier d'ouvrier d'entretien (et spécialement d'entretien électrique) est plus « noble » que celui d'ouvrier de fabrication, parce qu'il met en jeu plus de connaissances abstraites, relevant de la théorie et pas de la simple pratique, et dûment sanctionnées par des diplômes. Il rapproche ainsi de l'état de clerc.

On retrouve la double hiérarchie par laquelle, dans l'ancienne France, les deux premiers ordres s'élevaient, chacun à sa façon, au-dessus du troisième.

Par ailleurs, la différence entre ce qui est « noble » et ce qui ne l'est pas ne constitue pas seulement un facteur de révérence pour le supérieur, mais aussi une source de protection pour le subordonné (et on retrouve le principe traditionnel suivant lequel un individu ne doit pas « se commettre » dans ce qui est indigne de son état). Certes, on ne retrouve pas à Saint-Benoît-le-Vieux de situation identique à celles des fameux ingénieurs polytechniciens, dépeint par Michel Crozier, qui, de par la révérence même qui les entourait au sein de leur manufacture de tabac, ne pouvaient se permettre d'exercer des contrôles indignes de leur hauteur ; il n'y a pas, en fait, de polytechnicien dans l'usine. Mais la distinction entre activités plus ou moins nobles n'y est pas seulement soulignée par les supérieurs qui s'en glorifient. Elle l'est aussi par les inférieurs qui s'en font un abri : « Le chef de service *descend* parfois dans la technique quand il juge que ça urge », déclare l'adjoint de l'un d'eux. Il est clair qu'il ne serait pas convenable qu'il descende trop souvent. Et on voit les contremaîtres mettre l'accent sur le caractère peu noble de leur savoir pratique face à un savoir plus théorique dont ils ne prétendent nullement disputer le monopole aux ingénieurs, mais auquel il leur paraît convenable que leur état cantonne ces derniers. L'un des contremaîtres exprime, avec une ironie consommée, l'opposition entre savoir théorique et savoir pratique (cf. encadré 7). Il oppose les termes « grande école »-« théorique »-« abstrait » aux termes « année de métier »-« bas »-« matériel »-« simplet »-« vie active »-« vie d'une usine ». Un de ses homologues, sans manier la même ironie, renvoie son chef de service, qui est pour sa part loin d'être frais émoulu d'une école, au savoir théorique où il est normal qu'il se cantonne : « J'ai quand même beaucoup plus d'expérience que mon chef de service qui, lui, est beaucoup plus théorique, c'est *normal,* que pratique. » Et il valorise le « pif », le tour de main, symboles du savoir pratique, dont il entend bien maintenir la place.

Un deuxième aspect de la manière française de vivre en société influence lui aussi les rapports hiérarchiques : le caractère largement informel des ajustements entre partenaires. Certes, comme partout, les rapports de forces entrent en jeu pour déterminer ce que chacun va obtenir à la faveur de pareils ajustements, et le caractère plus ou moins stratégique des cartes dont il dispose influence son pouvoir de marchandage. Mais la manière dont les partenaires s'affrontent et compromettent est pour sa part fortement marquée par les spécificités françaises (et, bien sûr, la forme que prend le jeu n'est pas sans influence sur la valeur des divers types d'atouts que chacun possède).

Ainsi, il n'est sans doute pas nécessaire d'insister, tant elles sont connues, sur les différences entre les stratégies ouvrières que l'on observe en France et aux États-Unis. Elles s'expriment sous une forme presque caricaturale dans les usines dont nous avons étudié

ENCADRÉ 7

Savoir théorique et savoir pratique
(vus par un contremaître)

« Les jeunes ingénieurs, qui sont adjoints, euh..., attendez, mes hésitations c'est pas péjoratif (rire) j'ai l'impression qu'ils ont presque été déçus d'être obligés de passer des années en école pour *se gonfler* de tout un tas de formules et tout le truc. Je les ai trouvés très souvent désarmés sur un problème *bassement* matériel et *bassement* simplet. Ils arrivent avec des sommes de connaissances, très *théoriques* et très abstraites, qui sont certainement très nécessaires pour leur compréhension des choses. Je ne remets pas ça en cause mais j'ai souvent eu l'impression qu'ils n'étaient pas prêts ; qu'ils étaient très surpris de se voir dans la *vie active*. Je ne dis pas que c'est une fausse route mais j'ai l'impression qu'il y a une très grande entre la formation qui est donnée dans les grandes écoles et ce qu'est réellement la vie d'une usine.

Comme je suis un ancien ouvrier j'ai pas mal d'années de métier derrière moi. »

---

le fonctionnement. Mais il vaut la peine de montrer en quoi ces différences sont intimement liées aux singularités des manières de vivre en société propres à ces pays.

Nous verrons combien dans l'usine américaine les stratégies ouvrières s'inscrivent dans la logique contractuelle qu'affectionne la société américaine, et sont centrées sur le contenu et le respect du contrat triennal passé entre la direction et le syndicat. A Saint-Benoît-le-Vieux, au contraire, c'est la logique française des ajustements informels qui prévaut.

La faiblesse souvent déplorée du syndicalisme français est ici poussée à son paroxysme. « Il n'y a pas de contre-pouvoir syndical », affirme brutalement un contremaître principal. Cela n'est, bien sûr, pas généralisable ; « Je l'ai connu dans une autre usine », ajoute l'intéressé. La variable régionale est apparemment très importante en la matière, les usines des Pyrénées étant, dans cette entreprise, plus syndicalisées que celles des Alpes. Mais, dans aucune d'entre elles, pas plus qu'ailleurs dans l'industrie française, on ne retrouve la netteté du système contractuel américain, avec son usage programmé des situations de force pour négocier des contrats aussi favorables que possible, destinés à être scrupuleusement respectés. Cela ne veut nullement dire que les ouvriers de l'usine sont des moutons. Mais ils poussent jusqu'au bout la logique française des ajustements informels privilégiant les « arrangements » au coup par coup, jouant de l'officiel et de l'officieux, avec parfois des poussées de violence subites et indignées, des « journées »[1].

Les « arrangements » avec les règles officielles font partie de la vie quotidienne de l'usine. Ils constituent en particulier un moyen privilégié de résister aux pressions jugées indues de la maîtrise. Ainsi un contremaître de fabrication, ayant précédemment exercé ses fonctions aux Pays-Bas et aux États-Unis, analyse les différences entre les trois pays à propos de mesures que les ouvriers doivent faire : « Je vais vous expliquer un cas, la granulométrie : le Hollandais la fera tous les jours. S'il n'a pas le temps, il dira : " Je n'ai pas fait la granulométrie. " Le Français, s'il s'aperçoit au bout de quelques jours qu'il est toujours dans la même zone, quelquefois, comme on dit, il fait la granulométrie dans l'élévateur... c'est-à-dire il ne la fera pas, il sait très bien le résultat qu'il faut trouver. Aux États-Unis, le gars le fait. S'il le fait pas, il vous dira pourquoi. Tandis qu'en France, il ne vous le dira pas. »

Pareille manière de faire n'est pas seulement due au fait que les ouvriers partagent la tendance française à s'« arranger ». Elle est renforcée par l'attitude de la maîtrise : « J'ai connu un contremaître, poursuit notre interlocuteur, je ne le cache pas, des contremaîtres, qui voulaient que ce soit écrit, ça, ça et ça, tous les jours. Vrai ou faux, je le veux, tous les jours. »

Par ailleurs si les réactions explosives sont rares dans cette usine, elles ne sont pas inconnues. Elles se produisent « si les choses dépassent vraiment les bornes », remarque un chef de service. On retrouve là une réaction française fondamentale, qui fait descendre dans la rue pour « défendre ses droits », en entendant par là non pas les droits établis par un quelconque contrat, mais les droits bien plus sacrés que la coutume reconnaît à l'état particulier auquel on appartient.

---

1. Cf. l'analyse classique du mouvement ouvrier français opposé au mouvement ouvrier américain : J.-D. Reynaud, *Les Syndicats en France,* Paris, Éditions du Seuil, coll. « Points Politique », 1975.

On retrouve enfin, dans les rapports hiérarchiques, le principe de modération qui régit la manière française de vivre en société. Ce principe fait que les pouvoirs réels du supérieur varient considérablement suivant que le fonctionnement de l'organisation est acceptable ou que l'on est en situation de crise. Quand ses subordonnés arrivent à faire tourner raisonnablement leur secteur (c'est-à-dire à obtenir des résultats qui, suivant la coutume, paraissent acceptables) et à régler raisonnablement leur coopération, quand de plus aucun danger majeur ne menace la collectivité, il est difficile au supérieur de beaucoup se mêler des « affaires » de ceux qu'il dirige. En effet, le devoir de modération lui interdit alors de chercher noise à quelqu'un qui « fait son travail », c'est-à-dire qui remplit les devoirs de son état. Au contraire, quand ses subordonnés n'arrivent pas à régler leurs problèmes à leur niveau, ou quand surviennent des difficultés qui les dépassent, le supérieur jouit de pouvoirs considérables, et une large marge d'arbitraire lui est reconnue ; le devoir de modération interdit alors aux subordonnés de faire passer la défense de leurs intérêts propres avant la résolution de la crise collective.

En régime de croisière, les possibilités réelles d'intervention du supérieur sont limitées (d'autant plus, bien sûr, que l'on se trouve dans une situation où le pouvoir du supérieur est structurellement faible ; nous avons vu la diversité qui existe à cet égard). Dans la mesure où les responsabilités de ses subordonnés ne sont pas précisément définies par la coutume (coutume des métiers, de l'entreprise, de l'usine), c'est à lui de les déterminer. « Je leur fixe les limites de leurs compétences », dira un contremaître principal d'entretien à propos de ses contremaîtres de secteur. Mais, une fois fixées, ces limites sont difficiles à remettre en cause, au point qu'un chef de service, malgré sa position très forte, peut être conduit à attendre le départ à la retraite d'un surveillant pour redessiner son organigramme (p. 34). Et il n'est pas facile non plus d'intervenir à l'intérieur de ces limites. « Je n'ai pas à rentrer dans le secteur des gens ; ils sont maîtres chez eux », déclare un contremaître. Même un surveillant de fabrication, à qui sa position donne un pouvoir très fort, marque les limites de ses interventions, et le fait qu'il est « obligé de faire confiance » : « Faire un contrôle soi-même... et encore c'est pas évident. Ça varie tellement souvent. Le tout c'est de connaître les personnes. C'est sûr qu'il y a certaines personnes...

on a plus confiance qu'à d'autres. On est obligé de faire confiance, sinon ça serait invivable, si on n'avait confiance en personne. »

Dans la conception française, « connaître son métier » ne veut pas seulement dire en connaître l'aspect technique, mais aussi les finalités et les devoirs. Celui qui « fait son travail » agit conformément à ces devoirs. Ainsi, affirme un ouvrier, « le cariste il a toujours fait *son* boulot, là, *il le fait correctement,* y'a un boulot à faire, il le *fait correctement.* On est tous pareils, hein, on travaille ».

Le contrôle a alors un sens très différent de celui qu'il revêt dans un contexte américain. Contrôler n'est pas s'intéresser, en bon client, à la qualité du produit dont on a passé commande à son fournisseur (signification américaine), ce qui n'a rien d'offensant. Cela devient une sorte d'ingérence indue dans ce qui ne devrait relever que des rapports entre l'individu et sa conscience. « Je vois ici, affirme un contremaître, surtout des gens qui sont très *consciencieux,* et il ne faut surtout pas les toucher dans leur amour-propre, comment dire, " Tu n'as pas bien fait ton travail ", ils sont très susceptibles. » Contrôler passe pour témoigner d'un manque de confiance offensant envers quelqu'un que l'on juge incapable de remplir de lui-même les devoirs de son « état ». « Les surveillants vont contrôler derrière, ils ne font pas confiance aux gens », dira un ouvrier.

Cette aversion envers les contrôles suscite des adaptations très diverses chez les supérieurs. Certains font moins confiance, d'autres plus. Un ouvrier, appartenant à un autre service que celui que nous venons d'entendre, dira : « Il [le surveillant] nous laisse nous débrouiller. Il voit quand même le gars qui a l'habitude de faire le boulot. » La difficulté est, bien sûr, « qu'il y a certaines personnes... on a plus confiance qu'à d'autres ». On trouve alors des démarches un peu hésitantes.

Ainsi, précise un surveillant de fabrication, « quand il y a une bonne équipe, moi, je n'ai pas besoin d'y aller voir... mais j'y vais parce qu'on est obligé d'y aller. Enfin quand c'est une bonne équipe... Enfin de temps en temps on va jeter un coup d'œil au cas où... »

Pendant ce temps, un contremaître d'entretien cherche, à sa façon, à concilier les inconciliables, par une stratégie de discrétion : « J'estime que mon rôle à la limite, si tout marche bien, personne ne doit me voir dans l'usine, ni m'entendre. J'essaie, je dirais, je me promène dans l'usine pour essayer d'avoir des échos, soit du fabricant : " File-moi une cigarette ", ou n'importe quoi, je dirais de connaître un petit peu l'ambiance qu'il y a, le travail, la marche et tout le truc, je dirais de façon anodine. Il faut que l'agent de maîtrise, derrière, je dirais, surveille, parce que à la limite on n'est pas toujours sûr que tout se passe dans de bonnes conditions. Bien je dirais si possible que son personnel ne le voie pas le surveiller. »

Un autre contremaître encore exprime sans détours les limites de son pouvoir : « C'est le rôle de la maîtrise, *d'essayer* de maintenir une certaine discipline, une certaine rigueur dans le service [1]. »

Parmi les limites que cette forme de relations introduit dans les pouvoirs du supérieur se trouve la difficulté qu'il rencontre à connaître précisément ce qui se passe dans la sphère d'action de ses subordonnés. Nos interlocuteurs ont souvent évoqué ce point, qui existe à tous les niveaux, depuis les rapports entre l'usine et le siège de l'entreprise, jusqu'aux rapports entre l'ouvrier et le surveillant. Et chacun invite ouvertement ses subordonnés à coopérer à l'organisation de cette opacité envers ses supérieurs. Celle-ci porte spécialement sur tout ce qui, traduisant une marche anormale, donnerait au supérieur un pouvoir d'intervention qu'il n'a pas tant que tout va bien. Ainsi, suivant un surveillant de fabrication, « on évite d'avoir des variations de rendement [dans les chiffres transmis hors du service]. C'est un signe de mauvaise marche. L'ingénieur il a aussi des gars au-dessus de lui [rires], et nous après ça redescend [rires] ».

Quand un incident s'est produit sur le matériel, il est souvent difficile de savoir ce qui s'est passé exactement : « J'ai dû passer des journées en train de me poser des questions, d'interviewer l'un, d'interviewer l'autre », affirme un contremaître. Un autre se plaindra du reste de ce que son « patron [chef de service] peut très bien aller dire ce qu'il veut à son directeur ». Ceux qui veulent quand même savoir sont amenés parfois à renoncer pour cela à une part de leur pouvoir, pendant que d'autres affirment leur scepticisme sur la possibilité de savoir (cf. encadré 8).

---

1. Peut-être peut-on remarquer, à ce stade, que le personnel ouvrier de l'usine de Saint-Benoît-le-Vieux ne comporte pas la masse de travailleurs immigrés non qualifiés que l'on trouve en d'autres lieux. On y reste dans une logique de rapports entre Français « respectables » intégrés dans leur entreprise. Il n'est sans doute pas indifférent que les entreprises qui pratiquent à la base des méthodes d'autorité plus « musclées » fassent appel massivement à des travailleurs immigrés...

ENCADRÉ 8

La difficulté de savoir

« Bêtement vous avez dit : " Je mets des fusibles plus forts. " Ils n'ont pas sauté et vous avez cramé le moteur. Ben dites-le ; dites : " On a mis des fusibles plus forts pour essayer de se dépanner. " Bon, c'était pas le truc à faire. *On passe la main, mais alors beau joueur.* Sinon on va être là, le bureau d'étude, moi-même, à se poser des questions : " Pourquoi ça s'est passé comme ça ? " Je les charrie toujours en disant : " Tiens ! Vous avez grillé un moteur. " Je *prends cela sur le ton mi-plaisanterie*, et puis *on en reste là*, quoi » (contremaître, entretien électrique).

« Oui ce serait intéressant [des données sur les délais de réparation]. La mise en place serait très mal perçue [rire], le chronomètre » (adjoint de chef de service, fabrication).

Le rôle du supérieur change profondément en situation de crise. Alors ses subordonnés se trouvent dépossédés en sa faveur des pouvoirs qu'ils détiennent dans des situations en marche normale. Et le supérieur peut intervenir comme bon lui semble.

Quand ses subordonnés n'arrivent pas à régler leurs conflits entre eux, le supérieur intervient d'abord comme médiateur, et, si cela ne suffit pas, comme arbitre, qui dans son « arbitraire » n'a alors à en référer qu'à sa conscience. Ainsi, si un conflit oppose deux surveillants qui n'arrivent pas à s'entendre sur la frontière précise de leurs responsabilités, le contremaître principal dont ils dépendent tous deux pourra dire « d'une façon *arbitraire :* " Bon ben toi tu vas le faire ", ou un truc comme ça ». Dans son service, affirme de son côté l'adjoint d'un chef de service, « à la limite *on dit c'est comme ça, c'est comme ça.* A la limite, mais ça arrive, c'est comme ça que ça se passe. Il y a toujours un recours ».

De même, quand il y a des difficultés techniques importantes, le supérieur peut se mêler de ce qui revient « normalement » à ses subordonnés : « Je leur laisse entière initiative, en essayant de jeter un œil de loin pour pouvoir *intervenir si je vois que ça venait à déraper* », note un contremaître, ou encore : « J'évite toujours de prendre des décisions qui sont du ressort des agents de maîtrise. Je m'y refuse, jusqu'à *un certain niveau où je me rends compte que le gars se casse le nez.* » La légitimité de cette manière de faire est bien reconnue par le subordonné : « Le chef de service descend parfois dans la technique *quand il juge que ça urge* », dira l'adjoint de l'un d'entre eux. Et un ouvrier exprime parfaitement cette double logique, qui fait qu'il est « normal » que le supérieur intervienne quand tout ne baigne pas dans l'huile : « En principe il [le surveillant] nous laisse nous débrouiller. Il voit quand même les gars qui ont l'habitude de faire le boulot. Il *intervient parce que au boulot il y a des accrocs.* Et comme on connaît le travail qu'il y a à faire, la maîtrise n'intervient pratiquement pas ; *si on ne finit pas le travail ou si on le fait mal, alors là c'est normal.* »

Le plus bel exemple d'intervention d'un supérieur reprenant les rênes quand les choses vont mal, nous a été raconté sous une forme de « belle histoire » par le directeur français de l'usine américaine de Patrick City (cf. encadré 9). Pareille histoire n'aurait pu se produire à Saint-Benoît-le-Vieux. En effet, le chef de service principal de fabrication y a traditionnellement une compétence telle qu'elle le met à l'abri de toute ingérence technique de son directeur. Poussant les choses à la limite, elle traduit, dans un contexte exceptionnel, la manière dont un chef français peut concevoir, quand rien ne l'arrête, l'étendue de ses responsabilités en cas de crise.

Reste que, pour pouvoir intervenir ainsi, il ne suffit pas d'être nommé dans une position hiérarchique. Il faut encore que son autorité soit reconnue par ceux sur qui elle s'exerce. Cette condition n'est pas toujours remplie.

Ainsi nous avons vu que, « dans le service », le responsable peut dire : « C'est comme ça », et constituer un « recours » quand des difficultés surviennent. On a une situation contraire dans les rapports entre services pour lesquels il n'y a guère de coordination, l'adjoint au directeur n'ayant pas « une forte présence », et la fonction du directeur étant plus « de relations publiques ». Il semble bien qu'en fait, dans la culture de l'usine de Saint-Benoît, le directeur constitue traditionnellement une sorte d'ambassadeur du siège de l'entreprise auprès des véritables détenteurs de pouvoir que sont les chefs des services de fabrication, « seigneurs du saturnium ». Il faudrait que son profil personnel lui donne une « forte présence » pour qu'il sorte de ce rôle et devienne effectivement un arbitre respecté ; et son adjoint ne tire pas non plus une vraie autorité de sa fonction.

ENCADRÉ 9

**La manière dont un supérieur peut concevoir
ses responsabilités dans une crise grave ; un cas limite**

« Il faut bien voir qu'il y a eu des périodes où c'est moi qui ai conduit la série parce que plus personne n'était capable de s'en sortir. Un soir j'ai complètement repris en main toute la série en disant à tout le monde : " Asseyez-vous maintenant et laissez-moi faire parce que c'est plus possible ! " Pour montrer un peu le niveau d'incompétence où on était, personne ne savait. Il n'y avait plus de bain dans les cuves, il y avait trop de métal, tout le monde était perdu, et *il a fallu que je fasse même pas le boulot de l'ingénieur, même pas le boulot du contremaître, mais le boulot du surveillant*. Disons qu'un soir on ne devait pas couler les cuves, j'ai fait couler pratiquement toutes les cuves à la normale ; on voulait baisser l'ampérage j'ai fait monter l'ampérage de mille ampères ; vraiment on était reparti comme dans une crise type 1974. Tous les paramètres étaient... *Il n'y avait plus de contrôle, c'était mai 1968 !* »

De même, à un autre niveau, nous avons vu que les surveillants de fabrication ne peuvent exercer le grand pouvoir qu'ils détiennent que parce qu'une sorte d'itinéraire initiatique approprié a donné une forte légitimité à leur autorité [1] ; le chef d'équipe qui n'a pas suivi le même itinéraire est loin d'avoir la même autorité.

On peut évoquer, à la lumière de ce qui précède, la fameuse « centralisation » française, dont nous n'avons trouvé nulle trace à Saint-Benoît-le-Vieux. L'usine est marquée par des ruptures de statuts bien nettes entre les diverses strates de la hiérarchie : les ingénieurs sont de « vrais ingénieurs » diplômés de grandes écoles, et il n'y a pas de couche intermédiaire de « cadres maison » au statut incertain. De même les surveillants de fabrication ont suivi un itinéraire de formation tel qu'une sorte de fossé statutaire les sépare des ouvriers. Dans ces conditions, les responsables des divers niveaux possèdent une autorité suffisamment légitime pour être en état de prendre des décisions concernant leurs subordonnés directs. Dans des organisations où, au contraire, il n'y a pas de

---

1. Cf. l'article de J.-P. Segal, « Le prix de la légitimité hiérarchique — une comparaison franco-américaine », *Annales des Mines*, « Gérer et comprendre », n° 7, juin 1987.

ruptures statutaires nettes entre les niveaux hiérarchiques (en particulier dans celles où les « cadres maison » tiennent une grande place), un supérieur a plus difficilement une légitimité suffisante pour régir ses subordonnés directs. Les décisions tendent alors à remonter dans la hiérarchie[1]. Cette remontée, et la centralisation qui l'accompagne, correspondent à certains cas de figure qu'engendre le système français. Elles ne sont pas inhérentes au système.

Avoir le contact

L'existence de devoirs propres à chaque état, la valeur accordée à la modération et le pouvoir arbitral que détiennent les chefs légitimes permettent d'obtenir une qualité de coopération qui est loin d'être à dédaigner. Mais, quand chacun s'en tient au strict minimum que cette forme de régulation exige de lui, des dysfonctionnements importants demeurent.

Chaque groupe formé par les gens qui travaillent ensemble et « ont la même étiquette » se replie facilement sur lui-même, et les rivalités entre groupes sont sources d'innombrables escarmouches. Ainsi les ouvriers d'entretien et de fabrication sont, au dire d'un contremaître, « des mondes à part ». Les syndicats même sont différents : « Les délégués sont CGT pour l'entretien, CFDT pour la fabrication. » Un ouvrier d'entretien affirme, de son côté : « Entre la mécanique et la fabrication pour ça il y a toujours un peu la zizanie. Pourquoi ? parce que l'entretien et la fabrication c'est *deux services différents*. » Il existe, relate un autre contremaître, un « élément de suspicion » entre les différents services, et « la plupart du temps l'accrochage vient de ce que les deux ne se mettent pas ensemble pour regarder le problème ». Les rivalités entre groupes sont exacerbées par la place des préséances dans la société française. La fabrication se plaint des « messieurs de

---

1. Dans *Le Phénomène bureaucratique*, Michel Crozier interprète cette remontée en invoquant ce qu'il appelle une peur française du face-à-face. En fait, ni nos observations ni les siennes (qui convergent pour montrer au contraire qu'une certaine conflictualité face à face est très bien admise en France) ne sont compatibles avec pareille interprétation. Il me semble que Michel Crozier a été incité à proposer une interprétation inadéquate de ses observations par le fait que, de manière générale, il n'a pas pris en compte les questions de légitimité, alors qu'elles sont ici centrales.

l'entretien » qu'il « faut attendre », pendant ce temps l'un des « messieurs » en question, tout en déclarant hautement que le travail du personnel de fabrication est « moins noble » que celui de ses gens, affirme que son service est « plutôt la roue en dessous de la fabrication que celle au-dessus ».

Toutefois, quand les individus s'entendent bien, « ont le contact », nouent des relations personnelles, la qualité de coopération peut être bien meilleure.

Nos interlocuteurs ont fréquemment souligné combien cette qualité pouvait être affectée par les contacts personnels existant entre les intéressés. Le « climat » des relations est bien sûr en jeu, mais son contenu technique est affecté lui aussi. Et l'un comme l'autre sont susceptibles de se modifier du tout au tout lors des changements de personnes (cf. encadré 10).

La transparence vis-à-vis de ceux avec qui on coopère est très différente suivant que l'on s'entend plus ou moins bien. Ainsi (cf. la troisième citation de l'encadré 10), quand on a un « très bon contact », on a « confiance », et l'information circule bien, même sur les points où l'un des intéressés n'a pas fait ce qu'il devait « normalement » faire (« Lorsqu'on a des doutes sur un lot d'anodes, eh bien on ne le cachera pas »). Les stratégies du rideau de fumée qui visent à mettre à l'abri des ingérences extérieures sont alors laissées de côté. On conçoit que, pour agir ainsi dans un mode de relation où celui qui sort d'un fonctionnement « normal » devient très vulnérable (il s'expose à perdre l'autonomie à laquelle il est tant attaché), il faille être dans une relation de grande confiance. Au contraire, dans un mode de relation où la transparence fait plus partie de la règle du jeu (et où c'est autrement qu'en se cachant que chacun se protège), elle n'est pas affectée au même point par la qualité des rapports personnels.

De même, dans un mode de relation centré sur l'accomplissement par chacun des devoirs de son état, tout ce qui ne fait pas partie de pareils devoirs (et donc ne peut être exigé), mais aide à un bon fonctionnement collectif, est profondément affecté par la qualité des relations personnelles. On est dans la logique du « coup de main » que chacun donne à qui lui plaît, dans le cadre d'une relation de personne à personne. « S'ils ne s'accordent pas, témoigne un surveillant à propos de ses ouvriers, c'est pénible d'un point de vue moral. De plus, les gens *ne se donnent pas la main.* »

ENCADRÉ 10

La sensibilité de la coopération aux rapports des personnes

« M. X... [adjoint au chef de service] sait mieux m'approcher, hein. Il sait mieux prendre les choses et m'enverra peut-être chercher de l'eau avec un panier à salade... parce qu'il sait y faire. Tandis que M. Y... [chef de service], non ! Il m'enverra peut-être même pas chercher de l'eau, M. Y..., parce que je me buterai, je n'irai pas. M. X..., je prendrai mon panier à salade et j'irai chercher de l'eau, voilà » (contremaître, fabrication).

« Que ce soit au service fonderie, en électrolyse, en électrodes ou autre, pendant deux, trois ans, les relations vont être excessivement excellentes, je dirais, sympathiques et tout. Bon, un chef de service change, l'ambiance change, les relations deviennent difficiles, pour les mêmes problèmes techniques je dirais. Chez nous c'est pareil aussi, des agents de maîtrise ont des relations vraiment excellentes avec un chef de service. En changeant d'agent de maîtrise, elles se sont dégradées, ou inversement. C'est une affaire de personnes » (contremaître, entretien).

« Avec l'électrolyse ? Ça se passe très bien, on a un *très bon contact.* Voyez actuellement on passe une petite période où les anodes, la qualité des anodes est un peu moins bonne. C'est vrai qu'il y a de petits problèmes dans les cuves. Eh bien on a... un très bon contact. Lorsqu'il y a un problème, ils n'attendent pas que ce soit grave pour nous le dire et... ils nous le disent *d'une bonne* façon. C'est la même chose de notre côté. Je crois que ce qui compte... nous, par exemple, lorsqu'on a des doutes sur un lot d'anodes, eh bien *on ne le cachera pas.* C'est une question de *confiance,* moi je crois, vous voyez ; lorsqu'ils ont un problème avec les anodes, ils ne *viendront pas dire :* " *C'est la faute aux anodes* ", voyez-vous..., *ils disent :* "*Bon, on a quelques problèmes avec les anodes.* " Lorsqu'on a un problème il faut le dire. Je pense que ça a été une grande chose déjà quand ils se sont aperçus qu'on leur faisait confiance. On a fait des courbes [de densité], on a dit : " Elles sont à votre disposition " » (contremaître, anodes).

Au contraire, quand on s'accorde, on est amené à s'entraider, bien au-delà de ce que pourraient prescrire les plus minutieuses des *job descriptions*. C'est le cas, par exemple, dans la situation qu'évoque un ouvrier de fabrication : « Si j'ai une panne sur un engin, si il y a un engin de rechange qui est prêt, bon il n'y a pas de problème. Mais il y a des fois, il n'est pas prêt non plus. Alors il y a des engins où on travaille à deux, *je te le prête, tu me le prêtes*. Alors, au moment où on a l'engin, faut peut-être travailler un peu plus vite, parce que l'autre il attend; on *s'organise avec le gars d'en bas,* le cariste des crus. Je lui dis : " Tu fais vite fait. " »

Cette influence des relations personnelles va jusqu'à la manière dont les uns et les autres sortent des intérêts stricts de leur propre domaine pour communiquer à l'occasion à autrui les informations le concernant qu'ils se trouvent détenir. Ainsi, dira un contremaître, « des gens qui ne s'entendent pas, alors ils ne se parlent pas pour quoi que ce soit. S'ils voient par exemple que la fabrication d'anodes... s'ils voient en passant que les anodes sont mal faites ou des trucs comme ça, ils ne diront rien, voilà ». De même, un électricien qui observe en passant une panne mécanique ne se donnera pas la peine de la signaler au mécanicien concerné, s'il n'a aucun lien avec lui. Il le signalera au contraire si « *c'est son copain* à l'établi qui s'en occupe tout particulièrement ».

Par ailleurs, ce qui demande une coopération organique entre deux services est d'autant plus influencé par la qualité des relations personnelles que les procédures formelles de coordination ne sont ni très développées ni très respectées en France. Ainsi l'épineux problème de l'entretien préventif et du choix du moment où la fabrication va se séparer du matériel qu'elle utilise pour le confier à l'entretien est fortement affecté par la qualité des relations personnelles entre les intéressés. Il est en effet largement régi par des arrangements informels qui, si l'on s'entend mal, ménagent une place spécialement large pour des stratégies où chacun cherche à manifester son rang. « De toute façon, raconte un agent d'entretien, on [inaud.] à *l'amiable.* Quand on fait la révision des ponts, on voit toujours le contremaître de la fonderie pour savoir quel pont on peut prendre, qui gêne le moins la fabrication. A priori, il n'y a *pas trop de problèmes.* Il y a certains ponts, certaines équipes où il y a des problèmes mais ici, oui, l'ambiance est assez bonne. » Il en est de même pour les réactions aux pannes : « Quand il y a une panne, il faut aller la voir, comment la résoudre, *s'entendre* avec la fabrication. »

Certes, pareille faculté de dépasser un niveau élémentaire de coopération grâce à de bonnes relations personnelles existe dans tous les pays et trouve sa place dans toutes les manières de vivre ensemble. Mais la manière dont la qualité des relations personnelles infléchit les rapports professionnels et l'étendue des conséquences possibles de pareille inflexion sur la qualité de coopération technique obtenue sont loin d'être uniformes.

Ainsi l'influence de bonnes relations personnelles n'est pas la même en France, aux États-Unis ou aux Pays-Bas. Le caractère extrêmement précis des devoirs de chacun et le respect dont ils bénéficient assurent, verrons-nous, aux États-Unis, un niveau élémentaire de coopération relativement élevé. Nous verrons qu'aux Pays-Bas la formation d'une sorte de communauté d'usine au sein de laquelle une pression collective forte pousse à une bonne entente généralisée joue le même rôle. Dans le mode de relation français les arrangements informels tiennent une grande place, sans qu'on ait pour autant une intégration générale de type néerlandais entre les divers services. Il est donc spécialement important que les individus « aient le contact » ; des relations personnelles positives d'individu à individu constituent un moyen particulièrement privilégié d'atteindre un niveau élevé de coopération professionnelle.

Ce type de fonctionnement fondé sur les devoirs propres à chaque état, des ajustements informels, une certaine modération dans les affrontements ouverts, la capacité d'intervention de chefs légitimes en cas de crise, et une coopération qui conduit à faire plus que son devoir en faveur de ceux avec qui on a des bonnes relations personnelles, n'est pas propre à l'usine de Saint-Benoît. Et, au-delà même du monde industriel français, il marque, d'une manière remarquablement durable au fil des siècles, une manière française de vivre ensemble. Nous pouvons nous en convaincre en nous tournant vers notre histoire.

2. Une manière française de vivre ensemble

La société américaine a connu un commencement, non la société française. Aussi loin que nous remontons dans notre histoire, nous y reconnaissons quelques-uns de nos traits d'aujourd'hui. Ne nous arrive-t-il pas, quand nous nous étonnons nous-mêmes, d'évoquer « nos ancêtres les Gaulois », leurs divisions et leur goût de l'exploit, leur capacité à se rassembler parfois pour un temps sous la bannière d'un chef révéré, pour revenir bientôt à leurs querelles. Nous ne chercherons pas ici à remonter si avant dans notre passé. Mais, pour bien comprendre comment le fonctionnement d'une usine française d'aujourd'hui s'enracine dans une manière de vivre ensemble qui marque durablement notre pays, pour saisir les subtilités de pareille forme de vie en société, les dérives qui la menacent, et les possibilités qu'elle ouvre, il nous faut regarder quelque peu en arrière.

Il y a deux siècles, nos pères n'ont pas seulement entrepris de réformer des institutions. Ils ont voulu construire une société nouvelle qui, affranchie des pesanteurs du passé, serait exclusivement fondée sur la nature et sur la raison. Ils ont voulu mettre à bas les particularismes des états et des provinces, ont aboli les « privilèges », n'ont plus voulu connaître les hommes que comme « citoyens ». Certes, nous savons qu'ils n'ont pas totalement réussi. Mais ce qu'ils voulaient entreprendre reste pour nous *la* référence. Et sans cesse de nouvelles voix s'élèvent pour dénoncer les « corporatismes » qui marquent notre pays et son caractère « cloisonné », « résidus d'un autre âge ». Cet esprit de dénonciation ne met sans doute pas en position favorable pour saisir comment la division d'une société en groupes hiérarchisés, ayant chacun son éthique propre, peut fonder une manière de vivre en société.

Or, dans notre usine d'un XXe siècle proche de sa fin, la force des

56

particularismes ne nous est pas apparue seulement comme un facteur de divisions, mais comme le principe même d'une manière de travailler ensemble qui ne manquait pas de mérite. Pour découvrir cela, un long et minutieux travail, cherchant à saisir la logique des conduites et des rapports entre individus et groupes que nous observions, a été nécessaire. Il nous a fallu partir d'une analyse de tous les écarts, à première vue surprenants, entre ce qui apparaissait à nos yeux et ce que nous aurions dû constater suivant une conception plus « moderne » de la vie en société. Et nous avons fini par comprendre, non sans mal, que ces écarts ne formaient pas une simple collection de bizarreries dépourvues de sens ; qu'ils révélaient une conception aussi cohérente, mais autre, que ce que nous attentions. Nous avons découvert avec étonnement que ce que nous observions paraissait à maints égards devoir beaucoup à la conception de la vie en société qui marquait au grand jour l'ancienne France (et cela nous a donné à penser que si la dénonciation de nos « archaïsmes » ne paraît constituer guère plus qu'un rite inefficace c'est que, loin d'être de simples résidus d'un temps révolu, ces « archaïsmes » sont constitutifs d'une manière de vivre ensemble qui, dans la réalité, demeure largement la nôtre).

Il nous semble donc nécessaire pour mieux comprendre ce que nous avons observé, de nous tourner vers une époque où la division de la société en états n'avait pas un caractère un peu occulte. Montesquieu, analysant la logique des formes de gouvernement, a bâti en quelque sorte la théorie pure d'une société fondée sur pareille division. Tocqueville, étudiant la chute de l'Ancien Régime, en a analysé les dérives tout en cherchant les conditions où celles-ci pouvaient être évitées. Ils ont beaucoup à nous dire qui éclaire notre France d'aujourd'hui. Et pour aller vraiment au fond des choses, se mettre en état de comprendre ce qui nous y surprend (et auquel nous savons souvent mal réagir), il vaut la peine de pousser un peu plus loin le détour, vers notre Moyen Age, et même un instant, vers un pays exotique, où ce qui se voile chez nous se manifeste à l'état le plus pur.

Les logiques de l'honneur et de la modération

Quand on évoque, de nos jours, la division de notre société en groupes ayant chacun ses particularités, ses mœurs, voire ses règles, c'est habituellement pour mettre en lumière le fait que chacun d'eux (notaires, ouvriers du livre, pilotes de ligne, etc.) défend ses intérêts, ses prérogatives, ses privilèges. Les observations que nous avons faites pour notre part n'infirment pas l'existence de pareilles pratiques. Mais elles conduisent à n'y voir qu'un aspect d'une manière d'être qui est loin de s'y réduire. Chacun des groupes que nous avons observés ne paraît pas seulement attaché à des prérogatives, mais aussi à des devoirs. Chaque « état » est marqué par une conception exigeante des responsabilités que le seul fait de lui appartenir impose à ses membres, sans attendre qu'une autorité quelconque les en ait chargés ; il est riche de devoirs exigeant d'être remplis au-delà de toute obligation légale ou contractuelle et de toute sanction formelle menaçant celui qui s'y dérobe. Cette conception du devoir, loin d'être incompatible avec la défense de particularismes et de privilèges, s'y associe étroitement. L'ensemble de ses devoirs et de ses privilèges caractérise l'identité de chaque groupe. Certes, pareille alliance d'un refus de se plier à la loi commune et d'une exigence d'accomplir ce qu'elle ne réclame pas peut paraître étrange si l'on croit trop vite que le respect d'une loi universelle est nécessairement au centre de toute recherche du bien. Mais, à se tourner vers l'ancienne France, on voit que cette combinaison a longtemps constitué dans notre pays la manière normale de concevoir ce que l'on est et les rapports que l'on entretient avec ses semblables. Est-il finalement si surprenant qu'elle continue à régir notre France d'aujourd'hui ?

Analysant la logique de ce qu'il appelle le « gouvernement monarchique », Montesquieu lui a attribué l'honneur comme principe (cf. encadré 11). Il ne faut pas assimiler hâtivement cette catégorie avec la monarchie au sens courant, marquée par la présence d'un roi héréditaire. Les catégories de Montesquieu renvoient à des modes théoriques de fonctionnement du pouvoir, auxquels aucune réalité ne correspond exactement, pas plus celle de l'ancienne France que la nôtre. Et il reste éclairant pour nous de réfléchir aux propriétés d'une société régie par une logique de l'honneur.

Montesquieu, analysant les diverses formes de gouvernement et ce qu'il appelle leur « ressort » (c'est-à-dire ce qui est capable d'inspirer des conduites conformes à ce qu'attend la société), rattache la « vertu », c'est-à-dire le respect des lois, au gouvernement démocratique. Abordant ensuite le gouvernement monarchique, il montre que la « vertu » politique n'a guère de chance d'y régner. Et il s'interroge sur ce qui permet à cette forme de gouvernement de ne pas sombrer dans le « despotisme », où l'arbitraire extrême du souverain et l'irresponsabilité des sujets vont de pair. C'est alors qu'il introduit l'honneur. « Dans les États monarchiques et modérés, écrit-il, la puissance est bornée par ce qui en est le ressort ; je veux dire l'honneur, qui règne, comme un monarque, sur le prince et sur le peuple. » Cet honneur « prend la place de la vertu politique » et grâce à lui « chacun va au bien commun en croyant aller à ses intérêts particuliers ».

Qu'est-ce donc que l'honneur ? C'est, dit Montesquieu, « le préjugé de chaque personne et de chaque condition ». Ce que chaque groupe considère comme honorable ou contraire à l'honneur n'est défini ni par la raison, ni par la loi, ni par le prince. C'est un « préjugé ». Il dépend « de son propre caprice », et non de la volonté d'un autre. Seule une tradition peut le fixer. Il est « moins ce que l'on doit aux autres que ce que l'on doit à soi-même » ; il n'est « pas tant ce qui nous appelle vers nos concitoyens que ce qui nous en distingue ». Il est intimement lié à la fierté que l'on a de son « rang » et à la crainte d'en déchoir. Il proscrit sévèrement, une fois que l'on a été placé dans un rang, « de rien faire ni souscrire qui fasse voir que nous nous tenions inférieur à ce rang même ». Et cela vaut aussi bien pour les privilèges liés au rang que pour les devoirs qu'il impose. Renoncer aux premiers, se dérober aux seconds, c'est également attenter à son honneur.

Cette logique de l'honneur peut interférer dans la pratique avec d'autres logiques, porteuses d'autres devoirs, que ceux-ci « aient leur source dans la religion, dans la politique ou dans la morale ». Elle se les subordonne : l'honneur « étend ou borne nos devoirs à sa fantaisie ». Et, pour bien marquer combien il n'est pas soumis aux lois, il se montre d'autant plus rigoureux, quand il exige ou proscrit, qu'il s'agit de matières où, les lois étant muettes, il ne peut être suspecté d'être à leur service.

Par ailleurs, Montesquieu introduit dans ses analyses (sans s'y attacher avec la même intensité que celle avec laquelle il scrute les trois autres formes de gouvernement auxquelles il s'intéresse) le gouvernement qu'il qualifie « d'aristocratique ». Cherchant le

---

ENCADRÉ 11

La logique de l'honneur d'après Montesquieu
(De l'esprit des lois)

LIVRE III

6. Comment on supplée à la vertu dans le gouvernement monarchique

Je me hâte, et je marche à grands pas, afin qu'on ne croie pas que je fasse une satire du gouvernement monarchique. Non : s'il manque d'un ressort, il en a un autre : L'HONNEUR, c'est-à-dire le préjugé de chaque personne et de chaque condition, prend la place de la vertu politique dont j'ai parlé, et la représente partout. Il y peut inspirer les plus belles actions ; il peut, joint à la force des lois, conduire au but du gouvernement comme la vertu même.
[...]

7. Du principe de la monarchie

Vous diriez qu'il en est comme du système de l'univers, où il y a une force qui éloigne sans cesse du centre tous les corps, et une force de pesanteur qui les y ramène. L'honneur fait mouvoir toutes les parties du corps politique ; il les lie par son action même ; et il se trouve que chacun va au bien commun, croyant aller à ses intérêts particuliers.
[...]

LIVRE IV

1. Des lois de l'éducation

[...]
Si le peuple en général a un principe, les parties qui le composent, c'est-à-dire les familles, l'auront aussi. Les lois de l'éducation seront donc différentes dans chaque espèce de gouvernement. Dans les monarchies, elles auront pour objet l'honneur ; dans les républiques, la vertu ; dans le despotisme, la crainte.

2. De l'éducation dans les monarchies

Ce n'est point dans les maisons publiques où l'on instruit l'enfance, que l'on reçoit dans les monarchies la principale éducation ; c'est lorsque l'on entre dans le monde, que l'éducation en quelque façon commence. Là est l'école de ce que l'on appelle l'*honneur*, ce maître universel qui doit partout nous conduire.
[...]

---

principe de cette forme de gouvernement « où seulement une partie du peuple a la souveraine puissance », il note que « autant il est aisé à ce corps (formé de ceux qui possèdent le pouvoir) de réprimer les autres, autant est-il difficile qu'il se réprime lui-même ». Une grande vertu qui ferait que les nobles se trouveraient « en quelque sorte égaux à leur peuple » n'est guère accessible. Mais on peut faire appel à « une vertu moindre, qui est une certaine *modération* ». Et, ajoute Montesquieu, la « *modération*

Les vertus qu'on nous y montre sont toujours moins ce que l'on doit aux autres, que ce que l'on se doit à soi-même : elles ne sont pas tant ce qui nous appelle vers nos concitoyens, que ce qui nous en distingue.

On n'y juge pas les actions des hommes comme bonnes, mais comme belles ; comme justes, mais comme grandes ; comme raisonnables, mais comme extraordinaires.

[...]

Il permet la ruse lorsqu'elle est jointe à l'idée de la grandeur de l'esprit ou de la grandeur des affaires, comme dans la politique, dont les finesses ne l'offensent pas.

Il ne défend l'adulation que lorsqu'elle est séparée de l'idée d'une grande fortune, et n'est jointe qu'au sentiment de sa propre bassesse.

A l'égard des mœurs, j'ai dit que l'éducation des monarchies doit y mettre une certaine franchise. On y veut donc de la vérité dans les discours. Mais est-ce par amour pour elle ? point du tout. On la veut, parce qu'un homme qui est accoutumé à la dire paraît être hardi et libre. En effet, un tel homme semble ne dépendre que des choses, et non pas de la manière dont un autre le reçoit.

[...]

Cet honneur bizarre fait que les vertus ne sont que ce qu'il veut, et comme il les veut : il met, de son chef, des règles à tout ce qui nous est prescrit ; il étend ou il borne nos devoirs à sa fantaisie, soit qu'ils aient leur source dans la religion, dans la politique, ou dans la morale.

Il n'y a rien dans la monarchie que les lois, la religion et l'honneur prescrivent tant que l'obéissance aux volontés du prince : mais cet honneur nous dicte que le prince ne doit jamais nous prescrire une action qui nous déshonore, parce qu'elle nous rendrait incapables de le servir.

[...]

Il veut qu'on puisse indifféremment aspirer aux emplois, ou les refuser ; il tient cette liberté au-dessus de la fortune même.

L'honneur a donc ses règles suprêmes, et l'éducation est obligée de s'y conformer. Les principales sont : qu'il nous est bien permis de faire cas de notre fortune, mais qu'il nous est souverainement défendu d'en faire aucun de notre vie.

La seconde est que, lorsque nous avons été une fois placés dans un rang, nous ne devons rien faire ni souffrir qui fasse voir que nous nous tenons inférieurs à ce rang même.

La troisième, que les choses que l'honneur défend sont plus rigoureusement défendues, lorsque les lois ne concourent point à les proscrire ; et que celles qu'il exige sont plus fortement exigées, lorsque les lois ne les demandent pas.

est donc l'âme de ces gouvernements, j'entends celle qui est fondée sur la vertu, non celle qui vient d'une lâcheté ou d'une paresse de l'âme ».

Si, adoptant les catégories de Montesquieu, nous retournons un instant dans notre usine, il semble bien qu'elle n'est pas régie par une forme unique de gouvernement. A l'intérieur de chaque service, c'est une logique « monarchique » qui tend à prévaloir. Le chef de service dispose d'une grande autorité qui n'est guère bornée par des obligations légales ou contractuelles. Mais les droits et devoirs que la coutume attribue à ses subordonnés protègent ceux-ci de l'arbitraire. Ce mode de gouvernement se retrouve, de manière plus ou moins pure, aux échelons inférieurs. Dans les services d'entretien, la logique de l'honneur prédomine jusque chez les ouvriers, où elle s'incarne en devoirs et prérogatives du métier. En fabrication, où la protection contre l'arbitraire par les coutumes de métier est moins forte, on voit s'introduire, au dernier échelon, un zeste au moins de gouvernement « despotique ». Par ailleurs les chefs de service constituent une sorte de « corps aristocratique », guère soumis à l'autorité du directeur, et le raccord entre les logiques propres des divers services doit beaucoup au principe de modération.

Après cette incursion dans la théorie pure des formes de gouvernement, nous pouvons continuer à éclairer notre lanterne en nous tournant vers les pratiques de notre ancienne France.

Une société d'ordres

La nuit du 4 août 1789 a aboli les privilèges. Elle a ainsi mis fin, en principe, à la division de la société française en une multitude de groupes ayant chacun ses propres droits et ses propres devoirs. La division en trois grands ordres marquait jusqu'alors la conception même de la société : « Les uns sont dédiés particulièrement au service de Dieu ; les autres à conserver l'Estat par les armes ; les autres à le nourrir et à les maintenir par les exercices de la paix. Ce sont nos trois ordres ou estats généraux de France, le Clergé, la Noblesse et le Tiers-Estat [1]. » Et chacun de ces ordres se subdivisait à son tour en de multiples sous-groupes. Ainsi, écrit Tocqueville, « celui qui aurait voulu peindre fidèlement l'ordre de la noblesse, eût donc été obligé de recourir à des classifications nombreuses, il eût dû distinguer le noble d'épée du noble de robe, le noble de cour du noble de province, l'ancienne noblesse de la noblesse récente ; il aurait retrouvé dans cette petite société presque autant de nuances et de classes que dans la société générale dont elle n'était qu'une

1. Définition liminaire, reprenant un texte du XVIIe siècle, que donne Georges Duby, dans son ouvrage *Les Trois Ordres ou l'Imaginaire du féodalisme*, Paris, Gallimard, 1978.

ENCADRÉ 12

La division de la bourgeoisie en corps

Mais achevons le tableau ; considérons maintenant la bourgeoisie en elle-même, à part du peuple, comme nous avons considéré la noblesse à part des bourgeois. Nous remarquons dans cette petite portion de la nation, mise à l'écart du reste des divisions infinies. Il semble que le peuple français soit comme ces prétendus corps élémentaires dans lesquels la chimie moderne rencontre de nouvelles particules séparables à mesure qu'elle les regarde de plus près. Je n'ai pas trouvé moins de trente-six corps différents parmi les notables d'une petite ville. Ces différents corps, quoique fort menus, travaillent sans cesse à s'amincir encore ; ils vont tous les jours se purgeant des parties hétérogènes qu'ils peuvent contenir, afin de se faire réduire aux éléments simples. Il y en a que ce beau travail a réduits à trois ou quatre membres. Leur personnalité n'en est que plus vive et leur humeur plus querelleuse. Tous sont séparés les uns des autres par quelques petits privilèges, les moins honnêtes étant encore signes d'honneur. Entre eux, ce sont des luttes éternelles de préséance. L'intendant et les tribunaux sont étourdis du bruit de leurs querelles. « On vient enfin de décider que l'eau bénite sera donnée au présidial avant de l'être au corps de ville. Le parlement hésitait ; mais le roi a évoqué l'affaire en son conseil, et a décidé lui-même. Il était temps ; cette affaire faisait fermenter toute la ville. » Si l'on accorde à l'un des corps le pas sur l'autre dans l'assemblée générale des notables, celui-ci cesse d'y paraître ; il renonce aux affaires publiques plutôt que de voir, dit-il, sa dignité ravalée. Le corps des perruquiers de la ville de La Flèche décide « qu'il témoignera de cette manière la juste douleur que lui cause la préséance accordée aux boulangers ». Une partie des notables d'une ville refusent obstinément de remplir leur office « parce que, dit l'intendant, il s'est introduit dans l'assemblée quelques artisans auxquels les principaux bourgeois se trouvent humiliés d'être associés ». « Si la place d'échevin, dit l'intendant d'une autre province, est donnée à un notaire, cela dégoûtera les autres notables, les notaires étant ici des gens sans naissance, qui ne sont pas de familles de notables et ont tous été clercs » (Tocqueville, *L'Ancien Régime et la Révolution*, chap. IX).

---

partie [1] ». De même le clergé était loin d'être homogène et, au sein du tiers état, non seulement la bourgeoisie se distinguait du « peuple » mais elle se subdivisait elle-même en une multitude de corps, chacun fort attaché à ses propres privilèges (cf. encadré 12).

Pareille division nous concerne-t-elle encore ? Non pour l'essentiel, dans les catégories précises qu'elle définissait, et dont le relief

---

1. Tocqueville, *État social et politique de la France,* in *Œuvres complètes,* Paris, Gallimard, 1952, t. II.

a presque fini de s'émousser dans notre France d'aujourd'hui. Mais beaucoup plus dans le principe même d'une division de la société en groupes hiérarchisés ayant chacun ses privilèges et son sens de l'honneur. Et, pour comprendre notre présent, il vaut la peine de saisir plus profondément ce qui animait ce monde du passé.

Pour pénétrer l'âme d'une société hiérarchique, je voudrais inviter le lecteur à faire un bref détour (qui le surprendra sans doute, mais dont je peux l'assurer qu'il m'a été extrêmement profitable pour comprendre notre France) et à se rendre un instant en Inde. On sait que la division de la société en trois ordres renvoie à une structure qui régit l'ensemble du monde indo-européen[2]. On sait qu'un système d'ordres est en quelque sorte un reflet atténué d'un système de castes. Et on sait que pour comprendre la logique d'une structure, d'une institution, dans une société où elle a dû composer avec d'autres logiques, il est généralement utile d'analyser les institutions équivalentes dans les sociétés où elles se présentent de la façon la plus pure. Tournons-nous donc vers l'Inde.

Si tout n'est pas clair quant au fonctionnement du système des castes en Inde, un certain nombre de points fondamentaux paraissent bien établis[1]. Le terme de caste renvoie à deux réalités bien distinctes : des grands états de vie (*varnas*) au nombre de cinq : brahmanes, guerriers, marchands, paysans, intouchables (ou hors caste) et d'innombrables groupes concrets, héréditaires (*jâtis*). Chaque caste a ses devoirs particuliers (son *dharma*), en même temps que ses mœurs particulières. La hiérarchie des grands états de vie fait jouer un rôle central à une hiérarchie de la pureté ; en particulier c'est parce qu'ils sont regardés comme les plus purs que les brahmanes en occupent le sommet et parce qu'ils sont regardés comme les moins purs que les intouchables en constituent le dernier échelon. Dans la pratique de la société indienne, cette hiérarchie de la pureté se juxtapose avec la hiérarchie du pouvoir et de l'argent pour déterminer la situation sociale des individus et des groupes (*jâtis*). Et, pour échapper à une situation où ils sont à la fois craints et méprisés, les groupes relevant des états de vie

---

1. Cf. les travaux de Georges Dumézil.
2. A la suite tout spécialement des travaux de Louis Dumont et M. N. Srinivas ; cf. L. Dumont, *Homo hierarchicus,* Paris, Gallimard, 1979, et M. N. Srinivas, *Social Change in Modern India,* University of California Press, 1966.

inférieurs qui se sont élevés dans la hiérarchie du pouvoir et de l'argent cherchent à s'élever également dans l'échelle de la pureté. Ils cherchent pour cela à refaire leur généalogie de façon à se rattacher à un état de vie plus pur, et transforment parallèlement leur mode de vie de manière à le rendre plus pur (ce que M. N. Srinivas appelle la « sanskritisation »). Ces stratégies, difficiles à mettre en œuvre, peuvent s'étendre sur des générations et exiger une certaine mobilité géographique. Mais elles sont susceptibles à la longue d'être payantes (ainsi on a vu à la limite des descendants de *jâtis* d'intouchables acquérir le statut de marchands ou même de brahmanes).

Voilà des manières bien étranges, dira peut-être le lecteur, et qui nous concernent bien peu. Le terme de pureté évoque sans doute pour lui une catégorie morale dont il voit mal ce qu'elle a à voir avec les distinctions sociales qui marquent l'ancienne France, et encore moins avec une usine d'aujourd'hui... Mais ne nous abandonnons pas à une représentation du social et du moral qui inspire beaucoup moins notre réalité que nos idéologies.

Revenons donc à notre France, à l'époque où sa division en trois ordres s'est constituée. La place qu'y tient alors l'opposition entre le pur et l'impur est très explicite[1].

Pour ceux qui, au sommet de la hiérarchie des ordres, se sont voués au service de Dieu, la pureté, associé à la chasteté, au jeûne et au temps passé dans la prière, est presque une raison d'être. Ils cherchent à échapper à ce monde de « souillure », de « corruption ». Ils se veulent proches des anges. Et le peuple les veut tels. Il se détourne, dans ses hommages et ses offrandes, de ceux qui paraissent moins purs. Et il existe en leur sein une hiérarchie de la pureté. Si les moines du Cluny refusent d'être contrôlés par les évêques, c'est que, « hantant des lieux réputés plus proches encore du séjour angélique », n'étant pas comme eux « contaminés » par la proximité du monde, ils se jugent placés plus haut qu'eux. Leurs exigences de pureté sont une arme stratégique dans la lutte contre l'hérésie, et, quand le clergé séculier veut accroître son pouvoir, nombre de prêtres s'efforcent « d'atteindre la pureté monastique ».

L'échelon le plus bas de la société est, de son côté, marqué par l'impureté (cf. encadré 13). La condition servile où il demeure le

---

1. Cf. G. Duby, *op. cit.*

ENCADRÉ 13

L'« impureté » de la « condition servile » au Moyen Age

« Au plus bas degré d'une hiérarchie inscrite dans le code génétique se situe la « condition servile » dont parle le *Carmen*, au plus loin du spirituel selon la théorie dionysienne des illuminations, jouxtant la bestialité. Courbée vers la terre, astreinte aux labours, à la cuisine, à la lessive, à tirer du sol la nourriture et à la préparer. Alors que les " nobles ", parce que du fait de leur *genus* ils partagent le sang des rois, bénéficient de davantage de lumière, sont susceptibles d'accéder à la sainteté, ont le devoir de protéger les pauvres et le droit de les exploiter. *La coupure de classe, l'oppression seigneuriale se trouvent donc justifiées par une inégalité native dans l'impur.* Toutefois l'impureté profonde des laboureurs qui suent, qui puent et qui s'accouplent comme du bétail peut être rachetée par la peine physique, de même que le guerrier, qui fait l'amour de façon moins grossière et qui tue non des porcs mais des hommes, peut racheter en offrant sa vie pour la bonne cause les salissures moins dégoûtantes dont il est souillé » (G. Duby commentant le *Carmen ad Robertum regem*, écrit par Adalbéron de Laon, vers 1030, *op. cit.*).

---

met en quelque sorte « hors caste », comme l'étaient les esclaves relégués « hors du peuple ». Cette exclusion est perçue comme associée à une impureté foncière, « jouxtant la bestialité », de celui qui est « sali », « souillé » par la vie qu'il mène. Et le vocabulaire employé pour parler de son état, va de « sordide » à « abject », en passant par « dégradation », « ignoble » ou « avili ».

Pour sa part, l'ordre combattant se trouve en situation intermédiaire, exempt de l'impureté de la condition servile, mais loin de la pureté de ceux qui sont voués à Dieu. Car il reste marqué par ce qui est considéré comme la « souillure » des armes, et par celle de « l'acte sexuel ».

Cette échelle de pureté à trois étages fixe en principe de manière immuable les conditions des divers groupes qui composent la société. Mais elle ouvre en pratique, en tout cas au Moyen Age, des possibilités de s'élever en accédant à un état de vie jugé plus pur, dans une démarche analogue à celle que nous avons évoquée à propos de l'Inde. Non seulement il est ainsi possible de progresser à l'intérieur de chaque ordre (comme nous l'avons vu pour le clergé séculier), mais certains groupes ont pu par ce moyen changer profondément leur condition.

Ainsi la partie de la domesticité des « puissants » (des « sires », des « bellatores ») qui s'adonnait aux métiers des armes, « la domesticité militaire du dominus », s'est élevée socialement tout en purifiant ses idéaux et ses mœurs. Initialement les « cavaliers » qui la composaient étaient rattachés par leur condition domestique à l'échelon le plus bas de la hiérarchie sociale. Or, au XIe siècle, ce groupe social se rapproche des « bellatores » dont il était initialement séparé par un abîme. Cette évolution ne se fait pas sans une transformation de valeurs et de mœurs, par lesquelles les « chevaliers » ont accédé à un état de vie jugé plus pur. Les croisades, en particulier, leur ont permis de franchir un grand pas dans le chemin menant d'un état de domestique bon pour la rapine au statut du « service noble ». Et ils se sont séparés radicalement de la masse du peuple toujours voué à sa condition servile. Ainsi, écrit Georges Duby, « dans l'aventure d'outre-mer s'approfondit la fracture qui partageait les laïcs entre deux conditions, puisque, dans la lutte armée, se rehaussèrent les valeurs de la chevalerie. Dès le départ, s'organisant, la croisade avait expulsé les pauvres gens : ils partirent effectivement les premiers, mais en bandes turbulentes, vulnérables, dont il ne resta bientôt à peu près rien. La chevalerie attendit, entre soi, sous ses bannières, isolée. Elle se mit en route. Ce fut alors, au cours du voyage, dans le mirage idéologique de l'unité des " chevaliers du Christ ", que se renforça l'édifice de préceptes, de convenances, de préjugés, au sein duquel la différence entre les *bellatores* comme disaient Adalbéron et Gérard, c'est-à-dire les princes et les simples *milites,* allait s'estompant toujours davantage. Le résultat de l'expédition des barons fut, en réalité, dans le prolongement des assemblées de paix, de resserrer la cohésion de l'aristocratie laïque autour d'une idéologie du service noble, et de la séparer plus nettement du vulgaire. [...] Du cortège, les pauvres ne constituèrent jamais qu'une avant-garde sacrifiée, méprisée ; ils ne furent jamais que des prête-noms ou, comme à la cour de Robert le Pieux, comme à la porte des monastères clunisiens, des figurants ; on ne vit jamais l'égalité, la fraternité des seigneurs et des manants que mimées dans les rituels de pénitence ».

Ce changement de condition ne relevait pas de la nature des

choses. Il ne s'est pas produit dans d'autres pays, tels que l'Allemagne. Et il ne peut se réduire à un accroissement de richesse et de pouvoir auquel un regard moderne risque d'être exclusivement sensible. Il a conduit à élever dans une échelle du pur et de l'impur, du noble et du vil. Il s'est marqué symboliquement par le développement d'un rituel d'initiation, séparant du commun : « Par la force des gestes et par celle des mots, les *fonctions* et les *devoirs* des rois se trouvèrent imposés à tous les porte-glaives, à tous les chevaliers. » Le cérémonial qui inscrit dans un ordre plus pur, comporte un bain rituel. Et, à travers les romans de chevalerie, une image de noblesse, de pureté (de « courtoisie »), distinguant le chevalier du vulgaire, a imprégné, non semble-t-il sans conséquences concrètes quant à ses mœurs, l'image idéale que ce groupe se faisait et qu'il donnait de lui-même.

De la même façon le mouvement par lequel les marchands, artisans et agents administratifs se sont élevés au Moyen Age au-dessus de la condition servile n'a pas impliqué seulement une progression suivant la dimension de la richesse et du pouvoir, mais une transformation de leurs valeurs et de leurs mœurs.

Là encore le point de départ se trouve dans la domesticité des grands. Mais parmi ces gens, naguère mêlés aux domestiques de basse-cour, certains, engagés dans des activités de production de commerce et d'administration, se sont enrichis. Et le décalage entre leur richesse, qui les distingue du peuple, et le mépris auquel les voue leur condition inférieure, les met en porte à faux. Si certains pénètrent jusqu'à la cour, ce n'est pas sans rebuffades. Ainsi, Chrestien de Troyes parle à leur sujet de : « vilenaille, chiens enragés, putes servailles », et les nobles les repoussent dans la « vilenie ». Leur naissance est une « *tache* » indélébile. Leur « cupidité » est dénoncée comme « *corruption* », le négoce est supposé « *avilir* » le corps. Pour échapper à cet opprobre, les intéressés agissent à la fois sur le terrain de l'idéologie et sur celui de leurs mœurs. Ils ne se contentent pas de « singer les manières des gens bien nés », suivant les termes d'une littérature courtoise qui se moque de ces « nouveaux riches issus de la vilenaille ». On les voit proclamer que les gains issus du « négoce », et non du « labeur » sont « honorables ». Et ils cherchent à promouvoir dans l'ordre de l'honneur les vertus morales qu'ils cultivent, produisant des discours tels que : « Tu appartiens à une noblesse supérieure, car elle n'émane pas de ta naissance, ni de ton sang, mais de tes vertus et de tes mœurs. » La vertu est supposée « *apurer* les formes mêmes du corps ». Quatre siècles plus tard, Du Bellay pourra évoquer « quatre états » et, réputant le travail « vil et *abject* », opposer la « *tourbe* populaire » aux trois « états oisifs ». Mais, autant les chevaliers ont réussi à échapper radicalement à l'opprobre de la condition servile, autant les bourgeois, malgré leur pouvoir et leur fortune, n'y sont jamais pleinement parvenus. En 1789 ils étaient toujours englobés dans le « tiers état ».

Revenant vers nos réalités contemporaines, enjambons donc les siècles pour considérer la France du XVIIIe siècle. La hiérarchie de l'argent et du pouvoir a bien changé. Le « tiers état » s'est considérablement enrichi et diversifié, « le commerçant le plus riche, le banquier le plus opulent, l'industriel le plus habile, l'homme de lettres, le savant » peuvent en faire partie au même titre que le « petit fermier, le boutiquier des villes et le paysan ». On trouve ainsi en son sein, écrit Tocqueville, « comme une des portions naturelles de l'aristocratie ». A certains égards, les différences entre les manières de vivre et les idées des riches bourgeois et des nobles se sont estompées, au point que Tocqueville croit à une marche irrésistible vers la suppression des différences de conditions. « Le développement général de l'égalité des conditions, écrit-il dans l'introduction de *De la démocratie en Amérique,* est [...] un fait providentiel, il en a les principaux caractères, il est universel, il est durable, il échappe chaque jour à la puissance humaine : tous les événements comme tous les hommes servent à son développement »... Et pourtant les ordres subsistent. « Le Tiers État avait ses opinions, ses préjugés, ses croyances, son esprit national à part » ; il formait avec la noblesse « comme deux nations distinctes qui, vivant sous les mêmes lois, restèrent cependant étrangères l'une à l'autre ». Tocqueville, fasciné pour sa part par la logique égalitaire et par ce qui rapproche les diverses manières de vivre, ne voit qu'absurdité dans ces différences persistantes, et ne cherche pas à comprendre le principe qui les sous-tend. Et sans doute l'opposition du pur et de l'impur, proclamée au Moyen Age, s'est maintenant dissimulée. La hiérarchie des ordres ne paraît plus justifiée par un principe rationnel de classification et ne fait plus référence qu'à la naissance considérée en soi (et il n'est plus possible pour un groupe « mal né » de s'y élever en se purifiant). Mais les observations et réflexions qui parsèment *L'Ancien Régime et la Révolution* montrent bien que, pour voilée qu'elle soit, l'opposition du pur et de l'impur est toujours à l'œuvre dans ce qui sépare les divers groupes sociaux. S'éclipsant du discours que la société tient sur elle-même, elle inspire toujours les mœurs.

La noblesse s'est beaucoup appauvrie et a beaucoup perdu de son pouvoir. Mais elle est, suivant les mots d'un intendant, « autant fière qu'elle est pauvre ». Il existe entre ses membres, malgré les différences considérables qui séparent leurs situations économiques, et leurs rôles dans l'État, « une sorte d'égalité théorique fondée sur le privilège commun de la naissance ». Ce qui rend ce groupe ainsi homogène, apparaît bien, quand on regarde le contenu de ses « préjugés », comme relevant d'un sentiment commun qui, distinguant le noble du vil, renvoie toujours à l'opposition du pur et de l'impur. Ainsi, dit Tocqueville, à la tête des « idées très nuisibles » (en termes d'argent, de richesse et de pouvoir) auxquelles les « nobles modernes » « s'étaient opiniâtrement attachés », se trouvait « le préjugé qui interdisait aux gentilshommes le commerce et l'industrie »[1]. Or, nous avons vu combien, au Moyen Age, ces activités se rattachaient à une image servile qui n'avait pas disparu. De même Tocqueville indique qu'un gentilhomme eût cru « *s'avilir* » en épousant la fille d'un riche roturier. Et si certains, pressés par le besoin, transgressaient cette répugnance, « les alliances *vulgaires,* qui enrichissaient quelques membres de la noblesse achevaient d'enlever au corps lui-même la puissance d'opinion qui seule lui restait encore » (ce qui laisse penser que cette conception d'une essence différente, se corrompant par mélange avec le « vulgaire », n'existait pas seulement dans la tête des nobles, mais aussi dans celle de l'« opinion »). « Sans noblesse, dit encore Tocqueville, on pouvait à peine approcher le prince, que les puérilités de l'étiquette défendaient du *contact* des roturiers. » Et pareilles « puérilités » prennent leur sens quand on pense à l'Inde, aux « intouchables », et au souci d'éviter la pollution du pur (le roi) par le contact de l'impur (le *roturier*). L'évocation de la répugnance pour quoi que ce soit qui « *sente la*

---

1. Pour sa part, Tocqueville voit bien que ce préjugé est un héritage du Moyen Age, mais ne le comprend pas pour autant.

bourgeoisie », du fait que les nobles « s'isolent » des roturiers riches et éclairés, renvoie au même registre.

Cette référence à des catégories qui ne distinguent pas seulement le riche du pauvre mais le pur de l'impur n'est pas l'apanage de la noblesse. La bourgeoisie en use pour se distinguer du peuple. Elle oppose la « *bienséance* » qui la marque, ses « mœurs » et sa « manière de vivre », au travail qui avilit. On voit les corps qui la composent « *se purger* des parties hétérogènes qu'ils peuvent contenir », ou suivant les propos d'un intendant de l'époque, les notables « *dégoûtés* » de se voir mêlés à des gens sans naissance. Et plus bas encore, le paysan devenu propriétaire foncier s'enivre de « l'indépendance » qui l'élève au-dessus de la condition servile, demande à l'occasion des marques d' « *honneur* », et, quand l'administration ignore la dignité acquise, ressent avec révolte « *l'ignominie* » de son état.

Nous avons vu que, dans notre usine d'aujourd'hui, la distinction entre ce qui est ou n'est pas « noble » n'a pas disparu, même si, dans une société qui prétend avoir aboli l'inégalité des conditions, elle ne se proclame qu'occasionnellement. Il sortirait largement de notre propos de montrer ici que, dans de multiples domaines, la distinction entre le noble et le vil, et plus largement entre le pur et l'impur, joue toujours un rôle fondamental dans la société française d'aujourd'hui. Mais, avant de clore cette incursion dans les questions de hiérarchie sociale, nous marquerons une dernière étape dans ce retour vers notre présent industriel en regardant la manière dont les ouvriers de métier ont affirmé leur place dans la société. Nous allons voir que, bien après la Révolution française, ils ont utilisé à leur tour le type de stratégie qu'avaient adopté longtemps avant eux les chevaliers et les bourgeois [1]. Et leur exemple montre combien la place de l'opposition entre le noble et le vil, le pur et l'impur est beaucoup plus permanente que la définition de ce qui, à chaque époque, est considéré comme pur et impur et que les termes précis qui servent à exprimer cette opposition.

L'image d'impureté associée aux plus basses couches de la société n'a pas disparu au xixe siècle, et pas seulement en France.

---

1. Cf. A. Guèdez, « Travail ouvrier et travail humain : l'exemple du compagnonnage », *Cahiers internationaux de sociologie*, vol. LXXXI, 1986.

Karl Marx lui-même parle dans le *Manifeste,* à propos du lumpen-prolétariat, de « *putréfaction* passive », de « *lie* des plus basses couches de la société ». Et le mouvement des métiers a pour objectif majeur d'échapper à cette condition vile : d'obtenir, outre un bon salaire, une condition « honorable ». Il s'inspire pour cela des valeurs et des pratiques des ordres auxquels, à des degrés divers et par des voies diverses, est associée une plus grande pureté.

Ainsi référence est faite au monde des clercs. On peut parler à propos des métiers de « *l'initiation* » en désignant par là le legs cérémoniel de valeurs, de symboles, de mythes, et la *consécration* rituelle d'un « nouvel homme » forgé *spirituellement* pendant le temps d'apprentissage, ou encore de « l'intronisation dans un Devoir », de « *sacralisation* » du métier. Et, dans le « rituel initiatique » propre à chaque métier, les « *épreuves* » purificatrices ne sont pas absentes.

De même, référence est faite au monde de la noblesse. Il est question d'« *ennoblir* » son travail. La « Chevalerie française du travail », organisation clandestine, se propose de « relever la dignité du travail, d'affirmer et de démontrer que le seul qui puisse se dire *noble* sur terre est celui qui gagne son pain à la sueur de son front ». On parlera d'« *aristocratie* ouvrière », ou (ce sont des chapeliers qui parlent) de « *noblesse* de métier ». La distance par rapport à ce qui est vil s'exprime aussi sous forme de référence à l' « *art* » (du trait) et à toute une esthétique du geste, qui élève assez pour placer au-dessus de ce qui est « *seulement du commerce* ».

Pour avoir une certaine crédibilité, pareilles prétentions impliquent le développement d'une éthique qui élève au-dessus d'une condition vile. Les associations ouvrières qui se réclament du compagnonnage s'intitulent elles-mêmes des « Devoirs ». La dignité de l'ouvrier compagnon n'est pas garantie seulement par la qualité de son savoir, mais aussi par l'amour du travail bien fait, et l'apprentissage auquel il est soumis est un apprentissage moral en même temps que technique.

Certes, de nos jours le monde traditionnel des « métiers » est perturbé par l'évolution de l'appareil de production. Mais les filiations entre les métiers industriels d'aujourd'hui, et les métiers artisanaux de jadis sont vigoureusement affirmées. Et si le vocabulaire de « corps », d'« état », d'« ordre » n'est pas aussi vivant chez les travailleurs d'industrie que chez les compagnons, l'attachement ouvrier aux activités « nobles » reste très vif.

En fin de compte on peut dire que, de manière générale, la hiérarchie sociale en France n'a jamais opposé seulement celui qui n'a pas à celui qui a, mais aussi celui qui est regardé comme vil à celui qui est regardé comme noble. De plus cette dernière opposition ne porte pas seulement sur des individus considérés dans leur vie morale, mais sur des groupes définis par leur rôle social. Et ce fait a une influence considérable sur la forme qu'y prennent le sens du devoir, le désir de liberté, et les rapports hiérarchiques. Il rend les uns et les autres bien différents de ce qu'ils « devraient être » dans une société de citoyens égaux en dignité.

Sens du devoir et désir de liberté dans une société d'ordres

Dans une société régie par l'honneur, affirme Montesquieu, « les vertus qu'on nous y montre sont toujours moins ce que l'on doit aux autres que ce que l'on se doit à soi-même : elles ne sont pas tant ce qui nous appelle vers nos concitoyens que ce qui nous en distingue ». Ne pas remplir les devoirs par lesquels l'ordre auquel on appartient se distingue des ordres inférieurs, c'est s'abaisser au niveau de ces derniers, s'avilir, se « déshonorer ». Pour éviter pareille dégradation, on sera prêt à sacrifier souvent son intérêt et parfois sa vie. Aller vers ses concitoyens les devoirs que la religion (serait-ce celle de la raison) propose n'a pas le même enjeu. Se dérober à ces derniers n'assimile pas à un ordre inférieur, n'avilit pas. (Sauf si cela rabaisse au niveau de groupes dont l'irréligion s'associe, elle, au caractère servile.) Quant aux devoirs liés à l'honneur spécifique d'un ordre inférieur, il peut être honorable de les mépriser. Ayant compris cela, ce qui pourrait paraître bizarre dans la forme que revêt le sens du devoir dans une société régie par l'honneur trouve sa cohérence.

Ainsi on comprend le respect limité accordé aux contrats et aux règles contractuelles en pareille société. Dans un pays chrétien, la morale religieuse appelle tout le monde à être honnête. Mais la force de la logique de l'honneur limite le poids de cet appel. Le respect des contrats fait partie de l'honneur spécifique des mar-

chands et sied à leur condition. Par ce respect, ils s'élèvent au-
dessus d'un peuple supposé sans principes. Mais un attachement
trop vif à pareille conduite sent son marchand d'une lieue et ne
saurait être honorable pour celui qui est de condition supérieure. Si
d'aventure, attaché à la religion, il se montre en fait scrupuleusement honnête, il doit pour le moins ne pas en faire grand cas. Et il
peut sans déchoir s'en dispenser. Molière a mis en scène de façon
pittoresque ce mépris des nobles pour l'honnêteté marchande. Et le
peu de crédit accordé à celle-ci limite la place que peut tenir une
logique contractuelle. Ceux qui, à la fin de l'Ancien Régime, ont
voulu réformer radicalement notre société, ne montraient guère
eux-mêmes de respect pour les contrats.

On comprend pareillement le mépris dans lequel peut être tenu
un travail jugé « mercenaire », même fait honnêtement : il évoque
l'appartenance à une basse condition, à quelque chose de vil,
d'impur. Au contraire, une activité entreprise pour l'amour de
l'art, ou pour répondre à ce dont on *se sent* responsable et non par
appât du gain, ou par crainte, éloigne d'une condition vile.

Le devoir de modération trouve lui aussi son sens dans l'opposition du noble et du vil. S'attacher de manière rigoureuse à ses
intérêts, aller « au bout de ses droits », chicaner, a quelque chose
de vulgaire. C'est au contraire s'élever que de se montrer magna-
nime. Combattre « noblement » exige que l'on respecte une
esthétique de la joute, qui interdit tout particulièrement de frapper
un homme à terre (conduite bonne pour les « vilains »). L'honneur
demande de rendre son arme à celui qui l'a perdue au combat, non
de l'achever sans risques. Et, pour un homme d'honneur, le souci
du résultat ne doit pas être tel qu'il ternisse la beauté du geste.

Parallèlement, considérer la logique d'une société d'ordres
permet de comprendre le statut que la société française donnait, et
donne encore dans une large mesure, à la loi ; c'est largement par
d'autres voies qu'est borné le pouvoir du prince.

Tocqueville s'étonne pour sa part du peu de respect accordé à la
loi dans la France du XVIIIe siècle : « On se plaint souvent, dit-il, de
ce que les Français méprisent la loi ; hélas ! quand auraient-ils pu
apprendre à la respecter ? On peut dire que chez les hommes de
l'Ancien Régime, la place que la notion de la loi doit occuper dans
l'esprit humain était vacante. Chaque solliciteur demande qu'on
sorte en sa faveur de la règle établie avec autant d'insistance et

d'autorité que s'il demandait qu'on y rentrât, et on ne la lui oppose jamais, en effet, que quand on a envie de l'éconduire. » Et il stigmatise le peu de rapports qui existe entre la lettre des lois et la manière dont elles sont appliquées (cf. encadré 14). Ce n'est pas que l'Ancien Régime ait été « un temps de servilité et de dépendance ». Mais ce n'était pas la loi qui protégeait de l'arbitraire du prince : « Il y régnait beaucoup plus de liberté que de nos jours ; mais c'était une espèce de liberté irrégulière et intermittente, toujours contractée dans la limite des classes, toujours liée à l'idée d'exception et de privilège, qui permettait presque autant de braver la loi que l'arbitraire, et n'allait presque jamais jusqu'à fournir à tous les citoyens les garanties les plus naturelles et les plus nécessaires. » Le roi peut « disposer sans contrôle de la fortune de l'État ». Mais il voit son pouvoir fort borné, en fait sinon en droit, dès qu'il s'agit de contrôler les actions de ses sujets. Car en ce domaine chacun d'entre eux est prêt, fort de ses « préjugés » et de ses « privilèges », à se « roidir contre les abus de l'autorité », et il est alors « mieux défendu par les mœurs que n'est souvent garanti par les lois le citoyen des pays libres ».

Et Tocqueville de se désoler de l'héritage ainsi reçu : « Si, cette sorte de liberté déréglée et malsaine préparait les Français à renverser le despotisme, elle les rendait moins propres qu'aucun autre peuple, peut-être, à fonder à la place l'empire paisible et libre des lois. »

Ce réquisitoire prend comme référence l'idée de « garanties naturelles » auxquelles tout homme a droit, de par le fait qu'il est homme, et que la loi se charge de mettre en œuvre. Il suit la logique des philosophes du « droit naturel », du contrat social, et de l'égalité des citoyens. Il juge à l'aune de cette référence une société qui fonctionnait en fait suivant d'autres principes, et dont, là encore, les « bizarreries » cessent de l'être dès qu'on les rapporte à ces principes eux-mêmes.

Dans la société française, l'idée d'égalité, issue de la religion, n'est pas sortie sans peine de la sphère que celle-ci régit. « Au Moyen Age, on ne voit jamais, écrit Georges Duby, l'égalité, la fraternité des seigneurs et des manants que mimées dans des rituels de pénitence. » Pour que l'égalité s'affirmât dans le quotidien de la vie sociale, il eût fallu que la religion arrive à dissoudre ces différences entre les conditions nobles et viles (différences qui,

---

ENCADRÉ 14

La pratique de la loi dans la France du XVIIIe siècle

« On ne trouve guère d'arrêts du conseil qui ne rappellent des lois antérieures, souvent de date très récente, qui ont été rendues, mais non exécutées. Il n'y a pas en effet d'édit, de déclaration du roi, de lettres patentes solennellement enregistrées qui ne souffrent mille tempéraments dans la pratique. On voit par les lettres des contrôleurs généraux et des intendants que le gouvernement permet sans cesse de faire par exception autrement qu'il n'ordonne. Il brise rarement la loi, mais chaque jour il la fait plier doucement dans tous les sens, suivant les cas particuliers et pour la grande facilité des affaires.

L'intendant écrit au ministre à propos d'un droit d'octroi auquel un adjudicataire des travaux de l'État voulait se soustraire : " Il est certain qu'à prendre à la rigueur les édits et les arrêts que je viens de citer, il n'existe dans le royaume aucun exempt de ces droits ; mais ceux qui sont versés dans la connaissance des affaires savent qu'il en est de ces dispositions impérieuses comme des peines qu'elles prononcent, que, quoiqu'on les trouve dans presque tous les édits, déclarations et arrêts portant établissement d'impôts, cela n'a jamais empêché les exceptions. "

L'Ancien Régime est là tout entier : une règle rigide, une pratique molle, tel est son caractère.

Qui voudrait juger le gouvernement de ce temps-là par le recueil de ses lois tomberait dans les erreurs les plus ridicules. Je trouve, à la date de 1757, une déclaration du roi qui condamne à mort tous ceux qui composeront ou imprimeront des écrits contraires à la religion ou à l'ordre établi. Le libraire qui les vend, le marchand qui les colporte, doit subir la même peine. Serions-nous revenus au siècle de saint Dominique ? Non, c'est précisément le temps où régnait Voltaire » (Tocqueville, *L'Ancien Régime et la Révolution,* chap. VI).

---

inspirées par notre héritage indo-européen, sont étrangères à l'esprit de l'Évangile). Elle n'y est pas arrivée, ni du temps de l'Ancien Régime, ni de nos jours.

Quand la société était ouvertement monarchique, ce n'était pas la religion qui bornait les pouvoirs du prince. « On n'ira pas lui alléguer les lois de la religion, écrit Montesquieu : un courtisan se croirait ridicule. » Ce n'est pas non plus la loi, qui, comme la religion (et en y puisant sa force — cf. la société américaine) égale le prince aux autres hommes. Le fait que sa condition le met au-dessus des autres hommes est la source même de l'autorité du souverain. Se référer à une source de légitimité qui nie cette différence, c'est saper les fondements de cette autorité. Par contre la logique de l'honneur est à même, par sa voie propre, de borner le pouvoir du prince. « L'honneur, écrit Montesquieu, règne comme un monarque sur le prince et sur le peuple », et on « alléguera sans cesse » ses lois au prince. C'est qu'il contraint celui-ci sans prétendre le priver de sa condition, mais au contraire, en exaltant cette dernière. Pour Montesquieu, « le prince ne doit jamais nous prescrire une action qui nous déshonore, parce qu'elle nous rendrait incapable de le servir ». Et c'est se déshonorer soi-même que de prescrire à quelqu'un une action contraire à ce qu'exige de lui son propre honneur. Chacun se trouve alors protégé suivant sa condition, d'une manière qui est spécifique à celle-ci. En outre, un autre processus borne, également, le pouvoir du prince. Pour bien le comprendre, il nous faut examiner ce qui fait la diversité des relations d'autorité dans une société d'ordres (diversité qui a gardé toute sa force dans notre société d'aujourd'hui).

Obéir dans l'honneur ou hors l'honneur

Le caractère très affectif que possèdent volontiers en France les rapports hiérarchiques et la diversité extrême des sentiments qui s'y manifestent envers des supérieurs, qui peuvent être révérés comme méprisés avec une égale intensité, intrigue. Car cette situation n'est nullement universelle ; ainsi on ne la retrouve ni aux Pays-Bas, ni même aux États-Unis. Là encore, considérer la logique d'une société d'ordres permet de mieux comprendre ce qu'il en est.

Tournons-nous une nouvelle fois vers Tocqueville et considérons l'opposition qu'il dessine entre un pouvoir honoré et aimé (tel celui du roi) et un pouvoir méprisé et craint (tel celui de l'administration) (cf. encadré 15). Cette opposition renvoie certes à celle qui sépare un pouvoir légitime d'un pouvoir illégitime. Mais la question n'est pas résolue pour autant. Car en quoi un intendant régulièrement nommé pouvait-il néanmoins être considéré comme détenteur d'un pouvoir illégitime ?

D'après les principes mêmes d'une société d'ordres, les emplois que chacun peut occuper de façon légitime ne dépendent pas de

---

ENCADRÉ 15

Pouvoir vénéré et pouvoir méprisé d'après Tocqueville

« Il faut bien se garder, d'ailleurs, d'évaluer la bassesse des hommes par le degré de leur soumission envers le souverain pouvoir : ce serait se servir d'une fausse mesure. Quelque soumis que fussent les hommes de l'ancien régime aux volontés du roi, il y avait une sorte d'obéissance qui leur était inconnue : ils ne savaient pas ce que c'était que se plier sous un pouvoir illégitime ou contesté, qu'on honore peu, que souvent on méprise, mais qu'on subit volontiers parce qu'il sert ou peut nuire. Cette forme dégradante de la servitude leur fut toujours étrangère. Le roi leur inspirait des sentiments qu'aucun des princes les plus absolus qui ont paru depuis dans le monde n'a pu faire naître, et qui sont même devenus pour nous presque incompréhensibles, tant la Révolution en a extirpé de nos cœurs jusqu'à la racine. Ils avaient pour lui tout à la fois la tendresse qu'on a pour un père et le respect qu'on ne doit qu'à Dieu. En se soumettant à ses commandements les plus arbitraires, ils cédaient moins encore à la contrainte qu'à l'amour, et il leur arrivait souvent ainsi de conserver leur âme très libre jusque dans la plus extrême dépendance » (*L'Ancien Régime et la Révolution,* chap. xi).

« Les nobles méprisaient fort l'administration proprement dite, quoiqu'ils s'adressassent de temps en temps à elle.
[...]
Les gentilshommes eux-mêmes sont quelquefois de grands solliciteurs, leur condition ne se reconnaît guère alors qu'en ce qu'ils mendient d'un ton fort haut. C'est l'impôt du vingtième qui, pour beaucoup d'entre eux, est le principal anneau de leur dépendance. Leur part dans cet impôt étant fixée chaque année par le conseil sur le rapport de l'intendant, c'est à celui-ci qu'ils s'adressent d'ordinaire pour obtenir des délais et des décharges. J'ai lu une foule de demandes de cette espèce que faisaient des nobles, presque tous titrés et souvent grands seigneurs, vu disaient-ils, l'insuffisance de leurs revenus ou le mauvais état de leurs affaires. En général, les gentilshommes n'appelaient jamais l'intendant que Monsieur, mais j'ai remarqué que dans ces circonstances ils l'appellent toujours Monseigneur, comme les bourgeois » (*ibid.,* chap. vi).

---

l'arbitraire du prince, mais des prérogatives attachées à l'état auquel il appartient. Et en particulier sa capacité à exercer une autorité ne dépend pas d'une décision du prince, mais de l'ordre auquel il se rattache. L'autorité ne devrait s'exercer que d'un ordre supérieur vers un ordre inférieur. Ainsi, suivant les termes du pape Grégoire le Grand énonçant ces principes : « La Providence a institué des degrés *[gradus]* divers et des ordres *[ordines]* distincts afin que si les inférieurs *[minores]* témoignent de la déférence *[reverentia]* aux supérieurs *[potiores]* et si les supérieurs gratifient d'amour *[dilectio]* les inférieurs, se réalise la vraie concorde *[concordia]* et conjonction *[contextio* ; le mot évoque, très concrètement, un tissu, une trame] à partir de la diversité [1]. »

Or, l'administration est de « petite naissance ». Lointaine héritière de la domesticité du prince, elle n'a jamais totalement lavé la tache dont la marquent ces origines serviles. Il est humiliant pour la noblesse d'avoir à lui obéir alors qu'elle la méprise, ce qui conduit les nobles à « mendier d'un ton fort haut ». Le roi, au contraire, se situe au sommet de la hiérarchie des ordres, et la déférence qu'on lui porte rend légitime de lui obéir.

Nous pouvons aller plus loin dans l'analyse et creuser la logique même ainsi mise en œuvre, au-delà de la façon singulière dont elle se manifestait dans la France d'Ancien Régime. Nous serons alors mieux à même de comprendre comment cette logique s'exprime dans la France d'aujourd'hui. Il nous faut pour cela considérer à nouveau la place qu'occupe la hiérarchie du noble et du vil au sein d'une société d'ordres. Nous pourrons ainsi préciser ce qui oppose une obéissance conforme à l'honneur et une obéissance contraire à l'honneur. Pareille différence, verrons-nous, n'influence pas seulement les sentiments qui animent ceux qui obéissent et ceux qui commandent. Elle affecte également les moyens d'action dont ceux-ci disposent et donc ce qu'ils peuvent effectivement obtenir de ceux-là.

L'honneur commande avant tout de ne pas s'abaisser, de ne pas « s'avilir », de ne pas se « plier ». Évoquant la soumission au roi que l'on rencontrait dans l'Ancien Régime, Tocqueville insiste à maintes reprises sur le fait que, malgré un grand « degré de soumission », elle ne constituait nullement un « abaissement honteux », car on n'y trouvait nulle « bassesse du cœur », mais « un goût libre » (s'opposant à servile) « pour l'obéissance ». Pareille obéissance conforme à l'honneur n'est possible que si plusieurs conditions sont remplies (et ces conditions restent valables dans notre France d'aujourd'hui).

L'obéissance doit s'inscrire dans un rapport à plus noble que soi (la noblesse de l'âge pouvant départager en la matière ceux qui sont

---

1. Dans une lettre adressée à la fin du VIe siècle aux évêques du royaume de Chilpéric. Citée par G. Duby, *op. cit.*

L'opposition entre l'honneur et la servilité aux divers niveaux de la société

« Les parlements étaient sans doute plus préoccupés d'eux-mêmes que de la chose publique ; mais il faut reconnaître que, dans la défense de leur propre indépendance et de leur honneur, ils se montraient toujours intrépides, et qu'ils communiquaient leur âme à tout ce qui les approchait.

Lorsqu'en 1770 le parlement de Paris fut cassé, les magistrats qui en faisaient partie subirent la perte de leur état et de leur pouvoir sans qu'on en vît un seul céder individuellement devant la volonté royale. Bien plus, des cours d'une espèce différente, comme la cour des aides, qui n'étaient ni atteintes ni menacées, s'exposèrent volontairement aux mêmes rigueurs, alors que ces rigueurs étaient devenues certaines. Mais voici mieux encore : les principaux avocats qui plaidaient devant le parlement s'associèrent de leur plein gré à sa fortune ; ils renoncèrent à ce qui faisait leur gloire et leur richesse, et se condamnèrent au silence plutôt que de paraître devant des magistrats déshonorés » (Tocqueville, *L'Ancien Régime et la Révolution*, chap. XI).

« Chez les peuples aristocratiques, il n'était point rare de trouver dans le service des grands des âmes nobles et vigoureuses qui portaient la servitude sans la sentir, et qui se soumettaient aux volontés de leur maître sans avoir peur de sa colère.

---

de condition identique). Celui qui obéit peut alors être animé d'une « déférence » envers celui qui commande, d'un « respect » qui conduit à se « soumettre », en « conservant une âme très libre ». Il obéit alors « moins à la contrainte qu'à l'amour ». Ce type de soumission s'adresse à quelqu'un qui n'est pas seulement perçu comme disposant de plus de pouvoir que soi, mais comme revêtu d'une dignité ayant quelque chose de sacré. Obéir conduit alors à s'élever soi-même en s'incorporant à une sphère plus haute (et Tocqueville évoque à cet égard la situation limite du serviteur qui « s'identifie à la personne de son maître », qui « se transporte tout entier dans son maître »).

Ce rapport nécessaire des conditions n'est pas suffisant. Il faut encore, pour que l'on puisse obéir sans s'abaisser, que chacune des parties reste fidèle à son propre honneur.

Permettant d'obéir par déférence, l'honneur prohibe rigoureuse-

Ces hommes, dont la destinée est d'obéir, n'entendent point sans doute la gloire, la vertu, l'honnêteté, l'honneur, de la même manière que les maîtres. Mais ils se sont fait une gloire, des vertus et une honnêteté de serviteurs, et ils conçoivent, si je puis m'exprimer ainsi, une sorte d'honneur servile » (Id., *De la démocratie en Amérique*, t. II, 3e part. chap. v).

« Qu'on lise ce que les historiens de tous les temps ont dit sur la cour des monarques ; qu'on se rappelle les conversations des hommes de tous les pays sur le misérable caractère des courtisans : ce ne sont point des choses de spéculation, mais d'une triste expérience.

L'ambition dans l'oisiveté, la bassesse dans l'orgueil, le désir de s'enrichir sans travail, l'aversion pour la vérité, la flatterie, la trahison, la perfidie, l'abandon de ses engagements, le mépris des devoirs du citoyen, la crainte de la vertu du prince, l'espérance de ses faiblesses, et plus que tout cela, le ridicule perpétuel jeté sur la vertu, forment, je crois, le caractère du plus grand nombre des courtisans, marqué dans tous les lieux et dans tous les temps » (Montesquieu, *De l'esprit des lois*, liv. III, art. 5).

« Les Français avaient créé un mot tout exprès pour ce dernier des serviteurs de l'aristocratie. Ils l'appelaient le laquais.

Le mot de laquais servait de terme extrême, quand tous les autres manquaient, pour représenter la bassesse humaine ; sous l'ancienne monarchie, lorsqu'on voulait peindre à un moment un être vil et dégradé, on disait de lui qu'il avait l'*âme d'un laquais*. Cela seul suffisait. Le sens était complet et compris » (Tocqueville, *De la démocratie en Amérique*, t. II, 3e part., chap. v).

ment de le faire par crainte ou, pour les ordres élevés, par intérêt. Car l'un et l'autre avilissent. Tocqueville stigmatise « la forme dégradante de la servitude » que représente le fait de « se plier sous un pouvoir [...] qu'on subit volontiers parce qu'il *sert ou peut nuire* ». Et il évoque l'image méprisable de l'obéissance servile, apanage du courtisan et du laquais, à laquelle toute âme qui n'est pas corrompue refuse de s'abaisser (cf. encadré 16).

Celui qui commande doit respecter lui aussi les devoirs que l'honneur lui fixe. Suivant la théorie des trois ordres, il doit « gratifier d'amour » ceux qui lui sont inférieurs. Les Français du xviie siècle, affirme Tocqueville, obéissaient au roi « non seulement parce qu'ils le jugeaient fort mais parce qu'ils le croyaient bienfaisant et légitime ». Sans doute le souverain ne respectait-il pas toujours les devoirs que lui dictait son honneur. Mais celui-ci était loin d'être sans effets sur l'exercice réel de son pouvoir.

« L'amour de ses sujets, la bonté du prince » se joignaient aux institutions politiques et à de multiples barrières élevées par « les opinions et les mœurs » pour « enfermer dans un cercle invisible » l'autorité des rois.

Le contre-modèle d'une autorité qui agit sans « cœur », et sans modération, est donné par l'intendant de condition servile. Quand un gentilhomme désargenté « ne voyait plus dans les tenanciers que des débiteurs » et « *exigeait d'eux à la rigueur tout ce qui lui revenait encore d'après la loi ou la coutume* », il montrait « les vues et les sentiments qu'aurait eus en son absence son intendant ». Et le peuple lui avait donné « le nom du moins gros des oiseaux de proie : le hobereau ».

Ce contre-modèle était à l'œuvre dans l'exercice d'une autorité « servile », telle que celle de la petite administration exerçait sur le peuple : « Au dix-huitième siècle, un village est une communauté dont tous les membres sont pauvres, ignorants et grossiers ; ses magistrats sont aussi incultes et aussi méprisés qu'elle ; son syndic ne sait pas lire ; son collecteur ne peut dresser de sa main les comptes dont dépend la fortune de ses voisins et la sienne propre. Non seulement son ancien seigneur n'a plus le droit de la gouverner, mais il est arrivé à considérer comme une sorte de *dégradation* de se mêler de son gouvernement. Asseoir les tailles, lever la milice, régler les corvées, *actes serviles,* œuvres de syndic. » Pareils rapports d'autorité s'exercent à l'intérieur d'un groupe en quelque sorte « hors-caste », donc non régi par la logique de l'honneur. Ils font que le gouvernement de l'Ancien Régime « est souvent rude et toujours prompt, quand il procède contre les basses classes », alors qu'il se montre par ailleurs « ami des formes de la lenteur et des égards quand il s'agissait des hommes placés au-dessus du peuple ».

En fin de compte la soumission des Français au XVIIe siècle pour le pouvoir royal, très grande quand l'honneur était sauf, était fort pointilleuse quant au respect de celui-ci. Il s'y mêlait « quelque chose d'indépendant, de ferme, de capricieux et d'irritable ».

Tout cela relève-t-il d'un passé révolu ? Ou explique-t-il au contraire les « bizarreries » des rapports hiérarchiques dans la France contemporaine, avec leur mélange de déférence, de fierté et parfois de révolte ? En fait la continuité reste forte sous les différences.

A une période charnière, ceux qui ont été à l'origine de notre Révolution ont été marqués par l'image idéale, ô combien traditionnelle, d'une autorité souveraine, pure et aimant le peuple, bien éloignée de celle qui servait de référence de l'autre côté de l'Atlantique.

Le désir d'être gouverné par plus grand que soi n'est pas seulement, au XVIIIe siècle, le fait d'aristocrates attardés, ou de paysans illettrés : « Puisqu'il faut servir, déclare Voltaire, je préfère le faire sous un lion de bonne maison, qui est né beaucoup plus fort que moi, que sous deux cents rats de mon espèce. »

Les réformateurs les plus radicaux ne désirent nullement quant à eux borner le pouvoir du prince par des institutions appropriées. Ils se montrent « fort ennemis des assemblées délibérantes, des pouvoirs locaux et secondaires, et en général de tous les contrepoids qui ont été établis, dans différents temps, chez tous les peuples libres, pour balancer la puissance centrale ». Ils veulent mettre en place un pouvoir aussi sage, éclairé et bon qu'il serait tout-puissant. « Que l'État comprenne bien son devoir », dit l'un d'entre eux, « et alors qu'on le laisse libre ». La Révolution française, jacobins en tête, s'inspirera de pareille manière de voir. Voulant la concilier avec les principes démocratiques, elle distinguera totalement la nation « en corps », nouvelle image du maître révéré, revêtue de « tous les droits de la souveraineté » et les citoyens, nouveaux sujets, dont chacun en particulier se trouve « resserré dans la plus étroite dépendance ». La première, gardienne de « l'intérêt général », dans toute sa pureté, est conçue comme d'une autre essence que les seconds, voués à l'impureté de leurs « intérêts particuliers ».

Une fois détruites les limites traditionnelles au pouvoir du prince, la France allait-elle donc verser dans un « despotisme démocratique » dont Tocqueville évoque la perspective avec horreur : « Plus de hiérarchie dans la société, plus de classes marquées, plus de rangs fixes ; un peuple composé d'individus presque semblables et entièrement égaux, cette masse confuse reconnue pour le seul souverain légitime, mais soigneusement privée de toutes les facultés qui pourraient lui permettre de diriger et même de surveiller elle-même son gouvernement. Au-dessus d'elle, un mandataire unique, chargé de tout faire en son nom sans la consulter. Pour contrôler celui-ci, une raison publique sans organes, pour l'arrêter, des révolutions, et non des lois : en droit, un agent subordonné, en fait un maître. » En fait le système de contrepouvoirs dont Tocqueville, et bien d'autres après lui, ont rêvé, n'a pas été mis en place. Et pourtant la France n'a pas versé pour autant dans le despotisme. Les anciennes formes de résistance, inspirées par la logique de l'honneur, se sont maintenues, portées par de nouveaux groupes toujours ardents à défendre leurs privilèges et souvent dévoués à leurs devoirs. Ces formes se sont adaptées à un nouveau contexte, comme la révérence pour le prince se transférait vers un nouveau prince.

Il sortirait de notre propos d'analyser les diverses façons dont nos institutions publiques, et notre pratique politique, sont restées fidèles à la manière française de gouverner, d'obéir et de résister. On peut simplement, pour illustrer cette continuité, inviter le lecteur à méditer sur le type de relations que le fondateur de notre Vᵉ République entretenait avec les Français et sur l'étendue de sa popularité[1].

Si nous retournons, plus prosaïquement, vers le monde des entreprises, nous pouvons mieux saisir, après nous être plongés dans notre histoire, ce qui régit la vie d'une usine française d'aujourd'hui. Apparemment aberrante quand on prend comme référence le modèle de la règle et du contrat, cette vie devient au contraire fort compréhensible lorsqu'on se place dans la logique de l'honneur. On cesse en particulier de trouver étranges les rapports hiérarchiques que l'on y trouve. Et on peut comprendre, au-delà de notre usine, la diversité extrême qui marque ces rapports.

Il existe toujours un modèle de rapports hiérarchiques conformes à l'honneur, marqués par l'antique idéal de la révérence et de l'amour. Que l'on ne prétende pas que pareils rapports n'ont jamais existé dans l'industrie ou qu'ils ont disparu. Ce serait bien maltraiter les faits les plus patents. Ne renvoie-t-on pas directement à ce modèle quand, parlant d'un dirigeant, on dit que c'est un « Monsieur », ou un « grand Monsieur », en donnant sans ambiguïté à ces termes le sens qu'ils avaient dans l'ancienne France ? Certes, la révérence pour pareil personnage (qui peut aller, dans

---

1. Ainsi, interrogés, au début de 1988, sur la personnalité française ou étrangère, appartenant à quelque domaine que ce soit, qui les a le plus marqués au cours des vingt dernières années, les Français ont très largement placé en tête le général de Gaulle.

les cas extrêmes, jusqu'à une sorte de vénération) ne s'exprime que de façon discrète et voilée du vivant de ceux à qui elle s'adresse. Mais on la voit se répandre en pleurs quand la mort a rendu son expression légitime. Ne dit-on pas volontiers, quand vient l'heure de son oraison funèbre, qu'il aimait *ses* hommes, sans que cela soit ressenti comme vaine rhétorique [1] ? Et ne voit-on pas sa succession poser des problèmes redoutables si celui qui doit prendre la suite, aussi intelligent et régulièrement nommé qu'il puisse être, n'apparaît pas au même degré, comme un « Monsieur » ?

Et il existe toujours l'antimodèle de rapports hiérarchiques contraires à l'honneur. A l'opposé du « Monsieur », on trouve toujours celui qui, malgré ses pouvoirs, reste un « laquais ». Bien sûr pareille expression fait penser d'abord à un certain vocabulaire d'extrême gauche (les « laquais de l'impérialisme », les « valets du capitalisme »). Mais elle renvoie à une image beaucoup plus largement répandue d'un pouvoir privé de l'indépendance et de la dignité que l'honneur exige, et exercé de façon servile et dépendante, sous l'emprise de l'intérêt et de la crainte. Cette image peut concerner tous les niveaux de la hiérarchie. Il y a bien sûr le « petit chef ». Mais il y a aussi, beaucoup plus haut, le courtisan qui siège dans les états-majors, le parvenu qui « se prend pour quelque chose », celui qui, si bien placé qu'il soit, se fera volontiers surnommer « la voix de son maître ». A être vu ainsi, on est méprisé par ceux qui, inférieurs dans la hiérarchie de l'argent et du pouvoir, se sentent pourtant supérieurs dans la hiérarchie, plus haute, de la dignité, qui est un autre nom de l'honneur.

Une forme d'organisation qui demeure en s'adaptant

Ce maintien des formes anciennes signifie-t-il que rien n'a changé depuis notre Moyen Age ? Non, certes, et il faut voir comment s'articule ce qui demeure et ce qui change. Une structure

---

1. Ainsi, faisant l'éloge funèbre de Georges Besse, André Giraud a pu dire : « Il y a ceux de Renault, qui pleurent aujourd'hui le patron qui les sortait du gouffre. Celui qui avait su obtenir d'eux qu'ils consentent les grands sacrifices nécessaires pour vaincre l'adversité. Ils ont admiré l'extraordinaire chef d'industrie en qui ils avaient confiance. *Ils ont surtout senti l'homme de cœur, attentif aux humbles,* soucieux de limiter au strict minimum les difficultés de chacun. »

formée d'ordres et de corps peut se matérialiser de mille façons. Des corps se sont constitués, ont vu leur pouvoir croître pendant que d'autres déclinaient. Simultanément, la manière dont chacun d'eux conçoit ce qui est honorable n'est pas restée immuable. Et, de manière plus essentielle, le type de critères en fonction desquels on est perçu comme noble ou comme vil, comme pur ou comme impur, s'est transformé.

En l'an mil, la noblesse, la pureté sont, à la manière indienne, fondamentalement conçues comme relevant de l'hérédité, du « sang ». Ainsi, écrit Georges Duby, « il importe encore que l'archevêque soit un noble, que son sang soit porteur de charismes qui prédestinent aux fonctions d'intercesseur. [...] seules certaines races passent pour détenir le pouvoir de communiquer avec l'invisible ». Sans doute ce facteur n'a-t-il pas totalement disparu. Mais il a perdu beaucoup de son pouvoir.

L'hérédité a été de plus en plus remplacée, d'abord chez les clercs, puis de façon plus large, par un ensemble d'épreuves et de rituels d'initiation permettant à la fois de déterminer l'ordre, le corps, auquel chacun appartient, et de l'incorporer symboliquement à cet ordre. La conception suivant laquelle on est noble et pur de par ses qualités personnelles et l'existence que l'on mène, plus que par la qualité de ses ancêtres, a fait son chemin. Le succès dans des « épreuves » difficiles (sorte de version moderne du « jugement de Dieu »), perçu comme signe de qualités innées, marque d'élection et de courage moral, constitue un moyen privilégié de révéler l'état auquel on est digne d'appartenir (le rôle singulier des grands concours, dans la société française, relève largement de pareille optique). En balayant les privilèges automatiquement associés à la naissance, notre Révolution n'a fait qu'adapter les institutions à l'évolution des esprits. Le fait que l'on reste dans une société d'ordres régie par l'honneur conduit à des formes d'itinéraires initiatiques bien différents des cursus de formation et d'emploi que l'on observe dans des sociétés régies par d'autres principes. Et d'être incorporé à un ordre, à un corps, représente quelque chose de beaucoup plus définitif que de choisir un « job ». Mais, quand elle donne le pas à l'initiation sur la naissance, une société d'ordres permet une mobilité sociale entre générations qui n'est pas forcément plus faible que celle, de toute façon limitée, que l'on trouve dans des sociétés plus homogènes.

Une autre transformation très profonde s'est également produite.

Au XIe siècle, seule une frange extrêmement étroite de la population était régie par la logique de l'honneur. La masse était composée de « manants » voués à une condition servile. Parmi l'ancienne catégorie des hommes libres, seuls les cavaliers avaient vraiment conservé ce privilège. Et, écrit Georges Duby, « le reste du " *vulgus* " mélangé [...] aux descendants des esclaves formait une foule inerte, passive et si totalement privée de liberté que l'on n'imaginait pas qu'elle pût encore engager sa foi en jurant ». Ces hommes constituaient des sortes de « hors-caste », radicalement séparés du reste de la société. Pendant ce temps, dans les relations internes à la partie de la société gouvernée par l'honneur, la révérence de l'inférieur envers le supérieur n'excluait pas une certaine forme d'égalité. Ainsi l'archétype de ces relations, la relation entre suzerain et vassal, combinait l'inégalité de l' « hommage » à l'égalité de la « foi », pendant que le roturier, le vilain, étaient exclus de cette « hiérarchie d'égaux »[1].

Au XVIIe siècle, Henri IV déclare encore n'être que « le premier gentilhomme de son royaume » pendant qu'un fossé sépare ceux que le pouvoir traite de manière « honorable » de la masse du peuple demeurée dans une condition servile et traitée de façon « dégradante ». Mais ceux qui ont échappé à cette condition sont beaucoup plus nombreux qu'au Moyen Age. Et ce mouvement n'a fait que continuer (cf. par exemple ce que nous avons vu à propos des ouvriers de métier). Un mouvement décisif d'égalisation des conditions s'est ainsi produit, à travers l'accès progressif d'une partie de la population devenue majoritaire à une condition « honorable » (au point qu'un appel massif à une population d'immigrés a été nécessaire au cours des dernières décennies pour remplir les fonctions serviles dont « les Français ne voulaient plus »).

Peut-on affirmer que, tout en s'adaptant, cette forme de vie en société marque la France de manière indélébile ? Seule sans doute une voyante extra-lucide pourrait répondre. On peut simplement remarquer que ce n'est pas d'hier qu'on tente de la remettre en cause.

1. J. Le Goff, *Pour un autre Moyen Age,* Paris, Gallimard, 1977.

Ainsi au xie siècle, déjà, l'hérésie « voulait ignorer dans la société humaine toute distinction ». Les hérétiques, écrit Georges Duby, prétendaient abolir la différence entre masculin et féminin. En outre, « récusant les privilèges du " métier " sacerdotal ils confondaient le *clerus* et le *populus;* ils conviaient tous les chrétiens à jeûner, à prier de la même manière. Puisque, d'autre part, ils exhortaient à pardonner les offenses, à ne plus se venger, ni punir, ils proclamaient l'inutilité des spécialistes de la répression, du bâton, des militaires. Dans la secte, enfin, chacun travaillait de ses mains, nul n'attendait d'être nourri par autrui, nul ne peinait au service d'un maître : la ligne de partage s'effaçait entre les travailleurs et les autres, les seigneurs, justiciers, protecteurs, punisseurs ».

Au xiie siècle, pareille inspiration se retrouve dans le mouvement communal, qui tentait de « rassembler tous les habitants d'une agglomération en une " commune " dans une conjuration d'entraide ». Le serment, le même pour tous, ne distinguait pas les membres des divers ordres. Selon un écrit du temps, idéalisant sans doute quelque peu, « le citoyen respectait le citoyen, le riche ne méprisait pas le pauvre ». Les différences économiques entre « citoyens » demeuraient, certes. Mais elles ne s'accompagnaient plus de différences qui, situées dans l'ordre du noble et du vil, permettaient à l'un de mépriser l'autre.

On sait quelle a été la fortune de pareilles idées. Au xviiie siècle, relate Tocqueville, « il se répandait [...] peu à peu dans la nation que l'égalité seule était conforme à l'ordre naturel des choses ; qu'en elle était contenue l'idée simple et générale qui devait présider à l'organisation d'une société bien réglée. Ces théories pénétraient jusque dans l'esprit des nobles, qui, jouissant encore de leurs privilèges, commençaient à en regarder la possession comme un fait heureux plutôt que comme un droit respectable ». Il y a eu la nuit du 4 Août... Et pourtant la logique des ordres, des corps et de l'honneur a largement survécu.

Chaque fois que cette logique a été balayée par un mouvement violent de révolte, accompagné d'enthousiasme pour l'idée d'égalité des conditions et d'homogénéité de la société, elle a refait surface. Elle s'est certes adaptée, parfois, avons-nous vu, de manière très significative (et à ce titre les mouvements qui l'ont mise en cause n'ont pas été vains). Elle n'a pas disparu. On ne peut dire, bien sûr, qu'il continuera à en être ainsi dans l'infinité des siècles. Mais, pour résoudre nos problèmes d'aujourd'hui, il paraît sage de ne pas rêver que notre société d'ordres va s'effriter comme par enchantement. Plutôt que de croire y échapper il paraît plus avisé de chercher comment en tirer le meilleur parti tout en évitant les dérives qui la menacent.

Les dérives d'une société d'ordres

Les méditations de Tocqueville portent avant tout sur la lente dégénérescence par laquelle le système monarchique a vu se corrompre ses mécanismes régulateurs fondamentaux au fil des derniers siècles de l'Ancien Régime, préparant ainsi la chute de celui-ci. Avant de prendre congé de son œuvre pour revenir à la gestion industrielle d'aujourd'hui, il vaut la peine de se tourner une dernière fois vers ses analyses, tant elles concernent encore notre actualité.

La fin de l'Ancien Régime a été marquée par le repli de chaque groupe sur son existence propre, ses valeurs particulières et la défense de ses privilèges. « " La nation ", dit Turgot avec tristesse dans un rapport secret au roi, " est une société composée de différents ordres mal unis et d'un peuple dont les membres n'ont entre eux que très peu de liens, et où, par conséquent, personne n'est occupé que de son intérêt particulier. Nulle part il n'y a d'intérêt commun visible. Les villages, les villes n'ont pas plus de rapports mutuels que les arrondissements auxquels ils sont attribués. Ils ne peuvent même s'entendre entre eux pour mener les travaux publics qui leur sont nécessaires. Dans cette guerre perpétuelle de prétentions et d'entreprises, Votre Majesté est obligée de tout décider par elle-même ou par ses mandataires. On attend vos ordres spéciaux pour contribuer au bien public, pour respecter les droits d'autrui, quelquefois pour exercer les siens propres. " »

Pareil repli ne constitue pas le destin fatal d'une société d'ordres. Il n'en est qu'une dérive possible. Dans des périodes plus anciennes de la monarchie, les divers ordres et corps, tout en étant à maints égards plus différents les uns des autres qu'au XVIIIe siècle, coopéraient beaucoup plus entre eux.

89

Comment s'est produit cette dérive ? Tocqueville y discerne une origine semblable à celle qu'attribue Montesquieu à la corruption du pouvoir monarchique (cf. encadré 17) : l'appétit de pouvoir du prince joint à la lâcheté de ses sujets.

Un appendice de *L'Ancien Régime et la Révolution,* consacré aux pays d'états, et en particulier au Languedoc, conclut de façon désabusée qu' « une partie de la persévérance et de l'effort que les princes ont mis à abolir ou à déformer les états provinciaux aurait suffi pour les perfectionner [...] et pour les adapter aux nécessités de la civilisation moderne, *si ces princes avaient jamais voulu autre chose que devenir et rester les maîtres* ». Le désir d'exercer un pouvoir sans partage a conduit les rois à étendre l'administration de l'État sur les débris des pouvoirs locaux. La « hiérarchie des fonctionnaires » a remplacé de plus en plus le « gouvernement des nobles ». Simultanément les masses urbaines ont été peu à peu privées de l'exercice de leurs droits politiques « non sans la complicité des bourgeois de la ville ». Chaque partie de la société a coopéré tour à tour à l'abaissement des autres parties, tout en se laissant acheter par quelques privilèges. Dès la fin de la guerre de Cent Ans, pareille évolution se dessina, et elle est allée de plus en plus loin jusqu'à la rupture finale. « J'ose affirmer, écrit Tocqueville, que du jour où la nation, fatiguée des longs désordres qui avaient accompagné la captivité du roi Jean et la démence de Charles VI, permit aux rois d'établir un impôt général sans son concours, et où la noblesse eut la lâcheté de laisser taxer le tiers état pourvu qu'on l'exceptât elle-même ; de ce jour-là fut semé le germe de presque tous les vices et de presque tous les abus qui ont travaillé l'ancien régime pendant le reste de sa vie et ont fini par causer violemment sa mort ; et j'admire la singulière sagacité de Commines quand il dit : " Charles VII, qui gagna ce point d'imposer la taille à son plaisir, sans le consentement des états, chargea fort son âme et celle de ses successeurs, et fit à son royaume une plaie qui longtemps saignera. " »

Lorsque chacun des ordres et corps qui composent la société est en état d'influencer les affaires publiques, son honneur même l'incite à se montrer responsable. Il le dissuade dans ce qui relève de son bon vouloir, de se montrer mesquin. Interdisant de s'abaisser par un attachement trop rigoureux à ses intérêts (attachement qui a quelque chose de vulgaire), il pousse à faire preuve

La corruption des monarchies selon Montesquieu

6. De la corruption du principe de la monarchie

« Comme les démocraties se perdent lorsque le peuple dépouille le sénat, les magistrats et les juges de leurs fonctions, les monarchies se corrompent lorsqu'on ôte peu à peu les prérogatives des corps ou les privilèges des villes. Dans le premier cas, on va au despotisme de tous ; dans l'autre, au despotisme d'un seul.

" Ce qui perdit les dynasties de Tsin et de Souï, dit un auteur chinois, c'est qu'au lieu de se borner, comme les anciens, à une inspection générale, seule digne du souverain, les princes voulurent gouverner tout immédiatement par eux-mêmes. " L'auteur chinois nous donne ici la cause de la corruption de presque toutes les monarchies.

La monarchie se perd, lorsqu'un prince croit qu'il montre plus sa puissance en changeant l'ordre des choses qu'en le suivant ; lorsqu'il ôte les fonctions naturelles des uns pour les donner arbitrairement à d'autres, et lorsqu'il est plus amoureux de ses fantaisies que de ses volontés.

La monarchie se perd, lorsque le prince, rapportant tout uniquement à lui, appelle l'État à sa capitale, la capitale à sa cour, et la cour à sa seule personne.

Enfin elle se perd, lorsqu'un prince méconnaît son autorité, sa situation, l'amour de ses peuples ; et lorsqu'il ne sent pas bien qu'un monarque doit se juger en sûreté, comme un despote doit se croire en péril. »

7. Continuation du même sujet

« Le principe de la monarchie se corrompt lorsque les premières dignités sont les marques de la première servitude, lorsqu'on ôte aux grands le respect des peuples, et qu'on les rend de vils instruments du pouvoir arbitraire.

Il se corrompt encore plus, lorsque l'honneur a été mis en contradiction avec les honneurs, et que l'on peut être à la fois couvert d'infamie et de dignités.

Il se corrompt lorsque le prince change sa justice en sévérité ; lorsqu'il met, comme les empereurs romains, une tête de Méduse sur sa poitrine ; lorsqu'il prend cet air menaçant et terrible que Commode faisait donner à ses statues.

Le principe de la monarchie se corrompt lorsque des âmes singulièrement lâches tirent vanité de la grandeur que pourrait avoir leur servitude ; et qu'elles croient que ce qui fait que l'on doit tout au prince, fait que l'on ne doit rien à sa patrie » (*De l'esprit des lois*, liv. VIII).

d'une certaine modération dans la manière de les défendre. Il n'est pas surprenant que les trois ordres, lorsqu'ils ont eu de vraies responsabilités à exercer (ce qui était encore le cas au XVIIIᵉ siècle dans les pays d'états) aient pu fort bien s'accorder pour conduire ensemble les affaires les concernant. Mais, quand ces responsabilités leur ont été ôtées, tout a changé[1]. Moins le souci de se distinguer a pu s'exprimer dans l'accomplissement de grands devoirs, plus il s'est réfugié dans la défense de privilèges. En outre, alors que dans les pays d'états il était glorieux pour les divers ordres de s'auto-imposer pour des montants considérables, chacun rechignait dans les pays d'élection à se soumettre aux impôts fixés par une administration qui restait marquée par l'image de la domesticité du prince.

Par ailleurs, quand le monarque veut étendre son pouvoir personnel, il favorise des hommes dont l'honneur est aussi complaisant que leur échine est souple, et écarte du pouvoir ceux que leur honneur amène à lui résister. Le ressort même du gouvernement monarchique est alors atteint. « Le principe de la monarchie se corrompt, écrit Montesquieu, lorsque les premières dignités sont les marques de la première servitude, lorsqu'on ôte aux grands le respect des peuples, et qu'on les rend de vils instruments du pouvoir arbitraire. » Une grande part de la noblesse d'Ancien Régime s'est déshonorée en se laissant domestiquer, elle a ainsi « perdu le cœur du peuple » (cf. encadré 18).

On conçoit que, quand se répandent l'irresponsabilité et l'égoïsme de caste, quand la masse cesse de respecter ceux qui s'élèvent au-dessus d'elle, le développement du pouvoir d'un seul, qui a produit pareilles dérives, tende à devenir nécessaire. On entre alors dans un processus cumulatif où le pouvoir du prince acquiert le caractère absolu, peu efficace, et fragile du pouvoir des dictatures.

Une société d'ordres est bien sûr également menacée par une dérive contraire, laissant le souverain privé de tout pouvoir. Sans doute, les divers ordres restent alors capables de trouver des compromis entre leurs intérêts, mais il devient difficile à la société

---

1. Tocqueville, qui n'a pas analysé la logique de l'honneur, attribue le repli de chaque ordre sur ses privilèges au fait que, n'ayant plus à se connaître dans le contexte des affaires, les divers ordres sont devenus mutuellement étrangers. Cet éloignement n'est pas seul en cause.

ENCADRÉ 18

Domestication de la noblesse et perte de son influence

« On a souvent attribué cet abandon des campagnes par la noblesse à l'influence particulière de certains ministres et de certains rois : les uns à Richelieu, les autres à Louis XIV. Ce fut, en effet, une pensée presque toujours suivie par les princes, durant les trois derniers siècles de la monarchie, de séparer les gentilshommes du peuple, et de les attirer à la cour et dans les emplois. Cela se voit surtout au dix-septième siècle, où la noblesse était encore pour la royauté un objet de crainte. Parmi les questions adressées aux intendants se trouve encore celle-ci : Les gentilshommes de votre province aiment-ils à rester chez eux ou à en sortir ?

On a la lettre d'un intendant répondant sur ce sujet ; il se plaint de ce que les gentilshommes de sa province se plaisent à rester avec leurs paysans, au lieu de remplir leurs devoirs auprès du roi. Or, remarquez bien ceci : la province dont on parlait ainsi, c'était l'Anjou ; ce fut depuis la Vendée. Ces gentilshommes qui refusaient, dit-on, de rendre leurs devoirs au roi, sont les seuls qui aient défendu, les armes à la main, la monarchie en France, et ont pu y mourir en combattant pour elle ; et ils n'ont dû cette glorieuse distinction qu'à ce qu'ils avaient su retenir autour d'eux ces paysans, parmi lesquels on leur reprochait d'aimer à vivre » (Tocqueville, *L'Ancien Régime et la Révolution,* chap. XII).

---

d'affronter « comme un seul homme » une agression extérieure (on sait que le pouvoir des monarques a toujours beaucoup dû aux nécessités de la lutte contre l'ennemi commun). La France a connu pareille situation, mais la crainte de la voir se reproduire n'a que trop favorisé les visées absolutistes de la monarchie.

Ainsi donc une société d'ordres doit se frayer un chemin entre le Charybde d'un pouvoir trop faible et le Scylla d'un pouvoir écrasant. Elle ne peut le faire que si, guidé par son propre honneur, le prince remplit le rôle que pareille forme de société lui demande de tenir ; s'il respecte les droits et l'honneur de chaque corps et le met sans faiblesse face à ses devoirs quand il tendrait à les oublier ; s'il est un arbitre entre les groupes, d'autant plus révéré et respecté qu'il n'intervient que lorsque ceux-ci ont été incapables de s'entendre, et le fait alors avec pleine autorité.

Voilà le retour sur notre passé achevé. Il nous a permis de trouver quelque logique aux « bizarreries » de notre présent ; de mieux comprendre ce qui, dans notre manière de vivre ensemble, ne ressemble pas à l'image idéale d'une société de citoyens qui ne diffèrent que par leur savoir, leur richesse et leur pouvoir. Pour diriger des Français, qu'il s'agisse de gouverner l'État, ou de les faire agir de concert dans une entreprise, il est vain de « faire comme si » ils incarnaient cette image étrangère. Reste à voir ce que peut être une gestion d'entreprise qui sache saisir les possibilités qu'offre aujourd'hui une société régie par l'honneur, et corriger les dérives dont elle est lourde.

3. Gérer à la française

Dans tout pays, la gestion d'une entreprise doit orienter le zèle de chacun, sans le briser, afin qu'il concoure à une bonne marche d'ensemble. Mais chaque pays a ses formes propres de réceptivité et de résistance aux impulsions des responsables et aux pressions qu'ils exercent. L'honneur, comme la vertu, a sa manière à lui d'être dévoué et d'être rétif. Comment donc gérer en en tenant compte ?

L'inadéquation d'une approche contractuelle

Nous verrons à quel point les méthodes de gestion élaborées outre-Atlantique sont inspirées par la manière dont les Américains conçoivent la vie en société. Certes ces méthodes se préoccupent d'efficacité productive. Mais elles n'oublient pas la dimension « politique » de celle-ci. Dans un pays où le contrat honnête est regardé comme une forme idéale de relation, une approche contractuelle de la gestion incite chacun à s'investir dans son travail. Cet effet politique, marquant aux États-Unis mêmes, y est sans doute plus décisif pour la bonne marche de l'entreprise qu'un effet « technique » en fait assez douteux (car, verrons-nous, les objectifs bien définis que pareille approche conduit chacun à poursuivre ne traduisent jamais de façon très fidèle ce que demanderait une bonne marche d'ensemble de l'organisation). Les mérites de ces méthodes n'ont donc rien d'universel et en particulier sont loin d'être les mêmes en France et aux États-Unis.

L'approche contractuelle calque les relations hiérarchiques sur les relations entre client et fournisseur. Or, les conceptions françaises conduisent le supérieur et le subordonné à revendiquer

95

d'autres libertés et à accepter d'autres sujétions que celles qui échoient à celui qui livre et à celui qui achète.

Si l'on regarde dans le détail les procédures qu'une telle approche conduit à mettre en œuvre, on voit à quel point elles heurtent les conceptions françaises. Lorsque chacun considère que ses devoirs sont largement fixés par la coutume du groupe professionnel auquel il appartient (et que cette coutume ne peut-être modifiée sans l'assentiment de ce groupe), il acceptera mal que son supérieur prétende fixer ses objectifs. De même, chacun attend de son supérieur qu'il se conduise avec la magnanimité qu'exige son état. Comment ce dernier pourrait-il alors exiger à la lettre ce qui lui est dû contractuellement, et sanctionner sans faiblesses les manquements aux règles contractuelles ? Le supérieur peut difficilement contrôler de près ses subordonnés, sans « s'abaisser ». Pour se comporter dignement, il doit défendre ses hommes vis-à-vis de l'échelon supérieur, et donc s'interdire d'utiliser les sanctions officielles que cet échelon met à sa disposition. Par contre, il est légitime qu'il « fasse le ménage chez lui » en utilisant le large pouvoir discrétionnaire qui lui est volontiers reconnu envers ceux qui ne sont pas à la hauteur des devoirs de leur état.

Par ailleurs, l'approche contractuelle utilise mal la capacité que possèdent les formes françaises de gouvernement à gérer ce qui est trop flou pour pouvoir être commodément enfermé dans la lettre d'objectifs, de règles et de contrats.

Comment s'étonner dès lors que pareille approche soit beaucoup moins mise en œuvre dans la pratique des entreprises françaises qu'elle n'est enseignée dans des écoles de gestion, très marquées par la référence américaine ? Ainsi, on peut comprendre que le M.B.O. (*management by objectives*) n'ait guère été en France qu'un objet à la mode [1].

Est-ce à dire que nous n'avons rien à apprendre des États-Unis en matière de gestion ? Certes non. Car, si l'on regarde attentivement comment l'aspect technique des méthodes américaines s'articule avec leur aspect politique, on voit que tout en elles n'est pas lié de façon indestructible à ce dernier. On y trouve des éléments qui, dûment adaptés à notre approche du gouvernement des hommes,

---

1. G. Frank, « Épitaphe pour la DPO », *Le Management,* novembre 1973 (DPO : direction par objectifs).

peuvent nous être fort utiles. Ainsi, la place que la France donne aux traditions de métiers et aux arrangements informels permet à une entreprise de fonctionner avec un minimum d'efforts d'organisation. Selon les termes d'un contremaître, « on nous le demande même si on ne nous le demande pas ». Les fonctions que chacun exerce, les objectifs qu'il poursuit, peuvent rester largement implicites sans conséquences catastrophiques. Il n'est pas non plus absolument nécessaire de mettre en place des procédures de coordination. Mais ce qui n'est ainsi pas strictement indispensable, alors que les entreprises américaines ne peuvent s'en passer et lui ont donc consacré de grands soins, n'est pas forcément inutile. L'aspect politique de la gestion française dispense par exemple, ou même dissuade, de chercher à définir les objectifs de chacun avec une extrême précision. Rien n'empêche pour autant de faire d'une réflexion générale sur les objectifs poursuivis un exercice fécond.

Mais partir de la gestion américaine et chercher comment l'adapter n'est probablement pas la meilleure voie pour définir une manière française de gérer. Mieux vaut partir de ce que nous sommes.

Un style et des procédures

Sans doute tout Français revêtu de quelque pouvoir pratique un style français d'autorité à la manière dont Monsieur Jourdain faisait de la prose. Et il pourrait paraître, à première vue, superflu de chercher à conceptualiser quelque chose d'aussi « naturel » pour quelqu'un qui appartient à notre culture. Pourtant plusieurs raisons incitent à tenter de le faire.

D'abord l'expérience montre bien qu'il n'est pas si simple de commander et que tous n'y sont pas aussi habiles. Question de personnalité, de « sens des hommes », d'« autorité naturelle », de finesse, d'intuition ? Tout cela sans doute. Mais, comme dans tout domaine, un entraînement approprié peut rendre excellent quelqu'un de « naturellement » doué, et permettre à quelqu'un qui l'est moyennement de devenir très convenable. Du reste, on voit fleurir les séminaires d'entraînement aux « relations humaines ». S'ils proposent des recettes directement démarquées d'un modèle américain de leadership, ou inspirées du mythe japonais, ils risquent fort d'égarer plus qu'autre chose ceux qui cherchent à bien faire. Mieux vaut qu'un style adapté à nos mœurs servent de référence.

Par ailleurs, il existe en France plusieurs modèles de relation d'autorité. Faute de savoir les utiliser avec à-propos, on risque fort de révolter ou de démobiliser. Un responsable français a intérêt à bien connaître quelle notion de l'honneur ont les diverses catégories qu'il a la charge de diriger, ce que cet honneur accepte et ce qui le blesse. Cela demande d'autant plus d'attention que le propre de l'honneur est de conduire à des prescriptions qui varient à l'infini quand on passe d'un groupe à un autre.

Enfin, et surtout peut-être, la gestion n'est pas seulement affaire de style, mais d'organisation. Il suffit de connaître les mœurs d'un pays pour sentir quel style d'autorité y convient. Mais cela ne suffit pas pour concevoir les structures et les procédures les plus à même de conduire à un niveau élevé d'efficacité productive, en tirant le meilleur parti des potentialités qu'offrent les mœurs du pays tout en corrigeant leurs dérives. Comment définir des cursus de formation, des procédures d'embauche, des dessins d'organigrammes, des définitions de fonctions, des canaux de recueil de traitement et de diffusion de l'information, etc., de manière appropriée ? Un effort d'invention est alors nécessaire. Sans doute beaucoup a déjà été fait en ce sens dans notre pays, ici et là, sans proclamer forcément haut et fort qu'il s'agissait d'une « gestion française ». En de multiples domaines, des pratiques « qui marchent » ont été adoptées empiriquement. Il en est aussi, par exemple, du système si typiquement français des grandes écoles : il n'a pas besoin pour exister et être utilisé par notre industrie que l'on sache par quels processus il apporte une réponse aux questions de légitimité des responsables qui se posent dans notre culture. Mais à comprendre pourquoi telle ou telle procédure est adaptée à notre façon de vivre en société et s'y montre efficace, on peut accélérer la diffusion des procédures appropriées et l'abandon de celles qui ne le sont pas, tout en abrégeant les tâtonnements que demande l'invention de procédures nouvelles.

Les principes directeurs d'une gestion à la française sont sans doute faciles à concevoir. Elle doit tirer parti de l'intensité avec laquelle chacun se dévoue à *son* travail, pour peu qu'il le sente honoré, tout en l'amenant à agir en fonction de buts qui dépassent sa sphère d'intérêt direct. Il faut pour cela trouver des formes d'incitation telles que personne n'ait le sentiment de perdre son indépendance d'une façon qui le rabaisse à une condition servile. Mais ces orientations générales ne sont qu'un point de départ. Elles demandent à se concrétiser dans une multitude de pratiques concrètes ayant chacune ses spécificités.

Il n'est évidemment pas possible de vouloir ici parler de tout. Nous chercherons plutôt à examiner certaines catégories de situations qui, en tout cas dans la conjoncture actuelle, méritent particulièrement qu'on leur prête attention, de l'intégration des grands groupes industriels au raccord entre les rôles des ouvriers et des contremaîtres dans un contexte d'évolution des qualifications ouvrières, sans oublier le thème à la mode de la mobilisation des hommes.

Briser les féodalités ?

Les groupes industriels sont souvent issus de mariages difficilement consommés entre des entreprises aux traditions diverses. On entend dire couramment que leurs structures « féodales », sont régies par des « barons » fort jaloux de leurs prérogatives et que, pour y mener des politiques cohérentes et efficaces, il faut briser ces structures et mettre ces barons au pas. Les difficultés d'intégration entre les grandes fonctions de l'entreprise : la production, la recherche, le commercial, suscitent des commentaires analogues. Et les nouveaux monarques qui règnent sur nos entreprises, renouant volontiers avec un antique idéal de centralisation monarchique, s'attachent à juguler un éparpillement féodal. Or, quand on connaît le destin de notre monarchie, on ne peut que s'interroger sur les mérites de cet idéal. Les considérations de Tocqueville sur la chute de l'Ancien Régime, celles de Montesquieu sur la corruption des monarchies n'ont sans doute rien perdu de leur actualité.

Ce n'est pas, certes, que les visées antiféodales prennent pour prétexte des problèmes imaginaires et qu'on puisse les accuser d'être exclusivement inspirées par l'appétit de pouvoir des dirigeants. Comment nier que l'attachement de multiples groupes à leurs spécificités, leurs traditions, leurs privilèges, leur rang, en même temps qu'à leurs devoirs, menace constamment de conduire chacun d'eux à s'enfermer dans ses propres préoccupations ? Cela se manifeste de façon particulièrement spectaculaire dans la conduite des grands « barons », bien suivis en cela par leurs troupes. Et on le retrouve chez les seigneurs de moindre importance, jusqu'au plus petit hobereau. Il est pourtant des remèdes à pareille situation qui risquent d'être pires que le mal.

Le moyen le plus sûr de « briser les féodalités » n'est-il pas de démettre les barons turbulents et indociles et de les remplacer par des hommes dévoués au prince ? Ou encore, tout en laissant aux premiers les titres et les honneurs qui leur sont dus, de remettre la réalité du pouvoir à un entourage qui voue son existence au prince ? Ces pratiques de notre monarchie ne sont pas inconnues de nos groupes industriels (sans parler de notre État républicain). Nommer à la tête des grands services, des grandes filiales, des hommes qui se distinguent par leur fidélité envers celui qui détient le pouvoir suprême ; ou encore, quand ceux qui sont en place ont l'échine un peu raide et paraissent trop solides sur leur siège, transférer autant que faire se peut la réalité du pouvoir à des états-majors bien tenus en main, n'est-il pas le meilleur moyen de mener une politique cohérente ? Mais en fait pareille voie est lourde d'effets pervers.

Car un spectre se profile alors à l'horizon, une image honnie, celle du gouvernement des courtisans (c'est-à-dire des valets du prince) et d'une obéissance contraire à l'honneur.

Si un grand baron indocile, mais respecté des siens, est remplacé par une créature du prince (ou du moins par quelqu'un qui est perçu comme tel), le nouveau promu revêtira aisément les pouvoirs formels de son prédécesseur. Il n'héritera ni de sa légitimité, ni de sa capacité à mobiliser ses troupes. Il risque fort d'exacerber chez celles-ci la tendance de chaque groupe à se retrancher dans ses coutumes et ses privilèges (à l'image de ce qu'a connu la France d'Ancien Régime). Certes l'opération réalisée au sommet peut être répétée à un échelon inférieur, aux dépens des seigneurs de moindre rang trop peu dociles. Mais les effets seront les mêmes. Et on verra s'installer chez ceux qui ne se retireront pas dans leur fierté, une obéissance servile envers un pouvoir craint sans être respecté... A moins que les nouveaux venus, pris par le désir d'être reconnus par les leurs, ou pris d'enthousiasme pour leur cause, ne deviennent de nouveaux barons indociles.

De même, si de grands pouvoirs sont donnés aux multiples échelons de la bureaucratie des sièges sociaux, perçue comme héritière de la domesticité des princes, et à laquelle il est impossible de se soumettre sans forfaire à l'honneur, on verra fleurir mille défenses visant à protéger cet honneur. Chacun manifestera son indépendance, de façon d'autant plus éclatante qu'elle est menacée. Et on entrera dans un cercle vicieux liant les conduites de sièges sociaux qui cherchent à assurer leur emprise pour corriger les dérives que provoquent les manifestations d'indépendance des barons, et des manifestations d'indépendance inspirées par le refus d'accepter un statut servile.

Est-ce à dire qu'il faille accepter passivement l'existence de barons indociles et celle de filiales, d'usines, de services qui mènent leurs stratégies de puissances autonomes, au mépris d'une politique d'ensemble ? Non, certes. Mais pour éviter pareilles dérives, il vaut mieux utiliser les ressources qu'offre le sens de l'honneur de chacun, que de heurter celui-ci de front.

En même temps qu'il incite à défendre son rang, le sens de l'honneur interdit de défendre ses intérêts, et même ses droits, de manière vile, en manifestant une âpreté qui ne sied qu'à une personne de basse extraction. Et il pousse à « se sentir responsable » dès que l'on exerce, ne serait-ce qu'informellement, un certain pouvoir. Ces exigences fondent un mode de coordination qui, mis en œuvre de manière appropriée, peut se montrer tout à fait efficace.

Nous avons, pour notre part, vu pareil mode régir à Saint-Benoît-le-Vieux, les relations entre services. Chacun d'eux tient compte des problèmes que rencontrent ses homologues si, *suivant sa propre appréciation*, il lui paraît justifié de le faire. Et si c'est bien le cas, il ne s'abritera pas derrière une absence d'obligation formelle. Ainsi, en matière de titre du métal, il n'existe pas de coordination formelle entre les services d'électrolyse et de fonderie (et la hiérarchie n'intervient pas). Les desiderata de la fonderie compliquent la tâche de l'électrolyse et aucune procédure ne contraint celle-ci à en tenir compte. Mais, raconte l'ingénieur d'électrolyse, « quand le titre s'est trop dégradé l'ingénieur de la fonderie vient et dit qu'ils sont gênés » ; alors, « on regarde et on remédie si c'est catastrophique ».

On pourrait être tenté de dire que pareil mode de coordination ne relève pas de l'organisation : qu'il s'agit de quelque chose de strictement informel, sans rapport avec des structures et des procédures régulièrement mises en place par une direction ; qu'il correspond à un élément extérieur à la gestion, dont le fonctionnement de l'usine peut seulement bénéficier comme d'une sorte d'aubaine, tombée du ciel, sur laquelle les responsables n'ont aucune prise. Le croire serait se tromper lourdement. Si on veut en tirer le meilleur parti, l'utilisation de pareil ressort demande de la part des gestionnaires autant de soin dans la mise en œuvre de structures et de procédures appropriées que celui qu'exige, dans le contexte américain, la mise en place de procédures et de structures adaptées à une gestion s'appuyant sur le respect religieux des contrats. Et on peut penser que les entreprises françaises gagneraient beaucoup à y consacrer quelque attention. La manière dont chacun apprécie ses devoirs est affectée par l'information dont il dispose. De plus, une même relation fonctionnelle suscitera des conduites très différentes suivant que sa signification symbolique la rend plus ou moins honorable. Or les gestionnaires ne manquent pas de moyens d'élargir l'information dont disposent ceux qu'ils dirigent et d'influencer la coloration symbolique des relations que ces derniers nouent entre eux.

Informer chacun sur les conséquences de ses actes

Lorsque chacun, tout en défendant bec et ongles son indépendance, est convaincu qu'il ne doit pas « abuser », il est très influencé par tout ce qui aiguise ou au contraire émousse le sentiment qu'il a d'abuser. Ainsi, quand les conséquences de ses actes sont bien visibles, l'« abus » commence très tôt (si un équipement essentiel est arrêté, ce serait « abuser » que de refuser, fût-ce au nom de ses droits, de se mettre en quatre pour le dépanner). Quand ces conséquences sont peu visibles, on pourra au contraire poursuivre jusqu'au bout ses intérêts particuliers sans avoir l'impression d'« abuser » (s'il s'agit d'apporter à un matériel des améliorations dont les effets ne sont pas clairs, on pourra traîner les pieds sans vergogne ; et à la limite, toutes les stratégies personnelles sont tolérables dès lors qu'on accomplit des tâches administratives aux effets très diffus) [1]. Lorsqu'un groupe professionnel est placé dans pareilles conditions, la conception qu'il se fait de la manière « normale » d'accomplir ses devoirs risque de connaître des dérives très prononcées.

Or le fait que les conséquences d'un acte soient plus ou moins visibles pour celui qui l'accomplit n'est pas une pure donnée de nature. Les gestionnaires y peuvent quelque chose. En la matière, les informations objectives, à l'américaine, suffisamment indiscutables pour pouvoir servir dans une forme de procès, ne sont pas seules utiles. Tout ce qui, même difficilement palpable, et en tout cas prouvable, oriente la perception d'une situation influence la façon dont chacun « se sent responsable ». Ainsi à Saint-Benoît-le-Vieux les agents de maîtrise d'entretien de la nouvelle génération font, au cours de leur formation, un stage d'un mois et demi à deux mois comme ouvriers de fabrication. Et, au dire d'un contremaître d'électrolyse, cela a changé beaucoup de choses dans leur façon d'agir, car ils ont ainsi acquis une autre conscience des « vrais problèmes de fabrication ». Les réflexions des stagiaires à la sortie sont du type : « Tout le monde aurait besoin d'y passer, jamais on ne s'imaginait. A ne pas vivre la vie de fabrication on ne se rend pas compte. » A un autre niveau, quand il est dit que « la société est en difficulté, il faut faire des économies » (et même si « ça s'arrête là », et qu'il n'y a pas d'autres pressions exercées), chacun, relate un ingénieur, « fait ce qu'il peut ».

Le recueil et l'utilisation de données techniques et économiques traduisant la qualité du travail accompli demandent à être conçus dans pareille perspective, et non à l'américaine. C'est à cette condition que les réticences qu'ils suscitent en France, et leur relatif sous-développement, pourront être surmontés.

L'approche américaine du recueil et du traitement des données est intimement liée au modèle américain de vie en société. Les procédures judiciaires ou quasi judiciaires, qui y tiennent une place centrale, accordent une valeur essentielle aux preuves matérielles (rappelons-nous, par exemple, le rôle des bandes enregistrant les

---

1. On conçoit, dans ces conditions, que l'efficacité française soit semble-t-il très inégale suivant que l'on se trouve dans des activités où les « abus » sont plus ou moins visibles. Ainsi, les usines françaises passent pour être parmi les plus productives du monde, mais les entreprises prises dans leur ensemble sont moins brillantes ; cela laisse penser que les sièges sociaux sont, eux, peu productifs.

conversations du président dans l'affaire du Watergate). Bien sûr, les données factuelles ont souvent une utilité « technique » ; elles permettent de mettre en lumière les points faibles de l'organisation, les domaines où les performances sont médiocres, les lieux où des efforts sont nécessaires. Mais la façon dont elles sont recueillies et utilisées reflète l'attachement américain aux comptes que chacun doit rendre publiquement.

Pour sa part, le modèle français de vie en société ne pousse pas au recueil de données factuelles traduisant la qualité des résultats obtenus par chacun. Il n'incite guère en effet à juger chacun sur la base de pareilles données. Et il s'oppose même à ce que les supérieurs demandent des comptes trop serrés ; il ne paraît pas vraiment illégitime que les subordonnés se protègent contre toute « ingérence » de la hiérarchie en entourant leur activité d'une certaine opacité. Toutefois, cette logique n'interdit nullement une large utilisation de données. Encore faut-il adopter pour cela ne démarche appropriée.

A Saint-Benoît-le-Vieux, le recueil et l'utilisation des données factuelles, portant sur la marche des installations et la qualité du travail de chacun, sont beaucoup moins poussés que dans les usines sœurs des États-Unis et des Pays-Bas. Le faible rôle des comptes à rendre est bien en cause, tout comme la résistance de chaque échelon hiérarchique à laisser les échelons supérieurs connaître les incidents qui surviennent dans son domaine — son indépendance se trouvant alors menacée (cf. encadré 19). De plus, les données factuelles n'ont aucun caractère sacré, et les altérer ou les inventer ne représente pas une transgression vraiment grave. Mais, s'il est difficile à un supérieur de rassembler des données lui permettant de « s'ingérer » dans les affaires de ses subordonnés, d'autres possibilités lui sont ouvertes, *s'il décide de les utiliser*.

D'une part, les responsables peuvent mettre en place à leur propre usage un recueil de données les informant sur les effets de leur propre gestion. Les ingénieurs suivent ainsi de près un ensemble de paramètres techniques liés à la conduite du process, et de ce point de vue notre usine française ne paraît pas différente des usines sœurs américaine et néerlandaise. Ils s'intéressent beaucoup moins aux données économiques (les objectifs qui correspondent aux valeurs propres à leur état étant de nature technique). Mais les différences très nettes qui en résultent entre usines des divers pays,

---

ENCADRÉ 19

Les difficultés à recueillir des données factuelles
(cf. aussi l'encadré 8, p. 48)

« En arrivant en stage ouvrier, si j'avais eu idée de regarder les changements d'anode, je pourrais peut-être vous donner des chiffres. Mais même alors les résultats auraient été faussés. Maintenant, si je veux faire le travail, c'est impossible. Une fois l'anode changée, on ne peut plus rien voir (sauf la hauteur) » (adjoint au chef de service, fabrication).

« Si je savais, qu'est-ce que ça changerait ? » (*ibid.*).

« On ne fait pas une analyse des pannes systématiques, tous les matins, d'une manière formelle et tout ça. Quand il y a un petit truc un petit peu répétitif ou qui aurait pu être grave, on se pose un peu de questions. La difficulté que l'on a pour essayer de remonter aux sources, de voir la déformation que l'on amène dans la relation du truc... et puis quelquefois pour apprendre qu'un gars a fait une connerie et qu'il n'a pas voulu l'avouer ou un truc comme ça. Alors quelquefois j'ai dû passer des journées en train de poser des questions, d'interviewer l'un, d'interviewer l'autre » (contremaître, entretien électrique).

---

en matière d'usage de données économiques, ne sont pas une fatalité de la culture. Elles sont influencées par les options de chaque responsable. Ainsi, un ingénieur de fabrication pourra affirmer, traduisant semble-t-il les pratiques les plus courantes dans l'usine, que le gain réalisé par l'augmentation de fiabilité obtenue grâce à l'entretien préventif n'est jamais chiffré. Mais simultanément, sous l'impulsion d'un contremaître atypique, particulièrement tourné vers les questions de prix de revient, la connaissance de ces prix a joué un rôle croissant dans la gestion d'un des services (celui du garage) dans les années qui ont précédé notre enquête. Et cela a eu des effets sensibles sur certains coûts de maintenance. Il faut dire que, si on en croit l'intéressé, on revient de très loin en la matière ; il en donne un exemple pittoresque. « C'est journellement que je fais récupérer des pièces. J'ai fait récupérer des pièces dans les poubelles, des fusées de chariot par exemple, sur lesquelles on avait simplement filé un coup de chalumeau en les démontant. J'ai récupéré ces pièces, j'ai fait remonter une bague, renfiler la bague. La fusée est bonne ; pour cent cinquante balles de pièces on sauve une fusée qui fait cent cinquante ou deux cent mille balles. »

Par ailleurs, beaucoup peut être fait en distinguant bien les deux rôles que les données factuelles sont susceptibles de jouer : permettre de mieux comprendre la marche des choses et fournir un moyen de juger les hommes.

Dans le système français, la confusion de ces deux rôles (qui est parfaitement légitime aux États-Unis) est source de résistances. Mais on peut tourner la difficulté en se détournant du jugement des hommes pour se concentrer sur la compréhension des choses. Cela est fait parfois de manière occasionnelle et officieuse (cf. la première citation de l'encadré 8, page 48 : le supérieur qui veut savoir ce qui s'est passé se montre « beau joueur », « passe la main »). On rencontre également des pratiques beaucoup plus systématiques et officielles allant dans le même sens. Le secret statistique garantit l'impunité des déclarants. Et on peut donner un exemple d'entreprise, et pas n'importe laquelle, qui mène une politique inspirée de pareil esprit. Au CEA (Commissariat à l'énergie atomique), un service d'inspection spécialisé fournit à chaque département une information portant sur les aspects défectueux de son fonctionnement. Et cette information, à laquelle leur hiérarchie n'a pas accès, aide les intéressés à corriger eux-mêmes leurs erreurs[1]. Leur sens des responsabilités (en entendant par là ce dont ils se *sentent* responsables, et non les comptes qu'ils ont à rendre) est suffisant pour que ces derniers tiennent compte des informations reçues par ce canal.

De manière générale, il peut être très fécond de mettre à la disposition de chacun (y compris aux niveaux « d'exécution ») des informations qui lui permettent d'y voir clair sur les conséquences directes ou indirectes de ses actes, tout en le laissant en tirer lui-même les conséquences qui s'imposent. Pareille manière de faire paraît bien adaptée à la forme que prend le sens du devoir dans la société française. On peut en attendre qu'elle incite les intéressés à prendre en compte dans leur action ce qu'une vision trop étroite ou trop courte de leurs responsabilités les conduirait à négliger.

---

1. Cf. *Ethnographie des organisations,* séminaire d'ethnographie des organisations, École polytechnique, juillet 1984.

Rendre service sans être servile

Les activités impliquant une prestation de service sont, dans une société régie par l'honneur, source de difficultés. « Nous sommes là pour permettre au fabricant de faire sa production, nous sommes *à son service* », dira un contremaître d'entretien, mi-figue, mi-raisin. L'idée que l'on est « au service de » évoque aisément une situation servile, qui n'est pas plus acceptée dans les relations horizontales que dans les rapports hiérarchiques. Par ailleurs, celui à qui les services de quelqu'un sont nécessaires en « dépend ». Et la dépendance fonctionnelle est elle aussi facilement vécue comme servitude (dans la droite ligne de la dialectique du maître et de l'esclave). Les rapports entre fabrication et entretien peuvent fournir de beaux exemples de ce type de situation (cf. encadré 20). On voit opposer à des expressions qui ont à première vue un sens fonctionnel (« être prestataire de service », être « à notre service ») des expressions qui traduisent un enjeu symbolique (« Les services d'entretien *sont les rois* » ; « Les *messieurs* de l'entretien »). Être ou ne pas être un « monsieur », telle est la question qui est au cœur des querelles de préséance. Et on voit chacun exprimer, par de multiples conduites, le fait qu'il entend bien ne pas déchoir de son rang. Ne pas se montrer « complaisant » envers l'autre service (avec tout le sens ambigu que possède ce terme), lui tenir la dragée haute, par exemple en refusant de satisfaire ses exigences, ou en prenant son temps, permet alors de montrer qui l'on est.

Il existe plusieurs façons de surmonter pareilles difficultés.

Accomplir une même tâche donne un sentiment très différent quand on est partie intégrante de l'unité à qui cette tâche profite, ou quand au contraire on appartient à une unité placée « au service » de la première. Dans un cas, on travaille pour sa propre maison, donc en quelque sorte pour soi. Dans l'autre, on est placé dans une situation de personnel de service. Dans ces conditions, la qualité de coopération entre fonctions dépend beaucoup de l'organisation adoptée. Ainsi, à Saint-Benoît-le-Vieux, les services d'entretien sont divisés en secteurs travaillant chacun pour une unité de fabrication bien déterminée et ayant ses locaux au sein de cette unité. Ce mode d'organisation favorise chez les ouvriers d'entretien une forte identification à l'unité de fabrication pour

---

ENCADRÉ 20

La dépendance vue comme une servitude humiliante

Le point de vue de l'entretien

« Je crois que dans une usine comme Saint-Benoît on est plutôt mal placé pour traiter les gens de haut, parce qu'on est plutôt la *roue en dessous de la fabrication que celle au-dessus* » (chef de service, entretien électrique).

« Il y a effectivement un petit *complexe* des gens de fabrication parce qu'ils ont souvent l'impression de ne pas être responsables de ce qui se passe chez eux, parce que c'est *nous qui commandons* leur boulot.
Je pense qu'il y a des gens de fabrication, ça n'est pas vrai pour tous, mais il y a des gens de fabrication qui ressentent un peu ça comme *une ingérence dans leur domaine*. Maintenant les gens de fabrication sont effectivement de plus en plus *dépendants* du travail de l'entretien, que ce soit mécanique ou électrique, de par la complexité des matériels qu'ils emploient » (chef de service, entretien électrique).

Le point de vue des fabricants

« L'entretien devrait être prestataire de service de la fabrication mais on a toujours eu le sentiment que c'est l'inverse. Les services d'entretien sont les *rois*. Les services de fabrication devraient *prendre des gants*. Ce n'est plus tellement l'entretien qui est prestataire de service, mais la fabrication *est à genoux* devant l'entretien » (adjoint au chef de service, fabrication).

« Théoriquement ils sont 24 heures sur 24 *à notre service* [rires]. Ce n'est pas toujours comme ça. J'ai dit à mon chef : " C'est pas l'entretien qui est à *notre service*, c'est nous qui sommes *au service* de l'entretien. " Les collègues étaient bien de mon avis [rire]. Il faut attendre que *les messieurs de l'entretien* [...] » (surveillant, fabrication).

---

laquelle ils travaillent. « C'est *son* service », dira un contremaître principal d'entretien. « Son service c'est pas le service électrique, c'est l'électrode, c'est la fonderie, c'est le service électrolyse, et [...] c'est son secteur. » Cette identification rend les rapports entretien/ fabrication plutôt difficiles entre ingénieurs et contremaîtres, beaucoup plus facile entre ouvriers.

Par ailleurs, il est très différent d'être institutionnellement « au service » de quelqu'un ou de lui « rendre service » volontairement dans le cadre d'une relation personnelle. La première situation évoque une condition servile, non la seconde. Il est parfaitement honorable de faire par bonne volonté et pour « rendre service » ce qu'il serait humiliant de faire pour remplir les obligations d'une position où on est « au service de ». Dans la marche d'une usine, les relations entre unités dont l'une travaille pour l'autre (et spécialement entre entretien et fabrication) sont fortement affectées par ce phénomène. Elles sont considérablement aplanies quand, par suite des relations personnelles qui lient les intéressés, l'un (l'entretien) travaille pour « rendre service » à l'autre, et non parce qu'il est « à son service ». Et l'on comprend que les relations informelles aient une importance décisive dans la qualité de coopération qui s'instaure. Elles permettent qu'on « s'arrange », qu'on agisse « à l'amiable », qu'on se donne des « coups de main », toutes expressions qui renvoient au registre de « rendre service » plus que d'être « au service de ». Tout ce qui permet de se situer dans ce registre a alors une grande importance. Ainsi, non seulement les repas pris en commun fournissent un moment propice pour parler et « s'arranger », mais ils établissent un style de rapports incompatibles avec l'existence d'une relation servile (laquelle interdit justement que l'on prenne ses repas ensemble). On peut faire beaucoup pour son « copain » (celui avec lequel on mange son pain) en restant parfaitement digne.

Le développement des rapports où l'on se « rend service » sur un fond de bonnes relations personnelles dépend, bien sûr, pour une part notable, de facteurs qui échappent aux décisions des responsables. Il y a des « questions de personnes » qui ont plus ou moins le « contact ». Mais ces questions ne se réduisent pas à des éléments étroitement psychologiques. Tout ce qui favorise le développement de relations familières entre en jeu. Quand on a partagé, même de manière relativement brève, le travail de quelqu'un, il se crée une sorte de relation de compagnonnage. De même la fréquence des contacts « naturels » liée à la proximité physique des lieux de travail et autres lieux de rencontre, permet à ceux dont les statuts sont suffisamment proches pour qu'ils puissent entrer dans une relation de compagnons de la former effectivement. « L'ingénieur électricien, je le vois tous les jours à midi à table, relate un ingénieur de fabrication. Avec lui encore ça va, mais du côté des mécaniciens je les vois beaucoup moins souvent. Les décisions se prennent moins vite, chacun parle dans son petit coin. »

La distance physique entrave les relations informelles (ce que plusieurs de nos interlocuteurs nous ont exprimé avec inquiétude à la suite d'un changement d'implantation des bureaux). De multiples aspects de la gestion, de l'organisation des recrutements et des carrières à la disposition géographique des lieux de travail, ne peuvent ignorer le rôle de cette forme de relation.

Être flexible

Placés devant de nouvelles conditions de concurrence, nos entreprises doivent, comme leurs rivales étrangères, se montrer « flexibles ». Un environnement qu'elles qualifient volontiers de « turbulent » les incite à ajuster fréquemment leur production. Les « nouvelles technologies » sont certes en la matière porteuses de maints espoirs[1], mais elles ne dispensent pas d'introduire plus de souplesse dans les organisations. Il existe une manière américaine d'y arriver, et une manière japonaise, mais ni l'une ni l'autre ne nous conviennent bien. Et dans leur rêve d'une flexibilité totale des effectifs, des horaires, des postes occupés, nos entreprises rencontrent des difficultés. Ceux à qui on demande d'être mobiles ne se laissent pas toujours faire. Et la flexibilité ne fait pas forcément bon ménage avec la mobilisation et l'intégration recherchées par ailleurs. Comment donc être français et flexible ?

La force des identités de métier, de corps, d'état, peut être une sérieuse entrave à la mobilité des personnes, et par là à la flexibilité des organisations. Quand on *est* ingénieur, comptable, ou électricien, on répugne à exercer une activité qui mettrait cette identité en cause. On rencontre à Saint-Benoît-le-Vieux des ouvriers qui n'ont pas changé d'activité depuis dix, quinze, vingt ans, et qui désirent avant tout la conserver. Ainsi avons-nous vu le regroupement au sein d'un même service de deux activités, de pontier (conducteur de pont roulant) et de cariste (conducteur de chariot), destiné à former des pontiers-caristes, soulever les objections les plus vives de la part des intéressés, fort peu sensibles à cet « enrichissement »

---

1. Tout en posant en France des problèmes spécifiques de mise en œuvre, liés à la manière française de vivre ensemble. Cf. A. et Ph. d'Iribarne, « Nouvelles technologies et culture française : le mariage du noble et du vil », *Revue française de gestion,* n° 64, septembre 1987.

ENCADRÉ 21

Des réactions ouvrières au regroupement de deux activités

« Il y a un mois qu'on nous forme aux ponts, alors on sera pontier-cariste. Avant y avait le pontonnier qui était toujours pontonnier et le cariste toujours cariste. Y' avait deux fonctions bien distinctes. »

« Le mélange des deux (pontonnier et cariste), je trouve pas bien. Chacun a sa façon de travailler. S'il travaille plus aucun type — on sait à peu près qui c'est qui va travailler avec vous. On peut faire la réflexion " Vous avez fait ça, vous avez fait ça. " »

« Changer de bonhomme, ça change, ça va, parce que si on change de bonhomme, bon on s'adapte. Mais s'adapter à un autre travail c'est plus difficile, une semaine un pont une semaine au chariot, et *vice versa*... »

« Moi je trouvais que c'était bien... Vous savez [rire] on s'habitue tellement au travail qu'après on ne trouve plus aucun problème, on arrive à se débrouiller beaucoup plus facilement en faisant un travail tout le temps. Parce que on est pas bon ni d'un côté ni de l'autre quand on fait comme ça. C'est vrai on a des combines après des années. On passe facilement des inconvénients que d'autres n'ont pas l'habitude. Moi personnellement j'étais bien comme j'étais, des goûts et des couleurs ça se discute pas. Moi j'estime qu'un gars qui fait toujours un même travail ça peut... il est bien dans son travail. Il travaille beaucoup plus à l'aise — parce que moi, le jour où je vais aller au pont, je vais aller une semaine, et puis peut-être bien, j'aurai pas l'aisance. »

« Non, non, non, c'est pas trop compliqué [conduire un chariot], pour apprendre c'est zéro quand on a appris à conduire. »

« Je pense que c'est pas du boulot à faire ça, au feu *le* cariste, au feu *le* pontier, moi je pense comme ça, une fois on *est* cariste, une fois on *est* là... on *sait* plus où l'on en est. »

---

de leurs tâches (cf. encadré 21). Les arguments que donnent les intéressés pour étayer ces réticences paraissent souvent peu compatibles avec le reste de leur propos. Ainsi la difficulté à changer d'interlocuteurs est évoqué. Pourtant, « si on change de bonhomme, bon, on s'adapte ». « S'adapter à un autre travail, est-il dit, est plus difficile. » Mais, pour une des deux activités en tout cas, « pour apprendre c'est zéro, quand on a appris à conduire ». En fait il y a derrière ces réticences une question d'identité. On *est*

111

cariste ou pontier. Chacune de ces tâches renvoie, sinon à un vrai métier, du moins à une activité ayant un nom bien défini, qui donne une identité claire. Entre les deux, « on ne sait pas où on est » ; on ne sait pas qui on est.

Peut-on dire que cette force des identités associées à un état est, de manière générale, un handicap sévère en matière de mobilité des hommes et de flexibilité des organisations ? Ce serait aller bien vite en besogne. Tout dépend en fait de la diversité des activités qu'exerce chaque état à un instant donné et dans le temps. Un état est loin de correspondre forcément à un ensemble professionnel monolithique et immuable. Et un corps est capable de mettre en œuvre des stratégies de diversification et d'adaptation à un univers mouvant[1]. On peut par exemple exercer une large gamme d'activités, allant de l'administration à la recherche, en restant ingénieur des Mines ou des Ponts ; en outre, l'activité de ces corps, qui datent de la fin du XVIIIᵉ siècle, s'est profondément renouvelée depuis lors, et il est arrivé que leurs propres stratégies en fassent des vecteurs de modernisation. La protection offerte par un corps peut certes être un facteur de sclérose. Mais elle peut aussi permettre de mettre à l'abri de risques trop insupportables ceux qui tentent d'explorer des voies inconnues (alors que la concurrence tous azimuts entre individus sans appartenance stable engendre certes un flot continu d'innovations mineures et pas trop risquées, mais détourne de s'engager dans des voies trop hasardeuses[2]). Il reste, pour tirer le meilleur parti de ce que nous sommes, à adapter les politiques qui visent à développer la mobilité des personnes et la flexibilité des organisations au fait que la société française est composée d'ordres, d'états, de corps. Vouloir faire comme si cela

---

1. Le livre d'Ezra N. Suleiman, *Les Élites en France. Grands corps et Grandes Écoles* (Paris, Éditions du Seuil, 1979) met en évidence la capacité d'adaptation des élites françaises.
2. Cf. les analyses de Michel Berry sur la recherche en gestion dans « Logique de la connaissance et logique de l'action », *in* M. Audet et J.-L. Malouin (dir.), *La Production des connaissances scientifiques de l'administration,* Les Presses de l'université de Laval, 1986.
Les freins que représente le système du « publish or perish » quand des innovations majeures sont nécessaires sont évoqués par exemple, à propos des questions qui sont ici en cause, dans K. H. Roberts et N. A. Boyacigiller, « On national organizational research. The grasp of the blind man », *Research in Organizational Behavior,* nᵒ 6, 1984.

n'était pas, chercher à « casser » les corps, à « effacer les frontières » des états, risque de n'entraîner que de vigoureuses, et souvent efficaces, réactions d'opposition. Par contre, s'appuyer sur des stratégies d'adaptation dont les membres d'un groupe professionnel sont capables peut être beaucoup plus fécond. Dans l'exemple du pontier-cariste que nous avons cité, la direction a cherché seulement à effacer la frontière de deux états, créant ainsi une sorte d'état bâtard, au double nom équivoque très mal accueilli. Au contraire, la modification réussie des activités des ouvriers de fabrication dans les usines Peugeot, dont nous parlerons plus loin (cf. encadré 22, page 120) a reposé sur la création d'un nouveau métier, auquel étaient associés un état et une identité tout à fait clairs.

De même les rapports entre la mobilité géographique et l'organisation de la société française en états, en ordres et en corps n'ont rien de simple. L'appartenance à pareille entité reste une source d'identité et de légitimité dans une zone géographique qui peut être, suivant les cas, très restreinte ou très vaste. Par ailleurs, certains éléments d'identité et de légitimité, liés à des situations locales et non à l'appartenance à une catégorie générale, ne sont pas transférables. Ainsi les contremaîtres de fabrication du groupe industriel auquel appartient l'usine de Saint-Benoît-le-Vieux forment une sorte de corps reconnu dans toutes les usines que le groupe possède, ou dont il fournit les équipements et assure le démarrage dans le monde. Et cette appartenance de corps favorise, en ce qui les concerne, une large mobilité géographique. Par contre, les contremaîtres d'entretien ne forment pas un corps aux contours nets et leur état n'est pas très différent de celui de leurs ouvriers. Il peut arriver que certains, par une longue connaissance des lieux et des hommes, acquièrent, de façon locale, une forte autorité. Mais celle-ci n'est guère transférable dans une autre usine. Et ils sont beaucoup moins mobiles géographiquement que les contremaîtres de fabrication. Plus généralement, il paraît fort utile, en France, de favoriser chez ceux dont on souhaite qu'ils soient mobiles l'appartenance à un groupe capable de leur fournir une identité et une légitimité qui demeurent quand ils sont transférés d'une position à une autre.

Le nouveau rôle des ouvriers et la fonction des contremaîtres

La fonction de contremaître est en crise. Que devient-elle quand l'ouvrier, que les directions cherchent à mobiliser et à intégrer, demande à être traité avec considération et à se voir doter de responsabilités croissantes. Il est hors de doute que pareille évolution périme radicalement une image un peu poussiéreuse de l'agent de maîtrise. Mais comment reconstruire le couple contremaître-ouvrier ? Comment concevoir l'autorité que le premier exerce sur le second ? Ces questions sont d'autant plus complexes que le contremaître français d'aujourd'hui, loin de voir ses fonctions obéir à des principes uniformes, est influencé par trois modèles de base bien distincts (qui peuvent dans la pratique se combiner de diverses façons). Ces modèles héritent de trois grandes traditions qui ont marqué la France pré-industrielle, et que l'on pourrait symboliser par la relation maître/compagnon, au sein d'une corporation, par la relation intendant d'un seigneur/paysan, et la relation sous-officier/soldat dans la garde seigneuriale. Et les images d'Épinal qui correspondent à ces trois situations pèsent très lourd dans notre imaginaire.

Schéma 1

Maître/compagnon
(autorité cléricale)

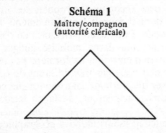

intendant/paysan
(autorité servile)

sous-officier/soldat
(autorité aristocratique)

La relation entre maître et compagnon concerne deux membres d'une même corporation, voués à un même itinéraire initiatique qui en fait des sortes de clercs d'une même confrérie. Ils sont fiers du même « métier », dont ils partagent les valeurs bien que leurs intérêts les opposent parfois. Le plus ancien est plus expérimenté que l'autre, plus riche en savoir, a poussé plus loin son initiation. Il existe entre eux une sorte d'égalité symbolique liée à tout ce qu'ils ont en commun, pendant que l'ancien dispose de l'autorité d'un *primus inter pares.* Comme cette autorité se fonde sur sa supériorité dans le registre du savoir, du degré d'initiation, on peut la qualifier de cléricale. Elle est au service de la fidélité aux traditions de la corporation, du métier. Et le maître ne relève lui-même d'aucun pouvoir profane. Il ne dépend que de sa conscience.

La relation entre intendant et paysan confronte un membre de la domesticité du châtelain avec des tenanciers qu'il est chargé de pressurer. Elle hérite d'un lointain passé d'autorité s'exerçant sur les « manants », les « vilains » et plus loin encore sur les esclaves. Celui qui l'exerce est issu du peuple. En devenant domestique, sa condition ne s'est pas élevée ; elle est même devenue plus basse que celle du paysan libre. Mais l'appétit de lucre l'a amené à trahir son état pour se faire l'agent des basses besognes du châtelain (qui ne pourrait, sans déchoir, les accomplir en personne). Il n'est rien par lui-même. Les paysans le méprisent en même temps qu'ils le craignent. Tout est entre eux rapport de forces. Et il tente non sans mal de s'élever au-dessus de ce mépris en s'identifiant à son maître et à ses intérêts. On peut alors parler d'autorité servile.

La relation entre un sous-officier de la garde impériale et un de ses grognards représente un troisième pôle. Le sous-officier s'est ennobli à l'épreuve du feu, en même temps qu'il a gagné ses galons. Il s'est couvert d'une gloire et de médailles dont l'aura appelle la révérence du soldat. Même s'il a une humble origine, il s'est élevé à une condition plus haute. Les rapports entre les deux hommes sont régis par l'honneur militaire, qui demande une obéissance extrême, mais fière, à des ordres qui ne doivent rien exiger de vil. Et le sous-officier obéit de même à l'officier. Son savoir n'est pas nécessairement beaucoup plus grand que celui du soldat, mais sa personne en impose. Elle ne suscite ni la crainte, ni le mépris, ni l'obséquiosité, ni la confraternité, mais le respect. On peut alors parler d'obéissance aristocratique.

La première forme d'autorité et la troisième sont, chacune à leur façon, conformes à l'honneur. La deuxième, bien sûr, ne peut l'être.

Il n'est pas difficile de repérer, dans nos entreprises françaises d'aujourd'hui, trois images de contremaîtres qui se situent, de manière plus ou moins pure, dans le droit fil de chacune de ces traditions : le contremaître d'entretien, le petit chef, et le contremaître de fabrication d'une industrie noble.

Le contremaître d'entretien reprend volontiers les traditions du maître. Il possède le même métier que ses ouvriers, tout en ayant accumulé un plus grand savoir. Il a poussé plus loin son initiation. Ses connaissances suscitent une certaine considération qui s'intègre dans une confraternité de métier. Porteur des traditions communes, il en est le gardien, et peut remettre vigoureusement en place celui qui les violerait. Il forme les ouvriers, leur apportant son savoir. Mais sa personne ne suscite qu'une révérence modérée, et sa capacité à trancher de façon arbitraire est réduite. Il n'a guère de comptes à rendre à une hiérarchie qui, tant que le matériel tourne raisonnablement, est beaucoup plus préoccupée de fabrication que d'entretien.

Le « petit chef », sorte de garde-chiourme (en anglais *slavedriver*) sans grande qualification, reprend la tradition honnie de l'intendant. Le monde ouvrier ne voit en lui qu'un « laquais » de la direction qui a trahi sa classe par appétit de lucre et de pouvoir. Il est craint par une masse déqualifiée d'origine fraîchement paysanne, ou immigrée, que les vrais ouvriers de métier méprisent à peu près autant qu'ils le méprisent[1]. Et cette crainte, jointe à l'intérêt, est le seul moyen dont il dispose pour se faire obéir.

On retrouve chez le contremaître de fabrication d'une industrie noble quelque chose de la troisième tradition. Nous l'avons rencontrée (avec la distance qui sépare toujours une réalité complexe d'une image idéale) chez les contremaîtres de fabrication de l'entreprise où nous avons enquêté. S'ils ne sont pas comme leur chef de service des « seigneurs du saturnium », ils en reprennent le modèle, un cran au-dessous. Ils n'ont pas de communauté de métier à partager avec leurs ouvriers, car leur domaine est

---

1. Aux yeux de la sociologie actuelle du travail, on peut toujours distinguer « l'idéologie du métier, qui exalte les vertus du travail bien fait, et *marque une barrière* entre ceux qui exercent un travail de façon *responsable,* sans qu'il soit nécessaire de les superviser, et les sans-métier, irresponsables, travaillant " *sans principes* " puisque dépourvus des normes qui permettent d'exercer correctement leur travail ». Cf. P. Tripier, « Sociologie du travail : de la science normale à l'effervescence », *Socius,* n° 213, juillet-novembre 1986.

dépourvu de tradition de métier (situation que l'entreprise tente actuellement de remettre en cause). Leur style d'autorité n'est pas celui que pratique l'ancien au sein d'une confraternité. Mais, ils ne relèvent pas non plus du modèle du « petit chef ». Ils n'apparaissent pas comme revêtus d'autorité par le seul arbitraire du patron. Ils possèdent une légitimité propre, assise sur un cursus professionnel qui les a élevés au-dessus de la masse, une première fois par une sorte d'itinéraire initiatique conduisant à la maîtrise, puis de nouveau lors de campagnes en terres lointaines où ils ont exercé leur commandement. Il est naturel de les appeler « Monsieur », et leur pouvoir est un pouvoir de « patron », d'arbitre, plus entier que celui des contremaîtres d'entretien. Il se fonde sur le respect plus que sur la crainte et ne leur interdit pas de faire confiance. Vis-à-vis de leurs supérieurs, leur obéissance n'a rien de servile.

Si l'on dessine un triangle à partir des trois pôles correspondant à ces modèles idéaux, les contremaîtres réels peuvent y occuper des positions très diverses, chacune d'elles correspondant à une manière particulière de composer ces trois logiques (cf. schéma 2). En fait le « petit chef » réel le plus pur ne coïncide pas exactement avec l'image honnie de l'intendant, pas plus que le contremaître d'entretien avec l'image chérie du maître-artisan, et le contremaître de fabrication d'une industrie noble avec l'image respectée du sous-officier de la garde. Mais chacun d'eux doit plus à son modèle qu'aux modèles concurrents. Et on peut associer à chaque position dans le triangle une forme singulière d'autorité plus ou moins marquée par une gestion difficile de relations ambiguës. Ainsi la situation A d'un contremaître dont la compétence est respectée, pendant qu'on lui reproche une certaine servilité à l'égard de la direction conduira à des rapports très ambivalents. Une situation B, où contremaître et ouvrier ont été initiés au même « métier », mais où le premier a suivi par la suite un itinéraire qui l'a séparé du second et conduit à des fonctions d'autorité au sein d'une vraie ligne hiérarchique, produira une combinaison difficile de fraternité de corporation et de distance séparant deux états.

Considérer cette diversité des modèles qui sous-tendent la relation contremaître/ouvrier est sans doute particulièrement important à une époque où cette relation est de plus en pleine évolution.

Il paraît clair que l'influence conjuguée de l'évolution générale

Schéma 2
Le triangle du contremaître

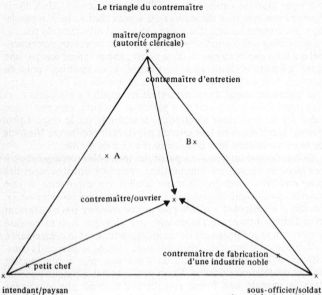

de la société et des besoins de « mobilisation de la main-d'œuvre » fait qu'il n'est plus possible de traiter l'ouvrier en « exécutant ». Encore faut-il comprendre exactement ce qui est en cause. Certes, une facette de la question relève de l'aspect technique du travail et de l' « enrichissement des tâches ». Mais ce n'est sans doute pas le principal. La plus grande attention doit être apportée à tout ce qui, associé à l'image du « petit chef », rappelle la condition servile face à une autorité qui bafoue l'honneur ouvrier. A voir les mouvements sociaux qui ont marqué la France de ces dernières années, il paraît douteux que toutes les directions aient une idée claire de ce qu'exige cet honneur. Celui-ci attache un grand prix à la « barrière » qui sépare le vrai ouvrier, travaillant de façon responsable, d'une main-d'œuvre banale « sans principes » (cf. note p. 116). Il demande que l'on marque l'estime où on le tient, en lui faisant confiance (et donc en évitant les moyens de pression qui marquent que l'on s'en méfie). Il exige de n'obéir qu'à un chef auquel son honneur interdit d'avoir une attitude servile envers sa propre hiérarchie. Si elles ne se satisfont plus d'ouvriers qui soient de simples « exécutants », les directions doivent renoncer à la commodité que représentent des agents de maîtrise trop soumis.

Une difficulté surgit alors, car il n'y a pas un, mais deux grands modèles de rapports hiérarchiques non serviles : celui qui lie le maître au compagnon, et celui qui lie le sous-officier au soldat. Et il n'est pas forcément facile de mélanger les traditions où ces modèles trouvent leurs racines.

On peut songer à s'appuyer, dans les services de fabrication, sur la conception, usuelle en entretien, du « métier », l'ouvrier et le contremaître de métier étant régis l'un et l'autre par une tradition qui fixe leurs devoirs (cf. encadré 22). Cette approche convient parfaitement à des ouvriers de haut niveau technique prenant en charge leur tâche de façon responsable. Mais elle les incite à être très jaloux de leur autonomie. Elle donne au contremaître une place de recours technique et de gardien des traditions (encore faut-il, bien sûr, qu'il soit légitime dans ce rôle, tant par ses compétences que par son appartenance symbolique à l'univers du métier). Elle en fait beaucoup plus difficilement un élément d'une ligne de commandement transmettant les impulsions de la direction. Elle est bien adaptée quand les missions à remplir peuvent être traduites de façon suffisante en devoirs de métier, sans que la hiérarchie ait beaucoup à intervenir. Elle l'est moins quand le rôle d'impulsion, de coordination et d'arbitrage de celle-ci est essentiel.

On peut alors se tourner vers l'autre modèle non servile : le modèle aristocratique. Celui-ci est parfaitement adapté au fonctionnement d'une ligne hiérarchique. Mais quand les ouvriers voient leur condition s'élever, de par leur niveau de formation et l'étendue de leurs responsabilités, il faut des contremaîtres d'une condition également plus élevée pour maintenir l'écart qu'exige le fonctionnement de ce modèle. Une autorité hiérarchique non légitimée par un tel écart, n'apparaîtrait assise que sur la faveur de la direction, et ramènerait directement à l'image du « petit chef ».

ENCADRÉ 22

**La création d'un « métier » en « fabrication »,
l'expérience ISOAR**

*1983 : Peugeot-Mulhouse lance ISOAR, une expérience ambitieuse de
participation du personnel et des idées novatrices en matière d'organisation du
travail, à l'occasion du lancement de la 205 ; une « success story » saluée par
les médias comme un modèle à suivre. Trois ans après...*

Chef de fabrication

Un des problèmes de l'organisation des ateliers était que les opérateurs
n'étaient jamais affectés de façon définitive à une machine : ils changeaient de
poste chaque semaine, ou parfois plus souvent. *Ils ne se sentaient donc pas
responsables* des équipements, par exemple du nettoyage ou de l'entretien. Il
n'était pas rare, par exemple, de laisser s'aggraver un problème pour le
« refiler » au suivant.

La première expérience que nous avons tentée reproduisait l'organisation
des équipes en mécanique. Nous avons choisi et affecté un groupe de trois
opérateurs volontaires à une des machines automatiques, l'un pour le matin,
l'autre pour l'après-midi, le troisième pour la nuit : « *Vous êtes responsables de
la machine ; votre objectif : qu'elle fonctionne le mieux possible !* » Cette
tentative a bien marché. Les gars ont joué le jeu et, peu à peu, le bon
fonctionnement de la machine *est devenu leur affaire : ils se sont davantage
sentis responsables* de la qualité de leur production, et se sont aussi
préoccupés du temps d'engagement de la machine.

Maintenant, on a défini une liste de travaux d'entretien ou de dépannage de
premier niveau que les opérateurs de fabrication doivent être à même
d'effectuer sans faire appel à l'entretien.

Les opérateurs ont acquis, de ce fait, un rôle plus valorisé dans l'atelier. On
marque d'ailleurs ce changement de façon symbolique : on remet à chacun une
caisse personnelle, contenant les outils dont il a besoin. Chacun *dispose donc
d'environ 1 000 F d'outils, qu'il a tôt fait de graver à ses initiales...*

Responsable de l'usine

Ces contrôles de compétences ont également été conçus de manière à
construire une *filière de qualifications homogène* avec la filière d'entretien. En

---

Si l'ouvrier nouveau modèle devient un technicien de fabrication,
dont la condition (analogue à celle de l'ouvrier de métier) est
identique à celle du contremaître traditionnel, ou même du
contremaître issu de l'enseignement technique, celui-ci n'a plus la
distance nécessaire pour occuper de réelles fonctions d'autorité. Il
faut alors puiser dans la condition supérieure, celle de l'ingénieur.
Il est d'autres pays, tel le Japon, où on voit couramment de jeunes
ingénieurs occuper des fonctions classiquement dévolues à la

effet, la création de nouveaux rôles, de nouvelles filières génère immanquablement des appréhensions, des comparaisons, voire des conflits. Ici, les *professionnels d'entretien* craignaient de voir apparaître une filière « facile » comparée à la leur *où toute progression, soumise à des règles, est validée par des essais professionnels très structurés*. On a donc pris garde à ce que les niveaux de difficulté retenus soient comparables à ceux des essais professionnels de maintenance.

Chef de fabrication

Il faut prendre garde à ce que les conducteurs d'installation qui, de façon indéniable, jouent le jeu que nous leur avons proposé et sont motivés pour le faire, « ne prennent pas une grosse tête ». Il arrive *qu'ils se sentent tellement responsables de leur chantier que personne semble n'avoir le droit d'y entrer...* De même, il est souvent devenu *difficile de déplacer* un conducteur d'installation sur une autre machine, si la sienne est en arrêt prolongé. Ils rechignent à quitter leur chantier, surtout s'il leur faut retourner sur des installations manuelles.

Autre problème : *certains augmentent leur champ d'intervention au-delà de ce qu'on leur demande.* Prendre de l'initiative, c'est bien, mais encore faut-il que ce soit à bon escient. L'autre jour, un gars a dû faire partir une centaine de pièces au rebut : il avait fait des « essais de qualité »...

Ceci dit, ces difficultés mineures ne sont que l'envers de la médaille. Elles traduisent avant tout une amélioration sensible des comportements et des relations dans l'atelier.

Responsable des ressources humaines

Les chefs d'équipe actuels qui, aujourd'hui, constituent le premier niveau de la maîtrise et assurent la gestion des équipes d'agents de fabrication, *n'auront pas de pouvoir hiérarchique* vis-à-vis des conducteurs d'installation.

Responsable à la direction centrale du personnel

Cette nouvelle filière s'est développée dans tous les sites du groupe, partout où on a mis en place des machines automatisées : le moment est maintenant venu de préciser les choses pour que les fonctions et *les perspectives de carrières ne soient pas trop différentes d'un lieu à l'autre.*

D'après « Apprivoiser les robots », enquête de M.O. Cabridain et C. Midler, *Annales des Mines*, « Gérer et comprendre » (n° 5, décembre 1986).

---

maîtrise, telle celle de chef de poste dans une usine à feu continu. Un mouvement dans ce sens, apparemment nécessaire, paraît commencer à s'esquisser en France. Il importe de voir que ce n'est pas seulement, ou même d'abord, une question de niveau de compétence technique qui est en cause, mais bien une question de condition. Et, à cet égard, l'ingénieur se trouve dans une situation très différente du technicien supérieur (titulaire d'un BTS ou même d'un DUT). Même si celui-ci n'en sait pas forcément beaucoup moins que lui, il n'a pas franchi la barrière symbolique fondamentale qui sépare le technicien de l'ingénieur[1].

Mobiliser

Il n'est guère pensable de clore ce tour d'horizon sans parler de « mobilisation », même si les appels incessants qui nous en rappellent l'urgence finissent par être lassants. On nous prêche sans relâche que, loin d'être des robots, les hommes sont capables (ce dont, peut-on espérer, beaucoup de dirigeants d'entreprises n'avaient jamais douté) de penser et de créer, et ne mettent ces facultés au service de leur entreprise que s'ils en ont le désir ; que le savoir et l'enthousiasme des « exécutants » constituent le premier « gisement de productivité » des entreprises. De recherche d'« excellence » en « entreprises du 3ᵉ type », ce refrain revient sans cesse à nos oreilles. Mais comment donc mobiliser les Français ?

Sans doute faut-il d'abord éviter de les démobiliser. Plus que bien d'autres, ils n'attendent pas qu'on leur fixe des tâches et des objectifs pour se sentir responsables de *leur* travail. Le sens que chacun possède de la dignité de son état, est en lui-même une source puissante de motivation. L'effet le plus substantiel du mouvement actuel des idées a peut-être été de le faire découvrir. Si on en croit le directeur du développement social d'un de nos groupes industriels, la mise en place de cercles de qualité a eu comme effet majeur de faire découvrir à l'encadrement « *que la plupart des salariés de base prennent réellement à cœur leur travail et se sentent responsables*[2] ».

Mais les ressorts de cette forme de zèle, tout ce que celui-ci doit au sens que chacun possède de sa dignité propre, le rendent vulnérable aux interventions extérieures. Celui qui est plein

---

1. Les difficultés des titulaires de BTS et DUT à tenir un rôle d'encadrement de la production sont évoquées dans R. Guillon, *BTS et DUT industriels,* rapport CEREQ, octobre 1986 (ces difficultés sont analysées en termes de connaissances sans prendre en compte les questions de légitimité).
2. Propos de Jean Trotta, directeur du développement social de Pechiney, cités dans L. Bernier, « French quality circles multiply, but with a difference », *International Management,* décembre 1986.

d'ardeur tant qu'il se sent respecté dans son honneur bascule facilement vers la passivité ou la révolte quand cet honneur est bafoué. Aussi un nœud particulièrement délicat du gouvernement des hommes en France a trait aux moyens d'orienter leur honneur sans l'effaroucher. Tout ce que nous avons évoqué à ce propos, en examinant certains aspects d'une gestion française (des rapports entre contremaîtres et ouvriers aux pratiques permettant d'exercer une prestation de service sans être en position servile), pourrait à ce titre être repris sous l'étiquette de « politique de motivation ».

Est-il nécessaire, au-delà de pareille adaptation à ce que les Français ont de permanent, de changer de gestion parce que les « mentalités ont changé » ? Certains affirment, avec plus ou moins de nuances, que leur rapport à l'autorité est devenu autre [1]. Faut-il les croire ?

En fait il est bien vrai que la variante servile de l'autorité n'est plus supportée (alors qu'elle l'a été longtemps par des populations d'origine fraîchement paysanne) et que les entreprises doivent mener à son terme la prise en compte de pareille évolution. Mais cela les conduit simplement à généraliser à l'ensemble de la population une manière de diriger respectueuse de la dignité de ceux sur qui elle s'exerce, dont le moins qu'on puisse dire est qu'elle ne date pas d'hier. Quelques ajustements de style sont par ailleurs nécessaires pour tenir compte de l'air du temps. Mais il ne faut pas surestimer leur portée quant à la substance du mode d'exercice de l'autorité. Les savoureux dessins de Claire Bretécher sur la vie des milieux « radicalement » anti-autoritaires sont là pour nous le rappeler.

Rien n'indique en fin de compte que les modèles classiques définissant l'exercice honorable de l'autorité (avec leur version cléricale et leur version aristocratique) se trouvent remis en cause [2].

---

1. Ce discours est tellement répandu qu'il est difficile, sans recherches approfondies, que nous n'avons pas entreprises, de savoir à qui en attribuer la paternité. Il s'alimente d'études d'opinions faites par des organismes de conseil tels que le CCA ou la Cofremca. Mais le rapport entre ces opinions, très sensibles à l'idéologie du moment, et la réalité des comportements, beaucoup plus marqués par des facteurs plus permanents, ne paraît guère avoir été l'objet d'investigations approfondies.
2. Ainsi, lors de la mise en place des groupes d'expression issus des lois Auroux, il ne s'est nullement produit dans la pratique la contestation fondamentale de l'autorité que certains attendaient. Cf. J. Gautrat, « Gestion du personnel : la fin d'un héritage », *Cadres CFDT,* n° 324, novembre 1986.

L'OEIL DE MAURICE

Déjà du reste, le mode du « tous copains » semble prendre de sérieuses rides. Et certes les « bons » modes français d'autorité interdisent de se mêler trop des affaires de celui qui remplit les devoirs de son état. Mais ils n'excluent nullement des interventions vigoureuses auprès de ceux qui, ne se sentant pas assez responsables, négligent quelque peu ces devoirs.

Par ailleurs les divers moyens de mobilisation que proposent les idées ambiantes (et que les mouvements de la mode conduiront sans doute, comme il est de coutume, à dénigrer à plus ou moins brève échéance, après les avoir encensés) ne doivent pas faire l'objet d'espoirs démesurés. Et il faut pour le moins être attentif à la façon dont leur usage demande à être adapté aux particularités de notre société, sous peine de s'exposer à quelques déboires.

Il est frappant de voir, par exemple, comment la bonne volonté, difficile à nier, de la direction de notre SNCF, à la recherche d'une gestion du personnel plus « mobilisatrice », a largement contribué à plonger l'entreprise dans la grève de décembre 1986. Qu'y a-t-il à première vue de plus raisonnable et de plus incitateur que de moduler les salaires en fonction du mérite de chacun ? Mais un corps aussi fier que celui des « roulants » pouvait-il accepter de se voir juger par de « petits chefs » ? Déjà atteint dans son honneur, peu de temps auparavant, quand on avait prétendu le soumettre à des examens de sécurité, il avait fait éclater son indignation en grève « sauvage ». Pouvait-il laisser passer la menace d'une nouvelle atteinte ? De manière générale, dès que l'on songe à quelque « individualisation des salaires » qui dépasse les apparences, il faut porter la plus grande attention à la façon dont les rapports entre ceux qui jugent et ceux qui sont jugés s'inscrivent dans la logique de l'honneur.

La mode de la « culture d'entreprise » ne fait certes pas courir les mêmes dangers. Mais les espoirs qu'elle a soulevés paraissent, à l'usage, surfaits. Nous verrons, à propos de la gestion aux États-Unis, combien les entreprises « à forte culture » que célèbrent les prophètes de l'excellence sont des produits de la société américaine. Ils ne sont pas faciles à transplanter hors de leur terroir. L'alliance d'un sens des affaires très poussé et d'une sorte de religiosité fortement émotionnelle s'inscrit dans le droit fil des traditions américaines. Elle répugne par contre au sens français de la mesure et à la manière française de séparer le sacré et le profane.

Les cadres « affirment avoir peu de goût pour ce " néo-calvinisme " industriel », note une étude sur les « projets d'entreprise[1] » réalisée par un organisme lié au patronat. « Ils ont le sentiment que l'engagement qu'ils ont pris vis-à-vis de leur entreprise en signant leur contrat de travail n'est pas de cette nature. L'entreprise leur a demandé jusqu'alors d'apporter leur compétence, leur efficacité, leur dynamisme, parfois leur docilité, mais elle ne leur avait jamais demandé, de façon aussi explicite, d'apporter leur foi ! » Certes cela n'interdit pas de concevoir des projets d'entreprise. Mais cela exige de le faire en tenant compte de façon réaliste du type de rapports que les Français entretiennent avec leur entreprise.

Les fameux « cercles de qualité », dont le succès paraît plus grand en France que dans n'importe quel autre pays européen, ont de meilleurs états de service à fournir. Mais à l'expérience ils paraissent loin de tenir toutes les promesses dont leur apparition était porteuse[1]. Leurs débuts sont généralement marqués par une certaine euphorie. Puis ils « vieillissent mal », tendant, après deux ou trois ans de fonctionnement, à « s'essouffler », voire à être mis « en sommeil ». Sans doute suscitent-ils au départ des réactions très favorables de leurs participants, honorés de sentir qu'on prend enfin leur avis en considération. Et beaucoup d'entreprises se réjouissent de leurs effets sur la motivation des ouvriers (effet qui leur semble plus important que la contribution immédiate des suggestions retenues à l'efficacité opérationnelle des ateliers). Mais les résistances de ceux dont les prérogatives se trouvent remises en cause ne tardent pas à se manifester. Et, si l'on veut que leur succès soit durable, il faut là encore les inscrire dans le fonctionnement « normal » d'une organisation française.

Existe-t-il donc des moyens plus spécifiquement adaptés au contexte français d'inciter chacun à n'être pas seulement « raisonnablement motivé », mais à se surpasser ? On retrouve là un thème bien classique (et qui n'a rien perdu de son actualité), sinon des manuels de gestion, du moins des considérations relatives à l'art de gouverner les Français. L'honneur se nourrit difficilement de

1. B. Galambaud, « Le projet d'entreprise entre désirs et réalité », *Annales des Mines,* « Gérer et comprendre », n° 7, juin 1987.
2. F. Chevalier, « Les cercles de qualité à bout de souffle ? », *Annales des Mines,* « Gérer et comprendre », n° 7, juin 1987.

l'accomplissement laborieux, honnête et obscur de tâches mono-
tones. Il aime les grands défis qui permettent de se distinguer. Il
conduit volontiers à s'associer avec passion à une aventure glorieuse où appelle un chef prestigieux, à moins que ce ne soit un
petit groupe enthousiaste qui montre la voie. Il est ainsi à l'œuvre
dans les succès industriels français, en des domaines qui font
volontiers rêver : l'aviation, l'espace, le nucléaire, le pétrole. Il
trouve moins évidemment sa pâture dans des domaines plus terre à
terre où notre industrie ne brille pas particulièrement. Mais on
trouve des dirigeants qui ont plus ou moins l'art de transformer en
une grande aventure ce qui pourrait n'apparaître que comme des
travaux sans gloire. Leur exemple vaut la peine d'être suivi.

En fin de compte, demandent certains, devons-nous, quand nous
nous préoccupons d'efficacité économique, nous réjouir ou nous
désoler d'être français ? Ni l'un ni l'autre apparemment. En fait, les
recherches portant sur la productivité des entreprises au sein des
pays industriels ont montré que les écarts entre entreprises à
l'intérieur d'un même pays sont beaucoup plus grands que les
écarts entre pays [1]. Dans le secteur où s'est déroulé notre enquête,
il existe des « bonnes » et des « mauvaises » usines, mais ni les
unes ni les autres ne sont l'apanage d'un pays. De plus celle qui est
« bonne » aujourd'hui ne le sera pas forcément demain, et il en est
de même pour celle qui est « mauvaise ». On ne peut dire que la
culture française rend une usine française intrinsèquement moins
productive ou plus productive qu'une usine américaine ou néerlandaise. Par contre, il est des usines françaises bien gérées et d'autres
mal gérées.

La culture française est lourde de dérives susceptibles de peser
sur l'efficacité productive. Mais il en est de même de chaque
culture. Et chaque culture a ses atouts. Certaines entreprises sont
expertes à se saisir de ceux-ci et à limiter celles-là. D'autres y sont
moins habiles. Leur marge de progression n'en est que plus grande.

---

1. Cf. R. R. Nelson, « Research on productivity growth and productivity
differences » : dead ends and new departures », *Journal of Economic Literature*,
20 (3), septembre 1981.

Les États-Unis
ou l'échange *fair*
entre égaux

Les principes de gestion américains ont inspiré le monde entier. Quand un consultant se rend au fin fond du pays le plus reculé de la planète pour proposer des remèdes à un fonctionnement d'entreprise défectueux, ce sont, quel que soit le pays, ces principes qu'il invite à mettre en œuvre : définir précisément et explicitement les responsabilités de chacun, formuler clairement ses objectifs, le laisser libre dans le choix des moyens, évaluer avec soin ses résultats et le récompenser ou le sanctionner à la mesure de ses réussites et de ses échecs. Pourtant, quand on observe la vie d'une usine américaine, quand on interroge ceux qui la gèrent et qui y travaillent, on découvre combien ces principes sont loin de constituer la pure expression de considérations universelles d'efficacité productive ; ils se montrent profondément enracinés dans les singularités d'une manière américaine de vivre ensemble.

Dès sa création, la société américaine s'est fondée sur une conception originale de la vie en société, reposant sur l'image d'échanges libres et équitables entre égaux. Examinant l'histoire des États-Unis, on voit cette image hanter à toute époque des réformateurs ardents à lutter contre les dérives par lesquelles leur pays était infidèle à ses idéaux. Et on découvre combien elle a inspiré l'édification progressive des institutions singulières qui encadrent aujourd'hui la vie du pays.

On saisit mieux, dès lors, la place que les « grands principes du management » occupent aux États-Unis, et pourquoi leur mise en œuvre effective y est poussée, parfois, au-delà même de ce qui paraît économiquement raisonnable. Et on comprend les mouvements qui affectent actuellement le monde américain des affaires, à la recherche d'une forme de gestion capable de compléter le registre de l'échange en faisant mieux appel à celui de la communauté. On commence, en outre, à imaginer pourquoi ces principes suscitent en bien des lieux des difficultés d'application insurmontables. La conception de la vie en société qu'ils expriment est profondément étrangère aux mœurs qui prévalent en mainte partie de la planète. S'ils permettent de résoudre, aux États-Unis mêmes, des problèmes de gestion qui sont universels, ils le font d'une manière particulière, riche certes d'enseignements, mais qu'il faut éviter de copier servilement sous d'autres cieux.

1. La vie d'une usine américaine

L'usine de Patrick City est une usine américaine classique de la côte Est, avec un syndicat puissant, des procédures conformes aux pratiques américaines usuelles. Démarrée en 1969, elle a connu des hauts et des bas, des périodes de prospérité et de récession. Ce n'est pas, au moment où nous nous y rendons, une « usine modèle », bonne pour recevoir un quelconque prix de l'excellence, mais elle se défend très honnêtement par rapport à la moyenne de la branche à laquelle elle appartient.

A première vue, la vie de l'usine est marquée par deux modes de fonctionnement bien distincts. Un contrat d'entreprise, qui multiplie les règles et les procédures, régit étroitement les relations entre l'encadrement et les ouvriers. Au contraire les membres de l'encadrement semblent livrés à une pression illimitée de leurs supérieurs. Pourtant un examen plus approfondi montre que ce que l'on observe dans ces deux situations relève largement d'une mise en œuvre dissemblable de principes identiques. Ce que ces approches ont de commun (et que nous n'avons observé dans aucun autre pays) se retrouve dans de multiples aspects de la société américaine, et reflète la façon dont celle-ci conçoit la vie en société et le gouvernement des hommes.

La logique des rapports marchands sert de référence. Vendre son travail pour un salaire est vu comme parfaitement légitime. Ce n'est pas « se vendre », avec toutes les connotations péjoratives que peut avoir cette expression dans une bouche française. Les idéaux américains ne conduisent pas à mépriser cette forme de rapports, mais à demander à la loi et à la morale de se prêter mainforte pour les faire échapper à la domination nue de la force brutale. Ils doivent rester *fair*. Cette notion, omniprésente dans les propos de nos interlocuteurs de tous niveaux, n'a pas d'équivalent exact en français. On tente de la traduire par « équitable », « juste », « loyale », « honnête », sans qu'aucun de ces termes ne la recouvre exactement. Elle renvoie à une idée de justice commutative : personne ne doit être privé indûment du fruit de ses actes méritoires, ni avoir la possibilité d'exploiter autrui. Et elle suggère simultanément que la dignité de l'homme doit être respectée en chacun.

Ces idées constituent le fondement d'une image idéale de la « bonne » manière de travailler ensemble. Certes, la réalité n'y est pas toujours conforme. Mais elle sert de référence, conduisant à faire réagir ceux qui jugent que le fonctionnement de l'usine n'y est pas fidèle.

En examinant tour à tour le fonctionnement de la ligne hiérarchique et les rapports entre l'encadrement et le personnel ouvrier, nous verrons se préciser peu à peu les diverses facettes de cet idéal, les difficultés que rencontre sa mise en pratique, et la manière dont la gestion américaine s'efforce de l'incarner pour le concilier avec une recherche d'efficacité productive.

La ligne hiérarchique

L'usine, dont les effectifs sont légèrement inférieurs à mille personnes, comporte un ensemble de niveaux d'autorité, allant du *plant manager* (directeur d'usine) à la première ligne de *foremen* (contremaîtres), en passant par des *superintendants* (chefs de service) et des *foremen* de niveaux intermédiaires. Les rapports entre chaque niveau et le niveau immédiatement inférieur se montrent formellement tout à fait conformes aux prescriptions des manuels de gestion. Ils apparaissent en outre animés par un esprit dont ces manuels ne font guère état. La place qu'y tiennent les préoccupations que l'on pourrait qualifier de politiques (au sens large de ce qui a trait au gouvernement des hommes) y est très frappante. Et ce qui relève des valeurs et des mœurs se révèle au moins aussi important que la simple lettre des procédures.

Les rapports hiérarchiques sont conçus, d'une manière étonnante pour un regard français, à l'image d'une relation entre un client qui fixe souverainement ce qu'il attend de ses fournisseurs et juge la qualité de ce qu'on lui a fourni, et des prestataires de service

---

ENCADRÉ 23

**On travaille pour quelqu'un, qui fixe vos responsabilités
en fonction de la confiance qu'il a en vous**

« Un des ingénieurs m'a dit clairement : " Nous répondrons à vos exigences. " Ils sont très conscients que c'est la poupée russe et que nous avons à répondre à la demande des propriétaires. A la limite une de leurs requêtes est : " Dites-nous à quelle pression vous êtes soumis, nous vous aiderons à répondre à cette pression " » (directeur).

« Quand il était nouveau dans sa fonction, le contremaître principal devait d'abord venir me voir pour tout. Il avait l'habitude de faire des suggestions, disant : " Hé, je pense que nous devrions faire ceci ", et je donnais ou non mon accord. Mais maintenant je lui ai confié cette responsabilité » (chef de service).

L'intéressé déclare de son côté : « Établir ce type de relation prend du temps. Votre chef de service a besoin d'avoir confiance dans vos décisions, de savoir que vous allez bien faire les choses, qu'il vous a formé à la manière dont il veut que les choses marchent. Ce processus prend deux ou trois ans avant que vous arriviez réellement au point où vous vous comprenez l'un l'autre [rire]. »

« C'est notre responsabilité de nous assurer que l'on fait les choses appropriées, comme le contremaître principal a dit qu'il voulait qu'on les fasse » (contremaître).

---

qui s'organisent à leur manière pour satisfaire la demande qui leur est adressée. Chacun « travaille pour » son supérieur. Les expressions « Il travaille pour moi », « Je travaille pour lui », reviennent sans cesse. Et, le supérieur se trouvant pour sa part dans la même situation, il se forme une sorte de chaîne, remontant jusqu'aux actionnaires, qui lie les divers niveaux les uns aux autres (cf. encadré 23). Il revient à chacun, explique un chef de service, d' « essayer d'endosser [*shoulder*] une partie des responsabilités et une partie de la pression » qui s'exercent sur son supérieur. (Et, certes, cela est parfaitement conforme à une théorie de l'entreprise qui n'est pas seulement américaine, mais c'est une originalité américaine que de le vivre effectivement.)

Conformément à cette optique, le supérieur décide totalement quel produit il désire obtenir. Le droit de fixer les responsabilités de ses subordonnés directs, et de modifier celles-ci à sa guise, en fonction de la confiance qu'il accorde à chacun et de la façon dont il apprécie son travail, lui est pleinement reconnu. Contrairement à son homologue français, il n'est pas lié par des règles coutumières définissant le contenu des diverses activités. Il fixe de même les objectifs à atteindre et les résultats qu'il attend. De manière générale, il fixe les « devoirs » de ceux qui « travaillent pour lui » et juge de la qualité de leurs prestations. Ces derniers lui « rendent des comptes » (sont *accountable*) en même temps qu'ils lui « rendent compte » *(report to)*.

Pareille conception met l'accent sur les responsabilités personnelles : « Il y a toujours quelqu'un qui est responsable de prendre la décision » (nous verrons que ce trait du mode américain d'organisation ne disparaît pas lorsque, cherchant à « japoniser » la gestion, on met l'accent sur les procédures de concertation). Il paraît nécessaire qu'en toute circonstance *someone runs the show* (littéralement « conduise le spectacle », c'est-à-dire dirige l'affaire). Et les comptes que l'on doit rendre ne concernent pas seulement ses activités propres, mais aussi celles de ceux qui « travaillent pour » soi. Chacun tient ceux qui sont immédiatement « sous lui » pour entièrement « comptables » de ce qu'il leur a confié, à charge pour eux d'agir de façon appropriée *(deal with)* avec le niveau encore inférieur.

Cette responsabilité n'est pas toujours facile à assumer, car les enjeux sont de taille. A la manière d'un client insatisfait, le supérieur qui considère que l'un de ses subordonnés accomplit mal sa tâche peut s'en séparer ou réduire ses responsabilités, sans que cela soit perçu comme illégitime. Il y a de temps en temps dans l'usine des licenciements d'agents de maîtrise ; même s'ils sont en fait peu fréquents (un depuis quatre ans dans un service qui comporte dix contremaîtres, nous a indiqué le contremaître principal du service), leur menace plane : « Le jour où on leur dit : " Hey ! ça marche pas ", tu prends le risque de perdre ton boulot. » Et, au moment de notre enquête, un contremaître principal qui ne faisait pas l'affaire était sur le point d'être rétrogradé à la place d'adjoint qu'il occupait précédemment. Exercer des responsabilités n'est pas une sinécure. « Je dois répondre, relate un contremaître, évoquant des circonstances où il lui faut décider, je n'ai pas une échappatoire, je n'ai pas une sortie *(way out)*. »

Cette forte pression qui s'exerce sur le subordonné américain est rendue supportable par un ensemble de libertés et de protections. Et, là encore, les principes des manuels prennent un autre sens quand on écoute ceux qui les mettent en œuvre.

Pour pouvoir être jugé honnêtement, il faut avoir été libre d'agir, avoir eu « une chance ». Et si le supérieur « oriente et vous donne plus ou moins un objectif », « il ne se mêle pas trop de la manière dont vous faites pour l'atteindre ». « C'est la mienne vous savez qui est la bonne, affirme fièrement un contremaître principal. Je n'aime pas qu'on me dise comment le faire ; dites-moi juste ce que vous voulez et j'essaierai de vous l'obtenir [*I'll try to get it for you*]. » Cette manière de voir a été reprise sous des formes diverses à tous les échelons de l'encadrement (cf. encadré 24).

Simultanément, la mise en œuvre de la responsabilité des subordonnés s'entoure de garanties visant à la rendre honnête *(fair)*.

On n'a de comptes à rendre que pour ce qui dépend de soi. Un contremaître français de fabrication, rentré en France après avoir exercé ses fonctions aux États-Unis, souligne ce qui sépare les approches des deux pays. En France, il se fait « disputer par son chef de service parce qu'un appareil fonctionne mal », alors qu'il « n'en a pas à 100 % la responsabilité » (car cela relève largement de l'action de l'entretien). Aux États-Unis, « ça ne se produirait pas ». Par contre, si lui-même y « fait une mauvaise qualité d'anodes », il sera tenu pour responsable. Au total, « c'est bien délimité, on sait d'où on part ».

L'évaluation annuelle de chacun par son supérieur *(performance appraisal)*, qui, selon le manuel de procédure de l'usine, doit « constituer une base objective pour le planning des salaires », est extrêmement codifiée. Ce manuel (qui consacre au sujet seize pages grand format) vise à mettre en place des procédures permettant « de mettre en œuvre les objectifs du programme de rémunération de façon équitable [*fairly*] et conséquente [*consistently*] ». Il s'agit d'éliminer autant que possible les malentendus, les points obscurs, l'arbitraire, la subjectivité. L'accent doit être mis sur les résultats « tangibles », sur ce qui est spécifique, et non sur les généralités, car « les questions générales entraînent des différences d'opinion ». Et les faits doivent soigneusement être établis *(documented)*, dès qu'il y a lieu de récompenser ou de sanctionner.

Une des manières d'assurer le caractère correct des évaluations

137

ENCADRÉ 24

La forme d'indépendance du subordonné

« Comment façonner quelqu'un. Vous devez, d'une façon ou d'une autre, lui faire concevoir son propre travail pour lui-même [*design*] ; lui donner des directives et des suggestions et lui laisser apprendre son travail par lui-même et ne pas lui dire comment le faire. Vous savez, la plupart des Américains n'aiment pas qu'on leur dise comment faire leur travail, que faire d'abord et que faire en second. Ils aiment sentir qu'ils ont une responsabilité et qu'ils ont à venir à bout de tout ce pour quoi ils sont responsables.

Je pense que, si les résultats [*the bottom line numbers*], les résultats sont là, la manière dont vous les avez obtenus est dans ces conditions OK. La plupart des gens pensent qu'ils doivent être quelque peu maîtres de leur propre destin, en déterminant comment ils viennent à bout de leur travail quelque peu tout seuls. Aussi longtemps que leurs objectifs sont atteints, les supérieurs doivent être satisfaits » (chef de service).

« Notre équipe est notre équipe, nous devons obtenir que le travail soit fait. Nous savons quel est l'objectif, et comment y aller le mieux ; du moment que nous restons à l'intérieur de certaines orientations générales, je suis sûr que mon contremaître principal et mon chef de service n'ont rien à en faire [*don't care*] » (contremaître).

---

est de préciser soigneusement les objectifs donnés à chacun, et à la lumière desquels il sera noté. Ces objectifs « doivent être définis en mettant les points sur les *i* [*clearly spelled out*] ». Nos divers interlocuteurs ont insisté sur le fait qu'ils devaient être « propres », « mesurables ». Ainsi chacun sera jugé sur une base aussi indiscutable et bien connue d'avance que possible, et celui qui a rempli son contrat sera sûr d'être quitte. L'attachement américain à pareille approche est apparu de manière particulièrement visible dans l'usine de Patrick City, à travers les réactions du *plant manager* français aux conceptions de ses chefs de service américains.

« Une des grandes demandes des ingénieurs américains, étant donné qu'il y a cette évaluation qui est un jugement sur leur action, leur exigence est : " Dites-moi ce que vous voulez, dites-moi ce sur quoi je dois travailler ", parce que ça permet de chiader la note pour prendre une image, parce que les gens ont tendance à chiader la note. Je viens de faire une évaluation d'un ingénieur à qui j'ai fait une évaluation corrosive, un bon décapage. Un de mes points a été de dire à cet ingénieur que je reconnaissais qu'il avait fait un certain nombre de progrès. Mais il y avait d'autres points sur lesquels il n'avait pas travaillé et qui me paraissaient être des points fondamentaux, en conséquence de quoi sa note avait baissé. Sa réponse a été : " Oui, je comprends bien, ça fait un an qu'on travaille ensemble, vous m'avez changé mes objectifs. Votre prédécesseur était très content parce que, ce que vous avez dit que je faisais bien, c'est ce que votre prédécesseur voulait que je fasse, *mais ce que vous me dites de faire bien en plus, personne ne me l'a dit.* " Pour lui son système de référence était : on avait fixé des objectifs à un moment donné, il avait rempli ses objectifs, on les lui changeait et on lui baissait sa note. »

En pareille occurrence, le directeur français considérait pour sa part que les indications plus ou moins informelles qu'il avait donné au jour le jour étaient suffisantes. « Il y avait des objectifs qui lui étaient mentionnés journellement et auxquels il n'avait pas fait attention et, bon, je les incluais dans mon évaluation. » Dans la perspective américaine, ces éléments transmis en passant ne pouvaient avoir le même statut que des objectifs solennellement définis.

Être *fair* implique que l'on reconnaisse non seulement la qualité des résultats obtenus par chacun, mais aussi ses multiples contributions à l'œuvre commune, sans oublier ses idées, ses suggestions, ses *inputs*. Quand les points de vue divergent, le dernier mot revient à celui qui détient l'autorité. « J'ai bien sûr, puisqu'il travaille pour moi, le droit de dire en fin de compte : " OK nous allons faire comme cela. " » Mais faute de suivre l'avis qu'il reçoit, le supérieur doit faire preuve de considération pour la personne qui l'émet, et exprimer qu'il « apprécie l'intérêt [*concern*] » ainsi manifesté. Ce n'est qu'à cette condition que son subordonné pourra affirmer : « Nous respectons mutuellement nos points de vue », ou encore : « Si nous ne sommes pas d'accord, habituellement les choses se règlent *fairly*. »

On passe ainsi de la recherche d'équité qui marque l'échange à caractère économique à l'exigence de considération envers chacun qui régit les rapports entre personnes, dans une société marquée par les valeurs d'égalité des conditions. « C'est une nation où quiconque a besoin de parler à quelqu'un de plus haut placé a la possibilité de venir et de parler », proclame un contremaître. Les États-Unis, affirme-t-il, sont marqués, à Patrick City comme ailleurs, par une « politique de porte ouverte », permettant à quiconque « a besoin de parler, aimerait parler, discuter quoi que ce soit avec... Jean [le directeur de l'usine] », de le faire. « Même John [le *chairman*], ajoute-t-il, si je veux lui parler, je suis sûr, je peux appeler et lui parler. »

Des principes dont la mise en œuvre dépend des mœurs

Si les principes qui gouvernent la « bonne » gestion américaine sont clairs et séduisants : fixer clairement les responsabilités de chacun, le juger honnêtement, et tempérer la rigueur du rapport hiérarchique par le respect qui s'adresse au citoyen, leur mise en pratique ne va pas sans difficultés.

Nous avons vu que des procédures d'évaluation sophistiquées permettent, en principe, de récompenser et de sanctionner chacun suivant ses mérites, en évitant les jugements arbitraires. Et, si l'on compare ce que l'on observe en fait avec ce qui se passe dans d'autres pays, on voit que la singularité américaine va bien dans ce sens. Mais ces procédures ont de sérieuses limites.

Il faudrait idéalement, pour que les jugements soient incontestables, que les objectifs soient parfaitement définis et mesurables, et les résultats constatables de façon totalement objective. Beaucoup d'efforts sont faits pour se rapprocher de cette situation idéale, parfois, verrons-nous, aux dépens même d'une attention réaliste aux problèmes centraux de l'entreprise. Mais ce qui est possible en la matière reste limité. On ne peut éliminer les « estimations », et toute évaluation comporte une part « subjective » indépassable (cf. encadré 25).

Par ailleurs, le désir de sanctionner les résultats insuffisants, sans pour autant décourager les efforts passés et les progrès possibles, met parfois l'évaluateur en position difficile. Que faire quand « on ne peut pas dire que c'est *satisfactory,* excellent, mais au moins il y a des progrès sur la montée » ?

Ces divers facteurs font qu'il n'est pas facile de donner une mauvaise évaluation. Pour être sûr de ne pas sanctionner à tort, les notateurs ont tendance à se montrer quelque peu laxistes. Le

---

ENCADRÉ 25

Les limites du contrôle « objectif »
(d'après un contremaître principal)

« Fondamentalement j'utilise l'observation visuelle, couplée avec la mesure des résultats. Les voir est un problème, connaître comment le gars s'est débrouillé avec ce problème. Vous n'avez pas de difficulté dans la journée, parce que, étant là, vous voyez ce qui est fait, mais pendant le poste de nuit ils ont tendance à se relâcher plus. Sur certains points, comme la façon dont les anodes sont placées ou des choses comme cela, vous n'avez pas de mesure autre que peut-être l'instabilité de la cuve si l'anode a été mise trop basse, ou les jours suivants vérifier les anodes ; ça peut être dissimulé très facilement vous savez [rires]. La capacité à faire l'ensemble du travail est visuelle et quelque peu subjective, comme avec n'importe quoi. »

---

manuel de procédure encourage pour sa part à une extrême prudence, invitant aux changements d'appréciation très progressifs, et aux notes moyennes. Cette prudence est telle qu'un chef de service peut se montrer fort sceptique quant à la politique des salaires : « Je suis dans l'usine depuis douze ans, maintenant treize ans ; si je regarde les augmentations de salaire, elles ne paraissent pas être fonction des performances. »

En fait, si le rapport contribution-rétribution semble bien s'inspirer des valeurs américaines de *fairness,* cela n'est pas dû seulement aux procédures, mais aussi, et peut-être surtout, aux mœurs.

Les possibilités réelles qu'offrent les procédures d'évaluation paraissent être, pour l'essentiel, de permettre de licencier ou de rétrograder, dans des conditions d'honnêteté acceptable, ceux dont le travail est vraiment médiocre et de promouvoir ceux dont le travail est excellent. Comparé à ce qui se passe dans bien des pays, c'est déjà considérable. Mais ce n'est qu'un aspect limité de la vie quotidienne de l'usine.

Une grande majorité des individus qui remplissent leur tâche de façon suffisamment acceptable pour ne pas craindre d'être renvoyés, sans avoir pour autant de grands espoirs de promotion, peuvent être tentés de s'en tenir à une raisonnable médiocrité.

Pour les pousser en avant, il faut que leur supérieur reconnaisse la qualité de leur travail de manière plus subtile que ne le permettent les procédures formelles d'évaluation et de récompense.

Le sentiment que l'on travaille pour quelqu'un, et le poids accordé à ce qu'il pense de la qualité de ce que l'on fait, jouent bien au-delà de sa capacité à récompenser et à punir. « Il y a un désir de plaire au chef qui est beaucoup plus développé ici, je pense, qu'il n'est en France », remarque le directeur français. Un chef de service, à qui nous demandions si sa manière principale de récompenser son contremaître principal était le salaire de celui-ci, nous a déclaré, après un long soupir : « Oui et non... je lui dis comment je pense qu'il fait son travail, et, quand je vois quelque chose que j'aime, je lui dis : " J'aime ça, c'est bien " ; les séries sont très propres, je dis : " Les séries sont très propres aujourd'hui, c'est bien. C'est une bonne chose que vous ayez fait cela ". »

L'attrait du mesurable n'est pas absent de cet univers des rétributions intangibles. Ainsi il existe entre les contremaîtres de poste une sorte de « compétition familiale » portant sur trois paramètres de fonctionnement technique. « Nous aimons rester numéro un, raconte l'un d'eux, normalement nous y arrivons, mais [rire...]. » Parfois le rang de l'équipe baisse ; alors un conseil de guerre est tenu, des mesures sont prises et la situation est redressée : « Finalement à la fin de la 5e période, nous étions numéro un pour les chutes tige-cadre, nous avions le numéro un pour les effets d'anode longs. » Mais tout n'est pas parfait pour autant : « Notre coulée était vraiment mauvaise, nous étions huitième sur dix » ; de nouvelles mesures sont aussitôt prises, non sans effets : « Nous sommes remontés à la troisième place pour les coulées. » Et la compétition continue.

De son côté, ce qui relève de la « communication » et conduit à expliquer, à écouter, à impliquer le subordonné dans les décisions, au lieu de dire simplement : « C'est ce qu'il faut faire, obéis », peut difficilement être cerné par des procédures. Les mœurs sont alors l'essentiel.

Par ailleurs, l'apport des procédures elles-mêmes ne repose pas seulement sur leur lettre mais aussi, et peut-être surtout, sur le fait que, l'attachement aux valeurs de *fairness* étant profond dans la société américaine, elles sont soutenues et vivifiées par les mœurs.

Nous avons vu les limites des procédures « objectives » d'évaluation, et une volonté mal intentionnée n'aurait sans doute pas grand mal à les rendre *unfair* tout en respectant leur lettre. Le manuel de procédure en témoigne à sa façon, par les exhortations morales qu'il juge nécessaire de prodiguer : « Soyez honnête » ; « Ce doit être une évaluation honnête, objective, des performances de la personne. » Les procédures valent par les mœurs qui les soustendent. L'évocation de ce qui est *fair* ou *unfair*, ou encore « honnête » est omniprésente. Ainsi, pour recueillir l'accord des intéressés sur leurs évaluations, « vous avez juste à les maintenir honnêtes », déclare un contremaître principal. « Je pense qu'il n'est pas correct [*unfair*], s'ils ont fait un bon travail, d'exercer une pression supplémentaire », affirme un chef de service. Et cette référence ne paraît pas constituer une simple clause de style.

Nécessaires pour assurer aux subordonnés une évaluation relativement équitable, les mœurs le sont aussi pour l'inciter à s'y soumettre avec une certaine honnêteté. Certes le supérieur ne manque pas de vérifier beaucoup de choses, mais, reconnaît le directeur de l'entretien à propos de l'appréciation des résultats, « le système exige un certain degré d'intégrité, d'honnêteté », car « il peut être quelque peu manipulé ».

Le culte américain de la « crédibilité », le désir de « gagner le respect » de ses interlocuteurs, poussent à respecter pareille « honnêteté ». On « perd sa crédibilité » lorsque ce que l'on a affirmé se trouve démenti par les faits, lorsqu'il est prouvé que l'on n'a pas « rapporté et évalué la situation logiquement et honnêtement ». On « gagne le respect » de ceux avec qui l'on travaille en montrant que l'on sait « tenir ses engagements », qu'ils peuvent « croire » en ce que l'on dit. La conformité aux principes est favorisé, en la matière, par une intense pression sociale.

Cette combinaison de procédures qui tentent de régir les rapports entre les parties de la façon la plus stricte possible, mais ne peuvent tout régler, et de mœurs inspirées par les valeurs américaines, se retrouve, sous d'autres formes, dans les relations entre l'encadrement et les ouvriers. Et ce qui, dans le fonctionnement de l'organisation, est inspiré par la préoccupation de rendre équitable les rapports entre les hommes plus que celle d'administrer les choses, y apparaît de manière plus éclatante encore.

Le contrat entre l'entreprise et le syndicat

Si les membres de l'encadrement ne rencontrent leurs supérieurs qu'en tant qu'individus, il n'en est pas de même pour les ouvriers. À Patrick City, comme dans beaucoup d'usines américaines appartenant à la grande industrie, ceux-ci sont représentés par un syndicat, auquel un vote majoritaire a donné l'exclusivité de ce rôle, et auquel tout membre du personnel ouvrier est tenu d'adhérer dans les soixante et un jours qui suivent son embauche. Les relations entre le syndicat et la direction sont marquées par la référence à l'échange *fair* qui régit la gestion de l'encadrement, mais mettent l'accent sur un autre aspect de la notion de *fairness*. La recherche d'un rapport de forces équilibré, qui demande que les ouvriers fassent bloc, conduit à délaisser ce qui relève de la rétribution fine des mérites de chacun. Et, si cette rétribution reste assurée dans une certaine mesure, c'est, hors du domaine couvert par les rapports collectifs, par des formes de reconnaissance largement symboliques que chaque contremaître dispense à « ses » ouvriers.

Suivant une procédure très classique aux États-Unis, les relations entre l'entreprise et le personnel ouvrier sont régies par un contrat, passé entre la direction et le syndicat, et renégocié tous les trois ans, conformément aux procédures prévues par la loi américaine. Ce contrat ne met nullement en cause le fait que l'entreprise décide souverainement du contenu et de l'organisation de la production (cf. encadré 26). Il admet sans réticences que les ouvriers travaillent pour elle en tant qu'*hourly workers* (c'est l'expression courante qui sert à les désigner dans l'usine), échangeant un travail contre un salaire, en étant payés conformément à leur durée de travail effective. Mais il vise à ce que, dans ce cadre, ceux dont il protège les intérêts soient traités *fairly*.

Bien sûr, et c'est son aspect le plus connu, le contrat détermine le niveau des salaires. Mais il vise de manière beaucoup plus large à régler de façon minutieuse tout ce que les ouvriers recevront en contrepartie de leur travail, et les pressions de toute nature auxquelles l'encadrement pourra les soumettre. Il n'a pas pour objet de supprimer ces pressions, mais de les empêcher d'être *unfair*. A cet égard le rôle donné à l'ancienneté et les conditions

---

ENCADRÉ 26

Les droits de la direction
(extrait du contrat)

« Dans la mesure où cela n'est pas limité ou modifié par les termes spécifiques de cet Accord, l'autorité de la Direction et son exercice resteront exclusivement détenus par la Direction. Ils incluront, sans limitations, toutes les questions non couvertes par cet Accord, tout autant que le droit de réglementer l'usage de tout équipement et avoir celui de déterminer les produits qui seront fabriqués et utilisés, la planification de la production et les méthodes, procédés, moyens et localisations des activités ; le droit de contrôler et de superviser toutes les opérations, de diriger toutes les forces de travail, de déterminer la composition de chaque équipe de travail pour n'importe quelle et toutes les opérations, de sélectionner et de recruter, de sanctionner et de congédier pour une cause juste, de classifier et reclassifier, licencier, promouvoir, rétrograder et transférer les membres du personnel.

L'Entreprise peut établir et afficher les règles de travail, les règles et les règlements de santé et de sécurité et les règles de conduite, dont la violation peut entraîner des sanctions. L'Entreprise avertira le Syndicat avant de mettre en vigueur toute règle ou règlement.

L'Entreprise se réserve le droit d'étendre, de limiter, de réduire ou de cesser n'importe quelle et toutes les opérations. »

---

d'administration des sanctions, qui constituent deux aspects essentiels du contrat, sont l'un et l'autre très révélateurs de l'esprit qui l'anime.

Le rôle de l'ancienneté

Tout ce qui touche à la position de l'ouvrier dans l'entreprise et aux avantages de toute nature dont il bénéficie est minutieusement réglé par sa *seniority* (ancienneté). Celle-ci régit aussi bien l'avancement que les licenciements en cas de réduction d'activité ou les dates de congé. Toute prime de rendement se trouvant strictement exclue, elle conditionne, à travers les éléments qui précèdent, tout ce qui touche au salaire. Elle empêche l'encadrement (et nous verrons que, pour le syndicat, c'est explicitement son rôle) de manifester quelque préférence que ce soit entre les ouvriers, en tout cas dans un domaine d'importance.

Pour éviter toute possibilité de manœuvre, la notion elle-même est très rigoureusement définie. Ainsi, dit le contrat, « l'ancienneté sera établie par ordre alphabétique des noms de famille dans les cas où deux employés ou plus ont été embauchés le même jour ». Cette précision risque d'être encore insuffisante. Et le contrat poursuit : « Si un employé change de nom par la suite, il continuera à garder sa position sur la liste d'ancienneté, comme elle était à l'origine à la date de son recrutement. »

La même rigueur, visant à supprimer toute marge de jeu, marque l'ensemble des procédures qui règlent l'attribution des divers avantages liés à l'ancienneté.

Lorsque, par exemple, un poste est supprimé, la procédure prévue pour réaffecter celui qui l'occupait ne laisse aucune marge d'appréciation à l'entreprise. Ainsi les activités autres que les plus qualifiées sont regroupées en vastes catégories, en fait très hétérogènes quant aux compétences précises qu'elles demandent ; et celui qui se retrouve sans poste a le choix de « pousser » quiconque est plus *junior* que lui au sein de la catégorie à laquelle il appartient. Le résultat peut être spectaculaire (cf. encadré 27). La procédure est analogue quand un poste se trouve vacant. Par ailleurs, les procédures permettant d'informer, d'être candidat, etc., sont minutieusement prévues. Ainsi le contrat va jusqu'à définir les conditions de temps et de lieu que devra respecter toute annonce d'une vacance de poste : « L'emploi sera affiché sur le tableau d'offre dans le bâtiment de la porte ouest le vendredi et enlevé à 16 h. le mercredi suivant, à moins de modifications dues à des congés de l'entreprise. »

Pour comprendre la logique de cette façon de faire, il faut écouter les justifications qu'en donne le syndicat, par la bouche de son président : « Quelles que soient les raisons de tel ou tel individu, les changements de poste de travail seront traités d'après l'ancienneté. C'est un point majeur. C'est partie intégrante du contrat. On obtient un poste par ancienneté. Ça doit être le seul facteur qui entre en jeu et il ne doit pas être question que le beau-frère de quelqu'un, ou le frère ou la sœur de quelqu'un, obtienne le poste. L'ancienneté est le seul moyen pour que les choses se passent totalement au grand jour. Vous prendrez le temps d'obte-

---

ENCADRÉ 27

Les mouvements quand un poste d'ouvrier
est disponible ou est supprimé

« Imaginons : j'ai une réduction temporaire de dix personnes. Ces dix personnes vont aller se répartir dans l'usine ; là elles partent en chasse ; c'est-à-dire qu'elles peuvent pousser quelqu'un dans un atelier n'importe où, quelqu'un de plus *junior*. J'ai quelqu'un qui sait opérer la scie qui va aller pousser un conducteur de camion, lequel conducteur de camion va aller me pousser quelqu'un aux anodes, si bien que pour bouger vingt-cinq personnes ce printemps, on a bougé soixante-dix personnes. Alors pour tous les postes *under the line* on peut exercer du *bumping* [bousculer]. Au contraire *above the line* on ne peut pas. Un cuviste ne peut pas être poussé. Ce qui fait que pendant la négociation j'ai essayé de protéger un plus grand nombre de travaux, en disant : " Un camion c'est un camion qui trimballe dix tonnes de saturnium liquide, c'est quand même pas... On ne peut pas mettre n'importe quel type là-dedans, c'est pas pensable. " On en est là ; on met n'importe qui et on fait huit jours en doublure » (directeur de l'usine).

---

nir le poste par ancienneté ou vous ne l'aurez pas. Ainsi aucun jeu ne peut être joué, aucun arrangement ne peut être négocié. »

Mais, en évitant ainsi l'arbitraire, n'est-on pas *unfair* d'une autre façon, en traitant de la même façon ceux qui travaillent plus ou moins bien ? C'est, verrons-nous, ce que pense l'encadrement. Pour sa part, notre syndicaliste a sa réponse : il existe des normes de travail dont le contrat permet à l'entreprise d'exiger le respect ; et, tous ceux qui remplissent ces normes ayant tous totalement et donc également rempli leur contrat, il est correct de les traiter de façon égale. « Une norme [*standard*], affirme-t-il, peut aller de 0 à 10, cela n'a pas d'importance tant que l'on est à l'intérieur de la norme. » Untel ou Untel peut être en permanence près du bas de la fourchette. « Pourquoi ? je ne sais pas ; peut-être qu'il n'a pas la dextérité, la capacité à faire cela aussi vite que nous en parlons ; mais aussi longtemps qu'il est à l'intérieur de cette échelle je ne vois aucune différence que vous ayez 0 ou que vous ayez 10 ; le coût peut être un peu différent ; mais tout ça est à l'intérieur de leur prix de revient, vous savez. »

A en croire le directeur des relations industrielles, une raison supplémentaire, qui éclaire d'un autre jour les déclarations que l'on vient d'évoquer, contribue à expliquer cet attachement à l'ancienneté : « Ici, dit-il, il n'y a ni bon ni mauvais travailleur. Ils sont tous frères [le syndicat utilise effectivement de façon officielle l'expression : « *brothers and sisters* » pour désigner ses membres] et ils sont tous égaux. Aussi, si vous regardez un frère comme supérieur à l'autre, alors vous dites qu'un frère est meilleur que l'autre. » Il ne s'agit plus simplement d'éviter le favoritisme, mais de privilégier la dimension de la *fairness* qui a trait à l'égalité des personnes par rapport à celle qui a trait à la juste pesée des mérites.

L'administration des sanctions

En même temps que les avantages de toute nature, le contrat régit les sanctions (*discipline*). Et c'est toujours la préoccupation de *fairness* qui est à l'œuvre. Il n'est nullement question de mettre à l'abri ceux qui ont mal agi. Le contrat reconnaît à l'entreprise le droit de « sanctionner pour une juste cause », et « d'établir les règles de travail, de sécurité et de conduite dont la violation entraînera des pénalités ». Mais il organise de façon très minutieuse la protection contre l'arbitraire par une procédure permettant de contester les décisions de l'encadrement : la procédure de *grievance* (grief).

Cette procédure vise à régler tous les différends entre les parties (y compris ceux qui concernent les questions de position dans l'entreprise et d'avantages divers évoquées précédemment). Elle a à cet égard un rôle exclusif, l'entreprise s'engageant à s'abstenir de tout lock-out, et le syndicat de toute grève pendant la durée (trois ans) de validité du contrat. Elle comprend cinq étapes. Quatre d'entre elles correspondent à des appels successifs, que des responsables de niveau croissant du syndicat présentent à des niveaux croissants de la hiérarchie de l'usine. La cinquième et dernière est constituée par le recours à un arbitre désigné par le Service fédéral de médiation et de conciliation (ou, dans certains cas, par un arbitrage simplifié).

L'existence de cette procédure, qui, loin de constituer une simple référence de principe, est utilisée à tout propos, conduit à introduire dans la vie de l'usine les manières de faire du système judiciaire américain. L'établissement de la preuve est ainsi un point

---

ENCADRÉ 28

Jusqu'où peut conduire la nécessité de prouver

(A propos de la « paie de deuil » versée pendant les absences liées au décès d'un parent proche, à condition que le bénéficiaire ait assisté aux funérailles.)

« Nous avons un formulaire de deuil, qu'un individu remplit, et qui nous donne un ensemble d'informations : le nom du parent qui est décédé, la relation de cette personne à notre employé, le lieu où le service mortuaire a eu lieu, le jour des funérailles, les jours où l'individu s'est absenté, et l'attestation du fait qu'il a assisté aux funérailles ou au service. Il y joint ou l'avis mortuaire paru dans le journal, ou la *funeral card*. Je ne sais pas si vous avez l'habitude que les directeurs de funérailles donnent de petites cartes aux gens qui assistent aux funérailles, mais c'est la coutume de beaucoup de nos *funeral homes* d'imprimer une petite carte, qui sert de mémorial, avec les dates de naissance et de mort, la date des funérailles, quelle est la *funeral home*, le nom de l'église et le nom du prêtre. Cela nous est apporté. Pour compléter ces documents, ou s'ils ne sont pas disponibles, l'employé apporte à l'occasion une note du directeur des funérailles, spécifiant qu'il a bien assisté aux funérailles, et cette information est conservée ici et fournit une base pour la paie de deuil. Occasionnellement, si les circonstances portent au soupçon, nous ne manquons pas de vérifier auprès de la maison funéraire ou du ministre du culte, pour savoir si en fait l'individu nous a bien dit la vérité et n'est pas en train d'essayer d'obtenir indûment de l'argent du programme d'allocation pour deuil au moyen d'une fraude... et cela nous est arrivé.

Nous avons licencié un individu qui avait prétendu qu'il était allé aux funérailles de sa belle-mère [*step-mother*] ; il l'avait attesté, signé, et il avait apporté une petite carte de la maison funéraire. Mais la situation paraissait douteuse. Il ne pouvait pas produire de documents montrant ses relations avec la personne ; il disait que c'était sa mère, ce n'était pas le cas. Et il ne pouvait rien nous fournir non plus pour étayer son affirmation suivant laquelle il avait assisté au service. Nous avons vérifié avec le directeur des funérailles. Celui-ci a pu nous informer que l'intéressé n'était pas là, quand il nous avait dit qu'il y était » (chargé des relations industrielles).

---

crucial qui engendre des pratiques surprenantes pour un observateur extérieur (cf. encadré 28).

Le contrat est appliqué de façon rigoureuse : « Si c'est une question qui a rapport au contrat et que nous n'avons pas donné notre accord dans le contrat, nous ne le ferons jamais », affirme solennellement un chef de service. Et, ajoute-t-il, « cela revient au mot de cohérence [*consistency*]. Si vous acceptez un travail médiocre de quelqu'un, vous établissez une norme pour tous les

149

gens bien [*good men*] partout ». Pareille cohérence est d'autant plus nécessaire que les précédents comptent beaucoup dans les procédures d'arbitrage. Si, dans une même situation, quelque chose qui a été donné à quelqu'un est refusé à quelqu'un d'autre, « le gars dira : "Hé, regardez, celui-là vous lui donnez ; j'écris une plainte [*grievance*]. " Aussi vous voyez la situation ; quand vous vous asseyez en face en arbitrage qu'arrive-t-il ? Vous n'êtes pas cohérent ; si vous avez reçu une plainte, vous la perdrez ».

Cette stricte application des règles est fondée sur l'idée d'égalité de traitement ; personne ne doit être privilégié (et si des distinctions sont jugées nécessaires, elles doivent être explicitement prévues dans les règles). Le syndicat l'accepte au nom de cette égalité. Ainsi, affirme son président, « si quelqu'un est absent pendant des jours supplémentaires, et que la règle dit qu'après un certain nombre de jours [cinq] on reçoit un avertissement écrit, il n'y a aucune différence entre un *stewart*, ou un *comiteeman*, ou le président du comité, et il n'y a aucune différence avec moi. Si je manque cinq jours, le sixième jour je recevrai un papier et il n'y a aucune différence ; c'est la politique que l'entreprise a établie, et personne n'est privilégié par rapport à quelqu'un d'autre. »

La sévérité des sanctions paraît souvent bien grande à un regard français. Ainsi un ouvrier a été licencié pour avoir pris une échelle, dans l'intention de l'emporter chez lui. Or celle-ci, au dire même de l'entreprise, « avait été mise à la ferraille et devait être jetée ». Le syndicat plaide que « la punition n'est pas à la mesure du crime ». Mais, rétorque la direction, le droit est clair : « Elle était néanmoins la propriété de l'entreprise », et le licenciement est la sanction prévue en cas de vol. Au quatrième stade de la procédure, ce licenciement a été finalement remplacé par une mise à pied de plus d'un mois. Et celle-ci a été perçue comme une telle mesure de clémence que le syndicat n'a pas cherché à aller en arbitrage.

Cette sévérité s'accompagne d'un contrôle très strict des conditions d'attribution des sanctions. Pour qu'il soit juste de sanctionner il faut que la responsabilité de l'intéressé soit engagée de façon indiscutable. Il faut que tout soit « absolument clair ». Celui qui sanctionne doit établir les faits, ce qui est parfois difficile (cf. encadré 29). Il ne peut se satisfaire de présomptions, même très fortes. De plus, il ne suffit pas d'être objectivement en faute pour

---

ENCADRÉ 29

Il faut prouver pour sanctionner

« Les moyens pour administrer les sanctions sont faibles. C'est [ricanement] probablement un des aspects les plus frustrants de mon travail. Vous devez avoir un amoncellement de preuves pour sanctionner. Si vous sanctionnez ils peuvent introduire une *grievance* ; et il y aura alors une sorte d'enquête. C'est un moment où si vous n'êtes pas comme un homme de loi... et c'est très décevant pour moi ; parce que vous devez fournir une quantité accablante d'évidences. Très souvent, sachant quel est le système, vous ne pouvez pas perdre votre temps à administrer des sanctions, parce que vous savez ce qui va suivre. Je ne peux pas nier que ça me décourage de temps en temps. Si quelqu'un a fait quelque chose de mal et que c'est... Vous savez, c'est comme si quelqu'un met trop longtemps pour faire un travail ; ce gars peut avoir des tas de raisons. Aussi pour être capable de prouver, je veux dire prouver sans laisser de doute, c'est difficile. La situation de sanction est probablement la chose la plus difficile que j'aie à gérer. Cela semble honteux que j'aie besoin... Si je sanctionne quelqu'un, le fardeau est sur moi ; il a fait la faute et je paye le prix pour cela, et c'est très frustrant » (contremaître, entretien).

« Si un ouvrier dort, s'il est penché comme cela [mettant sa tête sur la table entre ses bras] ; la meilleure que nous ayons eue, le gars était comme cela, le contremaître dit : " Réveille-toi ! tu dormais " et le gars répond : " Non, je ne dormais pas ; je priais. " Il l'observait depuis dix minutes, l'ouvrier était en train de ronfler... le contremaître lui tape sur l'épaule et il répond : " Hé vieux, qu'y a-t-il ? je priais " » (directeur des relations industrielles).

être tenu pour responsable. Il faut avoir été bien informé de ses devoirs : « Si je ne vous dis pas que dans ce pays vous ne devez pas rouler à plus de cinquante-cinq *miles* et que vous êtes arrêté par un policier qui vous dit que vous rouliez à soixante-cinq, c'est un peu injuste [*a bit unfair*]. Vous ne connaissiez pas la règle », précise le directeur de l'entretien. Et les excuses valables ne manquent pas. Celui qui est en faute avait-il « les bons outils » ? A-t-il « été formé » et sait-il « comment faire le travail » ? N'est-ce pas la « communication » qui est en cause ? Une fois tout cela considéré, affirme un contremaître, « alors il y a toujours le cas où le gars ne fait pas... Dans ce cas vous devez sanctionner ».

Les procédures et la morale

A bien des égards, la mise en œuvre du contrat conduit à des affrontements procéduriers pour lesquels chaque partie se mobilise. Du côté de la direction, elle est suivie de façon très centralisée par le service du personnel, chargé de prévenir tout ce qui pourrait créer des précédents dangereux. Pour sa part, le syndicat est d'autant plus incité à tout tenter dans la défense de ses membres qu'il est juridiquement responsable à leur égard. Mais les rapports entre les deux partenaires sont loin de se réduire à ce type d'affrontements.

Si le contrat donne une place impressionnante au catalogue des droits et des devoirs des parties, on y rencontre également un tout autre registre.

Ainsi un accord, annexé au contrat, détermine, par des clauses fort complexes, à qui les heures supplémentaires que l'entreprise fait effectuer seront offertes en priorité. Cet accord distingue dix situations de base, et pour chaque situation diverses catégories de personnel pouvant aller jusqu'à neuf. Il comporte en outre vingt-cinq clauses et trois « mémoranda de compréhension » précisant divers points plus ou moins importants, du rôle de l'ancienneté à la situation des ouvriers « n'ayant pas le téléphone ou dont l'entreprise a un mauvais numéro ». On pourrait penser que tout a été prévu. Pourtant il n'en est rien. Ce domaine appartient aux « zones grises du livre » (du contrat), où tout n'est pas écrit « de façon exacte et absolue ». Et on voit un registre bien différent s'introduire.

Le contrat complète les clauses définissant les droits des parties par un appel à leur « bonne foi » : « L'entreprise tentera *de bonne foi* de faire une distribution équitable des heures supplémentaires », énonce le contrat proprement dit. Et le texte d'interprétation qui lui est annexé précise : « Le travail en heures supplémentaires qui demande un personnel particulier au sein de l'équipe, pour des raisons d'expérience, de qualifications, d'habileté, de capacités, etc., peut être attribué sans tenir compte du tableau de rotation pourvu que pareilles attributions soient faites *de bonne foi* et discutées avec le *commiteeman* approprié. »

L'appel à la « bonne foi », à ce qui est « raisonnable », aux

« efforts » dont chacun est capable, se retrouve de manière plus large. Ainsi est-il écrit : « L'entreprise s'efforcera *de bonne foi,* compte tenu des nécessités d'une production efficace, de faire en sorte que le personnel soit programmé sur la base d'une semaine normale de travail de cinq (5) jours consécutifs, suivis par une période de repos de quarante-huit (48) heures consécutives. » Et il est fait référence à ces notions jusque dans des cas qui peuvent surprendre : « Durant la journée de travail normale, des dispositions seront prises pour que les membres du personnel puissent prendre leur repas *raisonnablement* près du milieu du poste. *Tous les efforts* seront faits pour appliquer cette ligne de conduite de façon cohérente dans l'usine. »

De son côté, la procédure d'arbitrage accéléré à laquelle le contrat donne la possibilité de recourir, si les deux parties s'accordent pour le faire, échappe explicitement au règne des formes juridiques pour s'en remettre à une conduite morale. « Les audiences seront informelles » ; « Il n'y aura pas de règles formelles pour les témoignages » ; les décisions rendues par l'arbitre « ne seront pas citées comme précédent » dans une affaire ultérieure. Et, simultanément, l'arbitre « assurera que l'audience sera *a fair one* à tous égards ».

On pourrait se demander si ces références et exhortations ne sont pas un simple pis-aller découlant du fait que, quelques efforts que l'on fasse, on ne peut tout prévoir, tout définir, tout régler à l'avance. Interrogé sur le sujet, le directeur (français) de l'usine pense à cette explication : « On ne peut pas mettre tout noir sur blanc. » Ainsi pour la limitation de la durée hebdomadaire du travail : « De temps en temps on a soixante-dix centimètres de neige, il est absolument impossible que les gens rentrent ou sortent de l'usine. On a des bulldozers qui essaient de dégager la route. Tout ce qu'on peut faire c'est d'en envoyer un chercher une cargaison de nourriture pour les gens qui sont coincés dans l'usine. Par contre, on ne va pas faire travailler les gens soixante heures par semaine pour le plaisir de les faire travailler soixante heures par semaine. »

Cette impossibilité à tout prévoir est bien sûr en cause, en particulier en matière d'heures supplémentaires. « Notre accord est très compliqué et peut-être pourrait-il être interprété de plusieurs façons », note le directeur des relations industrielles. « Toutes les

153

situations ne peuvent pas être couvertes par le contrat », rapporte pour sa part un contremaître qui a à l'appliquer quotidiennement. Il vaut mieux alors s'entendre, passer des compromis plutôt que d'aller jusqu'au bout de la procédure : « C'est beaucoup moins cher » ; « Cela évite d'avoir une procédure de *grievance* plus tard. » Et tant qu'à faire d'avoir à s'accorder, autant le faire de bonne foi.

Mais ces considérations utilitaires seraient de peu de poids si elles ne s'inscrivaient dans une vision morale. La définition contractuelle des droits et devoirs de chacun ne vise pas à se substituer à une approche morale, comme on pourrait le penser quand on appartient à une culture où la morale préfère d'autres voies. C'est, dans l'optique américaine, un instrument, souvent mais pas toujours le plus approprié, d'une approche à fondement moral. Direction et syndicat s'accordent parfaitement sur ce point.

Le manuel de relations industrielles destiné aux membres de l'encadrement affirme que « la procédure de *grievance* fournit à la direction et au syndicat un mécanisme pour régler les questions d'interprétation du contrat d'une manière ordonnée et *équitable* » ; ou encore que « quand des sanctions sont requises elles doivent être administrées dans un effort pour corriger l'individu de façon qu'il se conduise de façon acceptable plutôt que pour le punir de la mauvaise conduite déjà commise ».

Le président du syndicat affirme, de son côté, que si le syndicat avait « trop de contrôle », on serait conduit à « quelque chose qui ne serait pas réellement *fair* ». Il se réfère à l'image américaine de *fairness,* conçue comme résultant d'une situation d'équilibre entre les pouvoirs de négociations des partenaires : « Je pense que nous sommes arrivés fondamentalement à une donne 50-50, avec pour les deux parties une situation de contrôle et d'équilibre [*check and balance*] ; nous sommes à une bonne place. » Sans doute tous les syndicalistes ne tiendraient pas le même discours. L'intéressé est vu par le directeur de l'usine comme « un homme honnête, de bonne foi, qui veut le bien de l'usine, qui est un petit peu à la limite même un syndicaliste utopiste ». Ses propos, qui frappent d'autant plus que le syndicat dont il est responsable local est considéré comme « dur », n'en apparaissent que plus sincères.

Un esprit qui demeure, qu'on s'affronte ou qu'on coopère

Cette manière de vivre et de travailler ensemble est compatible avec des climats de relation allant de l'excellent au détestable. Mais elle donne une forme particulière à la façon dont se concrétise chacun d'eux.

Il est certes des moments où les affrontements procéduriers ne suffisent plus à canaliser l'hostilité entre les parties. L'usine n'ignore pas les pratiques d'intimidation et les actes de violence physique (la violence est aussi un élément de la réalité américaine). Mais ceux-ci semblent très circonscrits. Et il est frappant de voir à quel point des antagonismes vigoureux arrivent à trouver un mode d'expression adéquat sous la forme de conflits menés dans le strict respect des règles du jeu.

L'histoire de l'usine a connu des époques où l'encadrement et le personnel ouvrier étaient à couteaux tirés. « Le président de l'entreprise, relate à sa façon le président du syndicat, pensait que les membres du personnel étaient des animaux et nous avons eu des temps difficiles, parce que cela se diffuse à travers le management. » Or les affrontements qui en ont résulté se sont bornés pour l'essentiel à une recherche de protection contractuelle et à une activité procédurière associée à la mise en œuvre conflictuelle du contrat. « Il se passait beaucoup de choses qui n'étaient pas *fair* pour le personnel. Si elles avaient été *fair*, le syndicat n'aurait pas été là », affirme un ouvrier. Et le nombre de *grievances* a atteint des niveaux très élevés. Mais on est resté à peu de choses près dans le cadre d'affontements respectant les règles.

La place tenue par cette forme d'affrontements qui, bien que vigoureux, se déroulent dans les règles, est particulièrement frappante lors de la renégociation triennale du contrat. Chaque partie essaie de faire le meilleur usage possible de son *bargaining power*, au cours de grèves qui peuvent durer des mois. Mais, même pendant cette période de conflit ouvert, les droits et devoirs de chaque partie restent à bien des égards strictement délimités et respectés. De manière générale, les luttes syndicales se déroulent dans un climat bien différent de celui qui les marque en France. Le syndicat se perçoit comme « administrant le contrat », certains ouvriers le comparent à un *lawyer* qui serait à leur service, et il n'est nullement péjoratif de parler d'*union business*.

La qualité des rapports entre la direction et le personnel ouvrier a significativement changé au cours du temps. Au moment de notre enquête elle paraissait bien meilleure qu'elle n'avait été dans d'autres périodes, les gens « n'étant plus regardés comme des animaux ». Le nombre de *grievances* avait décru de façon spectaculaire (d'une par jour à une par mois dans un des services). Mais ce bon climat n'empêchait pas d'appliquer avec rigueur les règles du jeu contractuel. Cette rigueur fait partie d'un certain idéal de justice où trouve sa place, selon le président du syndicat, « un contremaître qui sanctionne de manière adéquate quand il faut sanctionner et loue quand il faut louer. » Et elle reste de mise quand règne un climat encore meilleur que celui des meilleurs jours de Patrick City. Dans une autre usine du même groupe, souvent citée en exemple pour la qualité des relations entre l'encadrement et le personnel ouvrier, pareille forme de rigueur ne paraissait pas avoir disparu.

Reconnaître la qualité du travail ouvrier

Les règles qui protègent les ouvriers contre tout arbitraire interdisent simultanément de mieux traiter ceux qui fournissent un travail excellent que ceux dont le travail est médiocre. « C'est une honte, affirme un contremaître, si quelqu'un se détache comme faisant de bonnes performances, il sera payé pareil ; et l'argent est une des plus grandes motivations sur la terre. Nous n'avons aucun contrôle là-dessus, c'est contrôlé par le syndicat, ce mécanicien peut être en haut, ce mécanicien peut n'être pas si bon, ils seront payés pareil. » Il n'est pas facile de trouver des procédures qui, protégeant des discriminations tout en assurant la juste pesée des mérites, soient *fair* à tous égards.

Certes, le contrat laisse à l'entreprise la possibilité de sanctionner en cas de faute. Mais il faut prouver qu'il y a eu faute. Et c'est souvent difficile. De plus il suffit de s'en tenir au plus juste à ses strictes obligations pour être inattaquable. En fait les sanctions ne servent qu'en « dernier ressort » ou « quand il y a un problème de discipline sérieux ». Leur fonction essentielle paraît être d'empêcher que trop de laxisme envers ceux qui ne respectent pas certaines normes minimales ne décourage ceux qui les respectent volontiers[1].

Voyant ainsi sa marge de manœuvre sévèrement limitée, l'encadrement dispose néanmoins de certains moyens de reconnaître les « efforts supplémentaires pour faire un bon travail ». Si le contrat prohibe les rétributions sonnantes et trébuchantes, il ne règle pas la totalité des relations que chaque contremaître entretient avec les ouvriers qu'il dirige. Et ces relations permettent de mettre en œuvre des formes de reconnaissance personnelle qui compensent, dans une certaine mesure, l'absence de récompenses salariales.

La représentation suivant laquelle chacun « travaille pour » son supérieur ne concerne pas seulement l'encadrement. « Je travaille pour mon contremaître », note un ouvrier, traduisant une manière de voir qui paraît communément partagée. Et le fait que ce contremaître se conduise plus ou moins *fairly* est de grande importance. Il faut être « un contremaître correct [*decent*] », témoigne l'un d'eux, ajoutant : « Si vous êtes correct tous les jours, de la même façon tous les jours, ils feront bientôt de bons progrès. Vous avez à vous y mettre et à travailler avec les gens pour obtenir une relation où ils vous respectent. »

Ce sentiment de « travailler pour son contremaître » conduit à attacher une grande importance à la manière dont celui-ci reconnaît le travail accompli. « C'est un bon boulot, mon patron est content », nous a affirmé un ouvrier. Certes il en est qui, n'ayant « aucune ambition », n'ont cure des marques de reconnaissance qu'ils peuvent recevoir. Dans ce cas, « la seule chose possible est de suivre le livre, pour ce qui est des sanctions ». Mais la plupart paraissent prêts à « être fiers de bien faire le travail », à « s'enorgueillir » d'avoir opéré vite et bien. Et pour eux, les louanges (*praise*) données à bon escient et accompagnées de manifestations symboliques de reconnaissance, beignets, poulets, ou caisses de bière, « signifient beaucoup » (cf. encadré 30).

Une forme élémentaire et indispensable de reconnaissance est de montrer son intérêt pour ce que fait son subordonné. Le suivi (*follow up*) est un aspect essentiel de l'activité des contremaîtres.

_____

1. On sait que, selon Durkheim, c'est, de manière générale, la fin principale des sanctions.

ENCADRÉ 30

Louanges et marques symboliques de reconnaissance

« Je pense que tout le monde a besoin de louange ; la clef de cela est que vous pouvez donner plus de travail, mais aussi longtemps que vous dites : " Hé ! c'était magnifique, quel travail tu as fait. " Ils savent qu'ils gagneront quatorze dollars de l'heure aussi longtemps qu'ils seront là, et qu'en travaillant un peu plus dur ils ne seront pas payés plus. Aussi, il y a quelque chose d'autre. Je pense que les louanges vous savez... Il y a des moments où nous achetons des beignets, nous achetons des poulets. Si nous venons d'avoir une mauvaise semaine avec un surcroît de travail et que nous avons fait réellement tout ce que nous pouvions — chaque gars a fait des heures supplémentaires —, nous achetons des beignets, nous achetons des poulets. Cela signifie beaucoup pour eux. Vous devez le faire ! Vous devez montrer que vous appréciez, au-delà de l'argent » (contremaître principal).

« Avec la situation d'usine syndiquée, il est très difficile de récompenser quelqu'un. Le reconnaître personnellement est à peu près la seule chose que je peux faire. Une chose que nous faisons est d'aller leur acheter des beignets ; nous prenons l'argent dans notre poche. C'est une petite chose, coûte quelques dollars, mais signifie beaucoup pour eux ; le symbole est là. Nous ne le faisons pas chaque semaine. Hé ! ce n'est pas attendu vous savez » (contremaître).

« Il a quelque temps, le gars qui avait la meilleure moyenne pour la coulée recevait une caisse de bière, le chef de service faisait cela. Maintenant nous recevons une couple de *quarter* [25 *cents*] pour ce qu'ils appellent un bingo, c'est-à-dire cinq cuves parfaites. S'ils veulent 15 000 livres pour cinq cuves et que vous leur donnez 15 000 livres plus ou moins zéro, ce sera un bingo. Cela rend les choses plus intéressantes de faire ainsi » (ouvrier).

« Je pense, affirme un contremaître principal, que l'essentiel est que les surveillants et le management s'intéressent [*care*] au genre de travail que les gens font. » Ce terme de *care* (se soucier de, se préoccuper de, s'intéresser à, être concerné par), qui s'oppose à l'idée d'indifférence (*I don't care* : ça m'est égal, je m'en fiche) est revenu constamment dans la bouche de nos interlocuteurs. Pour montrer que l'on est concerné, il faut « vérifier » (*check*) le travail fait. Sinon les ouvriers disent : « Je travaille pour vous, vous me dites de faire le travail, et je constate que vous n'êtes pas venu vérifier. Pourquoi devrais-je me soucier de la sorte de travail que je fais ? » Un contremaître résume de façon lapidaire : « Mes gens savent que je reviens et vérifie leur travail ; *when they know you care they care* » (mais, bien sûr, vérifier ainsi ne doit pas conduire à « tracasser [*bother*] l'ouvrier », en observant son travail « comme si on regardait derrière l'épaule de quelqu'un »).

Poussée jusqu'à son terme, cette reconnaissance ne porte pas seulement sur la qualité des travaux dont chacun est chargé en tant qu'exécutant, mais aussi sur la valeur de ses idées, de ses avis, de ses suggestions : « Si vous avez quelques minutes sans beaucoup de choses en train, demandez-leur : " C'est mon idée, jettes-y un coup d'œil, reviens et dis-moi ce que tu en penses. " Cela signifie beaucoup pour eux. Vous leur faites sentir que vous croyez en eux, que vous avez une haute opinion, plutôt que de dire : " Tu vas là-bas faire ça. " » Les ouvriers sont alors traités comme des partenaires qui méritent qu'on leur « explique », qu'on leur fasse « comprendre les raisons », qu'on les « écoute ». On « communique » avec eux. Et nos interlocuteurs, reprenant à leur compte les grands thèmes de l'école des « relations humaines », n'ont pas manqué de souligner les conséquences heureuses de cette « communication » sur la « motivation », l' « implication », et le « sentiment de responsabilité » du personnel.

Dans la pratique, la « communication » qui régnait à Patrick City paraissait encore très en deçà des idéaux proclamés. L'usine émergeait progressivement d'un passé dominé par un style très autocratique. Suivant les termes d'un contremaître, évoquant une période pas si lointaine, « personne ne comprenait les gars ; ils pouvaient faire toutes les suggestions, personne n'aurait écouté ». Des évolutions substantielles, unanimement reconnues, s'étaient produites, mais bien du chemin restait à parcourir. Nous verrons que cette forme de situation de transition marque largement l'industrie américaine des années 80.

La manière américaine de travailler ensemble se montre ainsi marquée par deux exigences majeures. Chacun doit avoir la possibilité d'agir librement, en engageant sa responsabilité personnelle dans des contrats dont il apprécie souverainement les termes. Et il convient simultanément d'être fidèle à un impératif moral de *fairness* qui demande que la juste pesée des mérites individuels s'associe au respect dû à tout homme. Il paraît pour le moins difficile de bâtir des procédures capables de concilier parfaitement le *free* et le *fair*. Les modes d'organisation américains classiques, que nous avons vu mis en œuvre à Patrick City, permettent seulement de trouver certaines approximations pratiques de pareille conciliation. Et s'ils y arrivent quelque peu, ce n'est que dans la mesure où l'attachement aux valeurs morales d'honnêteté et de bonne foi vivifie les procédures tout en donnant une place à ce qu'elles tendraient à négliger.

A travers la manière laborieuse dont elle tente de le mettre en œuvre, la vie de l'usine porte témoignage d'un idéal politique irréductible à une pure rationalité économique. Nous allons voir maintenant combien sont profondes les racines qui ancrent cet idéal dans l'histoire des États-Unis.

2. L'héritage de marchands pieux

Le tableau de la vie sociale et politique américaine peint par Tocqueville il y a un siècle et demi, et les descriptions qu'il donne des origines de l'Union, préfigurent étonnamment le monde d'une usine américaine d'aujourd'hui. On y trouve la même manière de privilégier l'échange entre égaux, la même combinaison de procédures raffinées, de références morales et de pression des mœurs, destinées à permettre aux « libres » rapports entre le fort et le faible de ne pas trop s'écarter de cet idéal. On y trouve la même image d'une communauté au sein de laquelle les relations contractuelles, si elles sont essentielles, ne sont pas tout. Et cette forme d'idéal, légué au nouvel État par les marchands pieux qui l'ont fondé, n'a pas fini de marquer les aspects les plus divers de la réalité américaine.

Liberté, procédures et morale

Ceux qui, à l'époque de la fondation de l'Union, rêvaient d'une société idéale, la concevaient volontiers comme une libre association de citoyens égaux, liés par un « contrat social ». Si, au sein de la vieille Europe, cette idée a inspiré bien des réformes, celles-ci ont dû largement composer avec des institutions et des mœurs solidement établies sur d'autres principes. Au contraire, aux États-Unis, pareille référence, présente dès l'origine, a marqué les institutions et les mœurs dès le départ, laissant une empreinte qui ne devait pas s'effacer.

Débarquant sur les rivages de la Nouvelle-Angleterre, les émigrants passèrent en 1620 un acte les constituant en société, et cet acte prit une forme de contrat : « Nous, dont les noms suivent qui, pour la gloire de Dieu, le développement de la foi chrétienne et l'honneur de notre patrie, avons entrepris d'établir la première colonie sur ces rivages reculés, nous convenons dans ces présentes, par consentement mutuel et solennel, et devant Dieu, de nous former en corps de société politique, dans le but de nous gouverner et de travailler à l'accomplissement de nos desseins ; et en vertu de ce contrat, nous convenons de promulguer des lois, actes, ordonnances, et d'instituer, selon les besoins, des magistrats auxquels nous promettons soumission et obéissance. »

Ce sont des individus qui « conviennent », par « consentement mutuel et solennel », de se « former en corps de société politique ». C'est l'accord libre des volontés, donc un « contrat », qui est fondateur. Et on conçoit que, dans l'optique américaine, il ne puisse rien y avoir de plus haut que cet accord souverain de ceux qui s'engagent mutuellement. Le contrat n'est pas seulement une technique commode, mais a quelque chose de sacré, et le contrat fondateur est pour sa part passé « devant Dieu ».

La liberté qui est ainsi exaltée s'inscrit dans une vision religieuse et morale. La création du nouvel État s'est faite dans un grand élan de ferveur religieuse. L'esprit d'innovation qui régnait en matière d'institutions politiques allait de pair avec un grand attachement à de stricts principes moraux. « Il me sembla, écrit Tocqueville, que les législateurs américains étaient parvenus à opposer, non sans succès [...] aux mouvements continuels du monde politique l'immobilité de la morale religieuse. » La liberté qui est revendiquée n'est pas, suivant les termes d'un gouverneur d'un des premiers États de l'Union, « une sorte de liberté corrompue [...] qui consiste à faire tout ce qui plaît [...]. Il est une liberté civile et morale qui trouve sa force dans l'union, et que la mission du pouvoir lui-même est de protéger : c'est la liberté de faire sans crainte ce qui est juste et bon ».

Sans doute la notion américaine de « ce qui est juste et bon », peut-elle paraître parfois surprenante à ceux qui ne la partagent pas. « Souvent, note Tocqueville, les Américains appellent une louable industrie ce que nous nommons l'amour du gain, et ils voient une certaine lâcheté de cœur dans ce que nous considérons comme la modération des désirs. » Son authenticité n'est pas pour autant plus à suspecter que celle de notions du juste et du bon qui nous sont plus familières. Elle met en son centre le fait de « ne pas reculer devant la responsabilité de ses propres actes », joint à l' « honnêteté » et à l' « équité ».

Cet attachement à une vision morale va de pair avec la conviction que la société doit être réglée par des institutions et des procédures. L'acte fondateur évoque les « lois, actes et ordonnances » et l' « obéissance » aux magistrats. Génération après génération, l'établissement d'institutions mettant en œuvre les idéaux américains a été l'objet des plus grands soins. A l'époque où Tocqueville écrivait, bien des expériences avaient déjà été faites, et bien des retouches apportées aux institutions. Et notre voyageur célébrait la sagesse des législateurs qui avaient su, grâce à un équilibre savant des pouvoirs, préserver le règne de la démocratie.

L'idéal du contrat entre hommes libres, qui marque ainsi les institutions politiques comme la société civile, pourrait avoir quelque chose d'inhumain. Mais en fait il s'inscrit dans une forte image de la communauté, sans quoi la société n'aurait sans doute pas de vrai ciment. Les premiers émigrants qui ont donné à la nation le tour particulier qu'ont pris ses institutions et ses mœurs n'étaient pas seulement des puritains honnêtes. Peignant leur départ d'Angleterre, Nathaniel Morton, l'historien des premières années, décrit plutôt un monde de sentiments exaltés que de pesée rigoureuse des intérêts des droits et des devoirs : « La nuit s'écoula sans sommeil, elle se passa en épanchements d'amitié, en pieux discours, en expressions pleines d'une véritable tendresse chrétienne. Le lendemain ils se rendirent à bord, leurs amis voulurent encore les accompagner ; ce fut alors qu'on ouït de profonds soupirs, qu'on vit des pleurs couler de tous les yeux, qu'on entendit de longs embrassements et d'ardentes prières dont les étrangers eux-mêmes se sentirent émus [1]. »

Un idéal de marchands pieux

L'idéal qui se dessine ainsi peut paraître étrange à un regard français. C'est sans doute, en bonne part, parce qu'il s'agit d'un idéal de marchands. « Les Américains, écrit Tocqueville, [...] transportent dans la politique les habitudes du négoce. Ils aiment

---

1. Traduction de Tocqueville, *De la démocratie en Amérique*, t. I.

l'ordre, sans lequel les affaires ne sauraient prospérer, et ils prisent particulièrement la régularité des mœurs, qui fonde les bonnes maisons. »

Évoquer un idéal de marchands peut apparaître, sous une plume française, comme un propos ironique, tellement les mots de marchand et d'idéal font mauvais ménage dans notre culture. Mais comment comprendre des sociétés différentes de la nôtre sans prendre quelque distance par rapport à nos préjugés ? En bien des lieux, la notion de marchand n'a rien d'incompatible avec celle d'idéal. Et c'est peut-être parce que nous avons du mal à associer l'une avec l'autre qu'il nous est parfois si difficile de comprendre les États-Unis.

Les émigrants qui, arrivant en Nouvelle-Angleterre, ont fondé la société américaine constituaient un groupe très particulier. Les grands seigneurs, qui donnaient alors le ton dans la plupart des sociétés européennes, n'étaient guère représentés, pas plus que le peuple. Les classes moyennes aisées dominaient, et il régnait une grande égalité de condition. De plus, ceux qui avaient entrepris de quitter leur patrie pour aborder de nouveaux rivages étaient pour la plupart animés par les idéaux puritains. Ce n'était pas les valeurs aristocratiques et cléricales de distinction et de désintéressement qui les marquaient (et c'est sans doute parce que nous, Français, sommes largement héritiers de ces valeurs, que nous tendons à regarder avec condescendance des idéaux de marchands). C'était les valeurs marchandes d'honnêteté.

On conçoit que, fondant une société, des marchands vertueux l'aient édifiée sur la base des valeurs et des institutions qui permettaient le fonctionnement régulier de leurs affaires (fonctionnement que leurs orientations morales conduisaient à privilégier par rapport aux profits spéculatifs, obtenus par chance, par ruse, ou par tromperie). Il ne paraît pas étonnant qu'ils aient donné une place centrale à la logique de l'échange honnête et équitable. Et l'image d'une relation entre fournisseur et client, utilisée si volontiers en évoquant les rapports internes à notre usine (« C'est pour cela qu'ils sont payés » ; « C'est pour cela que je les paye »), n'est pas, dans cet univers, une simple figure de rhétorique ou un propos méprisant. Elle révèle un esprit qui imprègne profondément la société américaine.

A côté de cette logique marchande, qui ne suffit pas à fonder une société, une autre dimension inspire l'existence de marchands pieux : la vie de la communauté des fidèles, unis dans le chant de ces merveilleux chorals qui, chantés ensemble à l'office divin, transportent dans un monde de gratuité et de pureté ; la conviction partagée qu'une place doit être faite à chacun, et que, si coupable soit-il, une chance de s'amender doit lui être laissée [1].

Travailler pour ses égaux

En même temps qu'elle régit les institutions politiques, l'image d'une société de citoyens égaux reliés par un réseau de contrats marque, dans l'Amérique que visite Tocqueville, ce qui paraissait à notre voyageur le plus étranger à pareille conception des rapports entre les hommes. Et, à voir jusqu'où s'étend l'empire de la logique contractuelle, on peut juger à quel point elle imprègne l'ensemble de la société.

Quelles relations peuvent, aux yeux d'un aristocrate français du XIXe siècle, être plus différentes de l'échange entre citoyens égaux que les rapports qu'un maître entretient avec son serviteur, ou ceux que les simples citoyens entretiennent avec leurs gouvernants. Or, dans l'Amérique de Tocqueville, ces relations, remodelées par les conceptions de la société qui animent le nouvel État, changent de nature. On les voit conduire à travailler en échange d'un salaire, pour quelqu'un dont on reste l'égal. Et, ainsi animés d'un autre esprit, les rapports les plus opposés deviennent étrangement semblables. « Les serviteurs américains [...] ne se sentent pas abaissés par l'idée qu'ils reçoivent un salaire ; car le président des États-Unis travaille aussi pour un salaire. On le paye pour commander, aussi bien qu'eux pour servir. »

Pour saisir le sens de ces propos qui peuvent paraître paradoxaux, il vaut la peine de s'arrêter successivement à ce que dit Tocqueville des relations entre maître et serviteur (cf. encadré 31) et des rapports entre gouvernants et gouvernés.

1. Par ailleurs l'idéal politique américain a été influencé par la place que la tradition anglaise donne à la régulation par le droit et au respect des formes juridiques. L'idéal politique néerlandais, bien que formé largement lui aussi par des marchands vertueux, hérite d'une autre tradition, plus germanique, en matière de régulation de la vie en société, qui semble privilégier pour sa part une recherche de conciliation (cf. Max Weber, *Philosophie du droit*).

ENCADRÉ 31

Les relations entre maîtres et serviteurs aux États-Unis d'après Tocqueville

« Dans les démocraties, les serviteurs ne sont pas seulement égaux entre eux ; on peut dire qu'ils sont, en quelque sorte, les égaux de leurs maîtres.

Ceci a besoin d'être expliqué pour se faire bien comprendre.

A chaque instant, le serviteur peut devenir maître et aspire à le devenir ; le serviteur n'est donc pas un autre homme que le maître.

Pourquoi donc le premier a-t-il le droit de commander et qu'est-ce qui force le second à obéir ? L'accord momentané et libre de leurs deux volontés. Naturellement ils ne sont point inférieurs l'un à l'autre, ils ne le deviennent momentanément que par l'effet du contrat. Dans les limites de ce contrat, l'un est le serviteur et l'autre le maître ; en dehors, ce sont deux citoyens, deux hommes.

Ce que je prie le lecteur de bien considérer, c'est que ceci n'est point seulement la notion que les serviteurs se forment à eux-mêmes de leur état. Les maîtres considèrent la domesticité sous le même jour, et les bornes précises du commandement et de l'obéissance sont aussi bien fixées dans l'esprit de l'un que dans celui de l'autre.

Lorsque la plupart des citoyens ont depuis longtemps atteint une condition à peu près semblable, et que l'égalité est un fait ancien et admis, le sens public, que les exceptions n'influencent jamais, assigne, d'une manière générale, à la valeur de l'homme, de certaines limites au-dessus ou au-dessous desquelles il est difficile qu'aucun homme reste longtemps placé.

En vain la richesse et la pauvreté, le commandement et l'obéissance mettent accidentellement de grandes distances entre deux hommes, l'opinion publique, qui se fonde sur l'ordre ordinaire des choses, les rapproche du commun niveau et crée entre eux une sorte d'égalité imaginaire, en dépit de l'inégalité réelle de leurs conditions.

La forme d'égalité contractuelle qui lie le maître au serviteur par « l'accord momentané et libre de leurs deux volontés » n'est pas une simple référence idéologique. Elle se traduit doublement dans la réalité des rapports qu'ils entretiennent.

Leurs positions respectives ne constituent pas un héritage de relations ancestrales qui les marqueraient dans la dignité de leurs personnes. Ils « ne se trouvent ni humbles ni fiers en se regardant ». Façonné par l'opinion, leur regard les conduit à se percevoir comme fondamentalement égaux. Il ne s'agit pas seule-

Cette opinion toute-puissante finit par pénétrer dans l'âme même de ceux que leur intérêt pourrait armer contre elle ; elle modifie leur jugement en même temps qu'elle subjugue leur volonté.

Au fond de leur âme, le maître et le serviteur n'aperçoivent plus entre eux de dissemblance profonde, et ils n'espèrent ni ne redoutent d'en rencontrer jamais. Ils sont donc sans mépris et sans colère, et ils ne se trouvent ni humbles ni fiers en se regardant.

Le maître juge que dans le contrat est la seule origine de son pouvoir, et le serviteur y découvre la seule cause de son obéissance. Ils ne se disputent point entre eux sur la position réciproque qu'ils occupent ; mais chacun voit aisément la sienne et s'y tient.

Au nord, la plupart des serviteurs sont des affranchis ou des fils d'affranchis. Ces hommes occupent dans l'estime publique une position contestée : la loi les rapproche du niveau de leur maître ; les mœurs les en repoussent obstinément. Eux-mêmes ne discernent pas clairement leur place, et ils se montrent presque toujours insolents ou rampants.

Mais, dans ces mêmes provinces du nord, particulièrement dans la Nouvelle-Angleterre, on rencontre un assez grand nombre de blancs qui consentent, moyennant salaire, à se soumettre passagèrement aux volontés de leurs semblables. J'ai entendu dire que ces serviteurs remplissent d'ordinaire les devoirs de leur état avec exactitude et intelligence, et que, sans se croire naturellement inférieurs à celui qui les commande, ils se soumettent sans peine à lui obéir.

Il m'a semblé voir que ceux-là transportaient dans la servitude quelques-unes des habitudes viriles que l'indépendance et l'égalité font naître. Ayant une fois choisi une condition dure, ils ne recherchent pas indirectement à s'y soustraire, et ils se respectent assez eux-mêmes pour ne pas refuser à leurs maîtres une obéissance qu'ils ont librement promise.

De leur côté, les maîtres n'exigent de leurs serviteurs que la fidèle et rigoureuse exécution du contrat ; ils ne leur demandent pas des respects ; ils ne réclament pas leur amour ni leur dévouement ; il leur suffit de les trouver ponctuels et honnêtes » (*De la démocratie en Amérique*, t. II).

---

ment d'une affirmation théorique d'égalité. Tout un style de rapports bascule — les maîtres « ne demandent pas des respects » —, et ce que chacun ressent « dans son âme » est transformé. On voit ainsi s'effacer un aspect essentiel de l'inégalité (qui n'a pas vraiment disparu dans un pays comme le nôtre) : l'existence d'une symbolique qui, pour être parfois subtile, n'en exprime pas moins une différence radicale ; tout un jeu de la révérence et de la condescendance ; un respect qui ne s'arrête pas aux frontières du service, mais marque si bien les différences entre personnes qu'il se manifeste dans les circonstances qui lui sont le plus étrangères ; une sorte de sentiment des maîtres d'appartenir à une autre race.

Ces aspects symboliques de la relation ne sont pas seuls en cause. Les droits et devoirs concrets des parties sont affectés eux aussi. « Les maîtres n'exigent de leurs serviteurs que la fidèle et rigoureuse exécution du contrat. » Seul ce contrat leur donne le droit de commander, dans les strictes limites qu'il définit, et non quelque qualité inhérente à leur personne, qui leur donnerait droit à un « dévouement » indéfini.

Dans ces rapports entre maître et serviteur, les mœurs suffisent à transformer ce qui a usuellement une tout autre nature, en un échange, entre égaux, d'un travail contre un salaire. Elles se combinent par ailleurs aux institutions pour opérer la même alchimie sur les relations entre les gouvernés et les agents du pouvoir exécutif. Ceux-ci sont considérés comme des mandataires engagés par les citoyens pour faire un certain travail. Et cela conditionne aussi bien leur situation symbolique que la manière dont leurs responsabilités sont définies et mises en œuvre.

Ceux qui détiennent le pouvoir exécutif (parmi lesquels Tocqueville ne distingue pas les « gouvernants » et les « fonctionnaires »), restent des hommes ordinaires qui exécutent une mission utile à la société, sans réellement s'élever au-dessus d'elle. Tocqueville évoque la « simplicité des gouvernants » aux États-Unis, simplicité qui, dit-il, « ne tient pas seulement à un tour particulier de l'esprit américain, mais aux principes fondamentaux de la société ». Ils n'ont rien de sacré et ne suscitent pas de révérence particulière. Et « les fonctionnaires eux-mêmes sentent parfaitement qu'ils n'ont obtenu le droit de se placer au-dessus des autres par leur puissance, que sous la condition de descendre au niveau de tous par leurs manières ».

Les devoirs des gouvernants sont par ailleurs définis à la manière de ceux d'un prestataire de services à qui ses mandants fixent la mission qu'il a à remplir (cf. encadré 32). La marge de liberté qui leur est concédée est à la hauteur du sérieux avec lequel ils devront rendre compte. Le type de contrôle qui s'exerce sur eux tend à adopter, dans son esprit comme dans ses procédures, l'approche qui est celle d'un contrôle judiciaire. Il s'exerce *a posteriori*. Et ils ne bénéficient pas de la protection personnelle par rapport à la justice commune dont la loi et les mœurs font

---

ENCADRÉ **32**

L'exécutif vu comme mandataire

« Les Américains ont pensé avec raison que le chef du pouvoir exécutif, pour remplir sa mission et porter le poids de la responsabilité tout entière, devait rester, autant que possible, libre de choisir lui-même ses agents et de les révoquer à volonté ; le corps législatif surveille le président plutôt qu'il ne le dirige.

Les fonctionnaires américains sont bien plus libres dans le cercle d'action que la loi leur trace qu'aucun fonctionnaire d'Europe. Souvent on se borne à leur montrer le but vers lequel ils doivent tendre, les laissant maîtres de choisir les moyens.

Je ne sais si j'ai besoin de dire que chez un peuple libre, comme les Américains, tous les citoyens ont le droit d'accuser les fonctionnaires publics devant les juges ordinaires, et que tous les juges ont le droit de condamner les fonctionnaires publics, tant la chose est naturelle.

Le président des États-Unis est responsable de ses actes. La loi française dit que la personne du roi est inviolable » (Tocqueville, *De la démocratie en Amérique*, t. I).

---

bénéficier leurs homologues dans beaucoup de pays, dont le nôtre.

Il est certes besoin, aux États-Unis comme ailleurs, d'hommes à qui s'attache une sorte d'aura sacrée leur permettant de jouer parfois un rôle d'arbitre. Mais c'est aux juges, non à ceux qui dirigent l'État, que revient ce rôle.

Des idéaux qui demeurent

Dans l'Amérique que découvrait Tocqueville, les différences de richesse et d'instruction étaient faibles, et grande la dispersion des pouvoirs. L'idéal du libre contrat entre égaux pouvait sans trop de mal inspirer la réalité. Mais cette situation n'a pas duré. La révolution industrielle a provoqué l'émergence de grandes puissances économiques et financières, et d'un prolétariat sans grands pouvoirs. Qu'ont pu devenir, dans pareil contexte, les idéaux américains ? Car, entre le fort et le faible, que signifie la liberté de contracter ? Les fameux *robber barons,* qui ont marqué la fin du xixe siècle et son capitalisme sauvage, ne semblaient guère avoir scrupule à exploiter au mieux leurs positions de force. Au cours de l'histoire des États-Unis, de multiples aspects de la réalité ont eu (et ont toujours) tendance à s'écarter des idéaux professés par les fondateurs. Aussi certains censurent sans appel la conception américaine de la liberté, l'assimilant à l'intrusion du « renard libre dans le poulailler libre ». Mais a-t-on jamais connu des idéaux capables de créer une société parfaite ?

S'ils n'ont pas régné sans partage, les idéaux fondateurs n'ont pas non plus été abandonnés. Ils n'ont jamais cessé d'influencer, de multiples manières, la vie de la société. Quand les forts se servent de la liberté de contracter pour exploiter les faibles, on voit surgir, à toute époque, et pas seulement chez ceux qui en sont victimes, des champions ardents à défendre la justice. L'idéal de liberté contractuelle n'a pas été répudié, mais les réformateurs ont constamment voulu, en rééquilibrant les pouvoirs de négociation des partenaires, permettre à cette liberté d'être compatible avec l'équité. La recherche de l'équilibre des pouvoirs, qui marque depuis les origines la vie politique américaine, s'est ainsi progressivement étendue au sein de la société civile.

L'existence de pareil mouvement a particulièrement marqué la sphère économique. Il est vrai que les Américains donnent parfois l'impression de réagir trop lentement au spectacle de rapports économiques qui, laissés au libre jeu du marché, suscitent chez beaucoup d'entre eux le sentiment qu'ils n'ont rien de *fair*. Mais on ne les voit guère rester indéfiniment passifs. Leur originalité est, sans doute, de s'efforcer avec persévérance de rester autant que faire se peut fidèles au « marché libre », tout en limitant les pouvoirs du fort. Il est frappant de retrouver, dans chaque cas, la recherche de *fairness,* le souci de préciser minutieusement les droits et les devoirs de chacun, et l'utilisation de procédures inspirées des pratiques judiciaires, même quand elles ne recourent pas à l'appareil de la justice, que nous avons rencontrés dans notre usine.

Il sortirait bien sûr du propos du présent ouvrage de rappeler, même brièvement, comment s'est formé au cours du temps le cadre légal et institutionnel de l'économie américaine. La réglementation antitrust en reste sans doute l'aspect le plus connu. Nous évoquerons simplement ici deux domaines particulièrement significatifs, chacun à sa manière. L'un, qui concerne la législation du travail, et dont nous avons vu l'application à Patrick City, est largement un héritage du New Deal et de l'esprit des années 30. L'autre, qui touche au fonctionnement des marchés financiers, défraie actuellement la chronique. Et, en pleine période de déréglementation, une stricte législation s'y met en place.

Les « pratiques déloyales » des employeurs et des syndicats

Les « négociations », immortalisées par *Les Raisins de la colère,* qui livrent des salariés aux abois à la cupidité d'employeurs en position de force ne satisfont guère les idéaux américains. Et ces idéaux rendent difficilement admissible qu'un syndicat puissant mette à genoux un petit employeur. Dans l'un et l'autre cas, la société doit intervenir. Certes, dans les conceptions américaines, il revient aux intéressés, employeurs et salariés, de s'accorder pour déterminer les salaires et les conditions de travail. La puissance publique n'a pas à leur dicter les clauses des contrats par lesquels ils se lient. Mais elle ne doit pas pour autant laisser faire. Si la libre négociation du *contenu* même des contrats constitue une sorte de dogme, les *procédures* de négociation doivent être telles que le résultat du processus soit équitable. La société doit porter la plus grande attention au champ de force au sein duquel vont se déterminer les volontés des parties et le résultat de leurs accords [1]. Dans le cas présent, cette régulation se fait en prohibant un ensemble de pratiques qualifiées de déloyales (*unfair labor practices*), car génératrices de déséquilibres dans la négociation (cf. encadré 33) [2].

L'action collective des salariés est considérée comme un moyen fondamental de rééquilibrer les négociations. C'est à ce titre que la loi protège l'exercice des droits syndicaux. Les pratiques prohibées sont aussi variées que peut l'être l'imagination des employeurs. Elles vont des actes de violence physique au fait d'espionner ceux qui participent à une réunion syndicale (en relevant, par exemple,

1. On a une approche formelle plus que matérielle du droit (cf. Max Weber, *op. cit.*).
2. Cf. le chapitre « Unfair labor practices in perspective », dans F. W. McCulloch et T. Borstein, *The National Labor Relations Board,* New York, Praeger Publishers, 1974.

ENCADRÉ 33

Les *unfair labor practices* dans la législation américaine

La loi Wagner, promulguée en 1935, a défini et prohibé cinq *unfair labor practices*, correspondant à diverses pratiques patronales susceptibles de dissuader les salariés de s'organiser et de négocier collectivement. Une agence fédérale (le National Labor Relations Board) a été chargée d'assurer la mise en œuvre de la loi, sous le contrôle des tribunaux et, en fin de compte, de la Cour suprême. La loi a été amendée et complétée à deux reprises, par la loi Taft-Hartley (1947), et par l'amendement Landrum-Griffin (1959). Huit pratiques syndicales considérées comme *unfair* et une pratique concernant les deux parties se sont ainsi ajoutées aux cinq pratiques patronales précédemment définies. La jurisprudence, marquée par un ensemble d'arrêts de la Cour suprême, a progressivement précisé les limites des pratiques qui tombent sous le coup de la loi.

La définition légale des *unfair labor practices* se trouve dans le Code des États-Unis, titre 29, « Labor ».

---

les numéros minéralogiques de leurs véhicules). Les discriminations envers les membres des syndicats, parmi lesquelles les licenciements pour activité syndicale occupent une place de choix, sont particulièrement combattues. Quand les employeurs mettent en avant des motifs légitimes — travail médiocre, mauvaise conduite, absentéisme, etc. — leurs motivations réelles sont soigneusement pesées par l'administration compétente et les tribunaux. Et on ne peut qu'être frappé par la précision avec laquelle ceux-ci se sont efforcés de définir des indices objectifs indiquant la présence possible d'un motif discriminatoire.

Les syndicats se voient interdire de même un certain nombre de « pratiques déloyales », définies là encore avec le maximum de précision et d'objectivité possibles. Certaines correspondent aux pressions jugées illégitimes exercées sur les salariés, telles les amendes excessives pour non respect des règles du syndicat. L'essentiel concerne les pressions qu'un syndicat, en conflit avec un employeur, exerce sur une entreprise étrangère au conflit pour qu'elle interrompe ses relations d'affaires avec l'employeur partie à celui-ci. Privé de matières premières et de débouchés, l'intéressé négocierait en position de faiblesse. Aussi cette forme de « boycott secondaire » est prohibée.

La minutie des règles n'écarte pas les références morales. L'employeur et le représentant des employés ont l'obligation mutuelle, dit la loi, de « se rencontrer à des moments *raisonnables* et de discuter *de bonne foi* des questions de salaires, d'horaires, et des autres modalités de l'emploi ». L'état d'esprit dont les parties font preuve, qui est ici en cause, est bien sûr largement insaisissable. Mais des normes pratiques minimales ont été définies. Et ce point ne soulève en fait que peu de contestations. Car la plupart des employeurs et des syndicats observent en la matière les normes d'une bonne conduite « loyalement [*faithfully*] et volontaire-ment [1] ». La loi ne produit ses effets que parce qu'elle est soutenue et vivifiée par les mœurs.

Moraliser Wall Street

La « foi » dans les marchés libres comme l'attachement aux valeurs de *fairness* sont toujours aigus aux États-Unis. Mais chercher à concilier la liberté et l'équité constitue une tâche sans fin. Cette fin des années 80 met en vedette ce qu'a de trouble le fonctionnement des marchés financiers. Elle permet ainsi de saisir sur le vif comment les dérives d'un marché « libre » incitent l'État et la justice à se mobiliser au nom de la morale.

Celui qui connaît certains éléments stratégiques de la vie d'une entreprise (tels ses derniers résultats financiers, ou les projets d'OPA la concernant) avant que le grand public n'en soit informé est à même de prévoir avec sûreté dans quel sens évoluera le cours de ses actions durant les prochains jours. Il se trouve ainsi en position de réaliser des gains considérables en Bourse. Dans bien des pays, ces gains sont considérés comme tout à fait tolérables, voire à la limite (à Hong Kong) comme parfaitement légitimes ; non aux États-Unis. Ils y constituent des « délits d'initiés » *(illegal insider trading)* que poursuivent avec énergie la puissante commis-sion des opérations de Bourse (Securities and Exchange Commis-sion) et l'appareil de la justice.

1. F. W. McCulloch et T. Bornstein, *op. cit.*

ENCADRÉ 34

Le *fair* et l'*unfair* en matière boursière

« Vous et votre ami John, qui est homme de loi, déjeunez ensemble. Vous ne pouvez pas vous empêcher de remarquer combien il a l'air épuisé. " Eh bien ", répond-il en chuchotant, " je travaille jour et nuit sur la fusion XYZ. " Vous exprimez votre souci de le voir trop travailler, puis vous vous excusez et appelez votre agent de change pour lui demander d'acheter mille actions XYZ. Deux jours plus tard, quand l'affaire est annoncée, le cours monte de 20 %.

Sous la loi actuelle, votre achat d'actions XYZ relève d'une zone grise qui n'est pas clairement illégale, parce que votre ami homme de loi n'y gagne rien. Mais si on se référait à une proposition de loi qui définit les délits d'initié (*insider trading*) de manière extensive, ce que vous avez fait violerait incontestablement la loi. " Il y a une *unfairness* dans le marché dans un cas comme cela, dit l'avocat financier Harvey L. Pitt. Vous avez pris une information personnelle dans une intention — savoir ce qu'il en est de la santé de votre ami — et vous vous en servez indûment [*wrongfully*] pour un autre objet, acheter des actions " » (d'après *Business Week*, 29 juin 1987).

Les efforts déployés pour poursuivre ces délits témoignent à la fois du niveau d'exigence morale dont peut faire preuve la société américaine et de la difficulté à hausser à pareil niveau la réalité du monde des affaires. Et ils montrent combien est vif le désir américain d'obtenir une définition claire et équitable des frontières du permis et du défendu (cf. encadré 34).

C'est parfois le vol d'une information encore tenue secrète, ou la corruption d'un vrai initié, dirigeant ou banquier de l'entreprise concernée, qui a été le point de départ de l'opération lucrative. Dans l'optique américaine, le délit ne fait alors pas de doute. Mais la morale américaine va plus loin dans ses exigences. Tout détournement d'information, toute trahison d'une relation de confiance, toute utilisation mercantile de ce qui vous a été communiqué dans le cadre d'un lien personnel lui sont suspects. Il y a alors, estime la Securities & Exchange Commission, « appropriation indue » (*misapropriation*) d'une information, et il faut poursuivre. Les journalistes d'affaire, ceux qui corrigent les épreuves de documents financiers, et même les chauffeurs de taxi trop bavards, ne sont pas à l'abri. Les établissements financiers sont tenus d'édifier des « murailles de Chine » entre ceux de leurs agents qui traitent de fusions et d'acquisitions d'entreprises et ceux qui achètent et vendent des titres.

Certes les tribunaux ne suivent pas toujours la SEC jusqu'au bout dans l'usage de la notion d' « appropriation indue ». Au moment (février 1988) où ces lignes sont écrites, la doctrine de la Cour suprême n'est pas encore établie et un projet de loi reste pendant. En tout état de cause, la société américaine va très loin dans ce domaine pour tenter de rendre conforme à une morale exigeante l'exercice de la liberté.

Un idéal politique

Cette incursion dans l'histoire américaine nous montre combien la vie de notre usine s'inscrit dans le droit fil d'une longue tradition que l'on peut qualifier de politique, au sens le plus fondamental du terme. On y voit transposer, dans le cadre de rapports d'autorité, le fonctionnement d'un marché conçu suivant les normes américaines ; c'est-à-dire un marché où des individus échangent librement, dans un cadre réglementaire et moral très strict tendant à équiliber les relations entre le fort et le faible. Le rôle joué par pareille transposition explique ce que le fonctionnement d'une organisation américaine peut avoir de parfois surprenant pour un regard français, qui perçoit le monde des rapports hiérarchiques suivant de tout autres références.

Pour un Français, la facilité avec laquelle le subordonné américain accepte de « travailler pour quelqu'un », en respectant les objectifs fixés par son supérieur et en étant soumis à ses contrôles, a quelque chose de déroutant. Cette facilité contraste étrangement avec une fière affirmation d'autonomie dans le choix des moyens, et un style de rapports personnels volontiers égalitaire, préférant le « Steve » au « Monsieur », et prohibant les manifestations de hauteur verbale chères au supérieur français.

En fait cet étonnement ne diffère pas de celui qui saisissait Tocqueville quand il observait les relations entre les maîtres et les serviteurs américains.

La forme de soumission que manifeste le subordonné américain n'a pas la coloration servile que son équivalent aurait en France.

Elle s'inscrit dans une relation contractuelle où travailler pour quelqu'un n'est pas le signe d'une position inférieure et où le contrôle que le supérieur exerce est moins une ingérence indue que l'expression normale d'une attitude de client exigeant. C'est parce que l'on est très loin de l'univers de la relation servile que l'on peut agir d'une manière qui, pour une sensibilité française, paraît dangereusement évoquer cette relation ; que les subordonnés américains « sans se croire naturellement inférieurs à celui qui les commande, se soumettent sans peine à lui obéir ».

On peut obéir sans s'abaisser parce que l'égalité des conditions se manifeste de manière tangible. Non seulement elle est signifiée par l'étiquette qui régit les rapports entre supérieurs et subordonnés (l'appellation par le prénom, un certain respect verbal, etc.), mais elle se traduit par l'instabilité des positions et par la nature des procédures utilisées.

Certes l'image suivant laquelle quiconque, si modeste soit son point de départ, peut s'élever aux plus hautes destinées, ne correspond dans la pratique qu'à quelques *success stories* plutôt exceptionnelles. Mais le fait que chacun peut redescendre est le gage des limites d'une position élevée : celle-ci ne marque pas la personne de manière indélébile, mais laisse celui qui l'occupe dans une condition d'homme ordinaire. La sévérité des sanctions elle-même va de pair avec le fait que personne n'est vu comme étant enfermé dans son passé (et donc ne peut évoquer le poids de celui-ci pour excuser ses insuffisances). Elle s'associe avec la conviction que l'avenir est ouvert, que celui qui faillit a gardé la plénitude de son humanité et conserve sa chance de se racheter et de repartir.

De plus, la place faite, au sein des rapports d'autorité, à des contrats dont les supérieurs sont, tout autant que les subordonnés, strictement tenus de respecter les termes, constitue un point fondamental de résistance contre les dérives inégalitaires. Elle s'oppose à l'arbitraire qui s'attache, dans d'autres pays, à l'action de supérieurs qu'une aura élève au-dessus du commun. Le caractère un peu étrange que revêtent, dans une perspective française, la minutie des règles d'ancienneté, ou la dimension sacrée des objectifs, disparaît quand on les comprend dans leur dimension politique.

Par ailleurs, dans une usine comme ailleurs, il n'est pas suffisant, pour respecter l'idéal politique américain, de pratiquer avec rigueur les règles de l'échange *fair* et le respect des contrats. Il faut aussi que se manifeste, dans les domaines qui échappent aux échanges marchands, l'attitude d'ouverture et de communication qui est celle qui convient à l'intérieur d'une communauté.

A travers une histoire parfois tourmentée, l'héritage de marchands pieux n'a pas fini de servir de référence à l'Amérique d'aujourd'hui. On le voit marquer, à toute époque, les institutions politiques comme la régulation de l'économie et des rapports sociaux. Nous l'avons retrouvé dans notre usine. Nous allons voir combien il est présent dans les différentes conceptions de la gestion qui inspirent le monde des affaires.

3. Le poids et les ressources d'une culture

Les États-Unis, comme chacun sait, sont un pays d'innovation. L'univers de la gestion ne paraît pas faire exception. Quand on se plonge dans la littérature qui abreuve de conseils le monde des affaires, on perçoit plutôt une succession de modes qu'une continuité d'orientations. Et quand, feuilletant les magazines, on est édifié par mille redressements d'entreprises gérées suivant de nouveaux principes, on a l'impression d'un monde sans cesse en mouvement. Les Américains semblent prêts à brûler aujourd'hui ce qu'ils ont adoré hier, tirant des leçons de leurs expériences malheureuses, essayant des pistes nouvelles, en quête d'une gestion sans cesse plus efficace. Comment cette effervescence innovatrice peut-elle s'accorder avec l'image d'une société fidèle à la permanence de sa culture ? On peut d'autant plus se poser la question que le respect de celle-ci ne paraît guère faire partie des préoccupations quotidiennes des responsables.

Une première réponse vient immédiatement à l'esprit. Dans ce domaine comme dans bien d'autres, il ne faut pas confondre l'écume des discours avec la réalité des choses. Ce n'est pas parce que les gourous du management prêchent un nouveau message que les pratiques réelles des entreprises vont se trouver bouleversées. A écouter les points de vue chargés d'expérience quotidienne d'un directeur d'usine ou de contremaîtres, tels que ceux que nous avons entendus à Patrick City, on se dit que le discours médiatique demande à être pris avec une certaine distance.

A la réflexion cette réponse paraît à la fois vraie et insuffisante. Car les mouvements de la mode se mêlent d'évolutions réelles dans les orientations dominantes de la gestion. Et il reste à comprendre comment ces évolutions s'articulent avec tout ce qui, dans une culture, résiste au temps.

Observer les courants de pensée qui ont agité le monde des affaires depuis le début des années 80 est, à cet égard, riche d'enseignements. Des retournements spectaculaires se sont produits. L'approche « classique » de la gestion, qui occupait le devant de la scène depuis près d'un demi-siècle, a été vigoureusement remise en cause, sous l'influence des succès japonais, au profit d'un modèle plus communautaire. Puis celui-ci a vu sa fortune décliner au sein d'une économie plus « turbulente ». En fait, à chaque étape, les traditions nationales sont bien présentes, même lorsque ceux qui cherchent à innover n'y songent guère. Seul ce qui est suffisamment fidèle aux idéaux américains peut être durablement accepté, sans susciter ni démotivation ni révolte. Et, si on regarde avec attention les descriptions qui soulignent le plus les contrastes et les changements, ceux-ci se montrent à la fois réels et limités. Derrière l'éclat des théories et des slogans, on voit perdurer une manière de gouverner les hommes qui marque l'Amérique profonde. Les références, sans cesse présentes l'une et l'autre, à l'échange et à la communauté, n'en finissent pas de s'associer et de se combattre au sein des entreprises. Suivant que l'une ou l'autre paraît un moment l'emporter, mille nuances marquent les produits de leur union. Ceux-ci n'en gardent pas moins un sérieux air de famille.

Les vertus de l'approche classique

Des décennies de mise au point ont conduit l'approche américaine « classique » à une sorte de forme canonique, intégrant à sa façon les préoccupations de *fairness* et celles d'efficacité, d'une manière qui a été longtemps célébrée et dont il serait peu équitable de ne pas rappeler les mérites.

La possibilité largement donnée de montrer de quoi l'on est capable, d' « avoir sa chance », de s'écarter des sentiers battus sans être irrémédiablement condamné si l'on échoue, est un facteur de dynamisme et de créativité. « J'aime les défis » *(I like the challenges)* ; « Je suis totalement responsable pour cette installation », constituent des affirmations courantes reflets d'un esprit conquérant. Jugé sur l'efficacité de son action, suivant des critères suffisamment objectifs pour limiter sérieusement l'arbitraire de ses supérieurs, chacun est incité à travailler plutôt qu'à faire sa cour à ses chefs. Et la délimitation claire des responsabilités diminue le temps perdu en combats de frontière. En bien des pays, il paraîtrait merveilleux d'en arriver là.

L'organisateur américain est passé maître dans l'art d'assigner des objectifs et de dessiner des organigrammes, de manière à obtenir un fonctionnement collectif à travers un emboîtement de responsabilités individuelles. Distinguant bien l'*efficiency* de l'*effectiveness,* il a appris à définir les objectifs et à les faire évoluer, de façon que ce qui est « efficace » au sens restreint (en rapport avec les buts immédiats que l'on s'est fixés), le soit aussi au sens large, à l'aune des fins ultimes que l'on poursuit. Et comme chacun est plus attaché à l'équité des jugements auxquels il est soumis qu'au contenu des tâches qui lui sont imparties, il est possible de changer rapidement d'objectifs, d'organigramme et de procédures dès que l'on observe des dérives malsaines dans le fonctionnement de l'organisation (alors que pareils changements sont beaucoup plus difficiles à obtenir dans des pays, tels que le nôtre, marqués par d'autres exigences).

Le souci de juger les individus avec équité conduit à rassembler une information riche et objective sur le fonctionnement des organisations. L'établissement d'un budget pour chaque centre de décision, la comparaison systématique des résultats et des prévisions, les procédures d'audit, de vérification *(check and balance),* s'inscrivent dans pareille perspective. On voit se développer des systèmes sophistiqués de comptabilité analytique (à côté desquels ceux qui sont utilisés dans bien des pays paraissent plutôt primitifs), démêlant, d'une manière qui peut paraître quelquefois extrême, les contributions de chaque « unité de profit » aux dépenses comme aux recettes de l'entreprise. Le développement, dont on sait qu'il constitue une spécialité américaine, du *data processing* (recueil et traitement des données) est un élément de pareille attention à toute base objective de jugement. Les données collectées concernent spécialement ce qui permet d'apprécier la qualité du travail fourni par chacun, qu'il s'agisse de coûts, de délais, de niveaux de performance, de disponibilité des équipements, de pourcentage de réalisation des objectifs, etc. L'information ainsi rassemblée pour juger les hommes conduit du même coup à attirer l'attention sur ce qui, dans le fonctionnement technique des installations ou dans la vie de l'organisation, demande des actions correctrices.

Mais, à côté de pareils mérites, l'approche classique a de sérieuses limites. Et celles-ci reflètent bien les dérives dont la menace est inscrite dans la culture américaine.

La difficulté à s'en tenir aux faits indiscutables sans verser dans la caricature

Le culte américain des objectifs assimilés à des cibles, définies sans ambiguïté, que chaque supérieur fixe à l'activité de ses subordonnés pour des périodes de temps relativement restreintes, n'inspire guère les étrangers qui exercent des responsabilités aux États-Unis. Celles-ci s'expriment, en des termes étrangement voisins, dans une bouche japonaise (cf. encadré 35) et dans les propos du directeur français de notre usine. « Les Américains... Les chefs de service m'ont souvent dit : " Quel est votre objectif ? " Bonne question, mais je n'ai pas à proprement parler d'objectif. J'ai apporté à cette usine une philosophie de la responsabilisation des gens, en ce sens que je refuse d'assumer pour eux la responsabilité de leur fixer des objectifs, parce que c'est vraiment ça le fondement : " Ne me demandez pas de vous fournir des objectifs. Votre objectif ? Il est global. " »

Des objectifs totalement dépourvus d'ambiguïté constituent, pour le subordonné américain, une protection qui rend acceptable le poids des jugements auxquels il est soumis. « Il y a la sanction rapide, c'est de se faire fiche à la porte. C'est très anxiogène bien sûr », précise notre directeur d'usine. Aussi il est précieux de se savoir quitte. « Les gens aimeraient avoir de moi un objectif, une fiche, vous avez à faire ça et puis on cochera à la fin de l'année. » Mais ce désir fait mauvais ménage avec une prise en compte, dans leur riche complexité, des multiples éléments qui font la vie d'une entreprise, d'une usine ou d'un service. Certains, trop subtils pour être aisément traduits en chiffres ou même en données indiscutables, sont néanmoins d'importance. « Vous ne pouvez décrire Marilyn Monroe en donnant simplement son tour de poitrine », suggère un Français devenu une des stars de Silicon Valley[1].

---

1. Cf. *International Management,* novembre 1987 ; le propos est de Jean-Louis Gassée, dirigeant d'Apple.

ENCADRÉ 35

Objectifs américains et objectifs japonais
(d'après W. Ouchi, *theory Z*)

« Dans un entretien avec les vice-présidents américains, je leur demandais comment ils ressentaient le fait de travailler pour cette banque japonaise. " Ils nous traitent bien, nous font participer aux décisions et nous payent bien. Nous sommes satisfaits. — Mais dites-moi, si vous pouviez changer quelque chose, quel serait-il ? " La réponse fut rapide, traduisant manifestement une pensée qui hantait leur esprit : " La seule chose est que ces Japonais ne comprennent pas ce que c'est qu'un objectif, et ça nous pose de gros problèmes ! "

Puis j'interrogeais le président de cette banque, un expatrié japonais qui était provisoirement détaché du siège de Tokyo pour diriger les opérations aux États-Unis. Et je lui demandais ce qu'il pensait des deux vice-présidents américains. " Ils travaillent dur, sont loyaux et compétents. Nous pensons qu'ils sont remarquables ", fut la réponse. Interrogé sur ce qu'il aimerait éventuellement changer en eux, le président répliqua : " La seule chose est que ces Américains ne semblent pas capables de comprendre ce que c'est qu'un objectif. " »

Une deuxième série d'entretiens est alors entreprise.

« Je réinterrogeais d'abord les vice-présidents américains : " Nous avons une bataille incessante avec le président. Nous ne pouvons tout simplement pas obtenir qu'il nous spécifie un niveau de performance [*a performance target*] à atteindre. Nous avons tous les rapports et tous les chiffres nécessaires, mais nous ne pouvons pas obtenir d'objectifs spécifiques. Il ne veut pas nous indiquer quel accroissement du montant en dollars du volume des prêts ou quel pourcentage de réduction des coûts de fonctionnement il attend de nous pour le mois, le trimestre ou même l'année qui viennent. Comment pouvons-nous savoir si nous jouons bien notre rôle [*performing well*] sans cibles spécifiques à atteindre [*specific targets to shoot for*] ? "

Interrogé de nouveau, le président japonais m'a expliqué : " Si seulement je pouvais obtenir de ces Américains qu'ils comprennent notre philosophie de la banque. Qu'ils comprennent ce que cette activité signifie pour nous. Comment nous sentons que nous devrions agir avec nos clients et notre personnel. Quelles devraient être nos relations avec les communautés locales que nous servons. Comment nous devrions nous y prendre avec nos concurrents, et quel devrait être notre rôle dans le monde au sens large. S'ils pouvaient se mettre ça dans la peau, alors ils pourraient concevoir pour eux-mêmes quel serait l'objectif approprié dans toute situation, habituelle ou nouvelle, et je n'aurais jamais besoin de leur définir, je n'aurais jamais besoin de leur donner une cible. " »

La littérature américaine de gestion a largement repris ce thème[1]. Elle insiste maintenant sur le caractère trop limité de ce qui, dans l'existence d'une entreprise, est suffisamment circonscrit pour être mesurable. Les dérives que tend à produire la poursuite d'objectifs illusoirement clairs, qui mobilisent indûment l'attention, sont dénoncées avec persévérance. Et la place donnée aux résultats financiers à court terme est particulièrement critiquée. Certes ceux-ci ont le mérite au moins en apparence, d'être parfaitement dénués d'ambiguïté. Et cela paraît peser lourd dans le culte de la *bottom line*. Mais leur filet laisse échapper bien des choses. Ainsi, s'indigne un des censeurs des pratiques actuelles : « Les décisions sont prises pour donner une bonne apparence au taux de retour des investissements à la fin du prochain trimestre au lieu de s'attacher à la croissance à long terme de l'organisation, de ses produits et de ses hommes. L'amélioration de la qualité est sacrifiée pour remplir les quotas de production. La gestion par les données financières fait perdre de vue les autres variables, qui peuvent être plus importantes à long terme[2]. » On pourrait citer mille propos équivalents.

La prise de conscience de cet état de fait incite les responsables à réagir, et on voit affirmer qu'un retour vers le subtil et le subjectif est à l'ordre du jour. Mais, pour souhaitable qu'elle soit, pareille évolution n'est pas facile à mettre en œuvre. Elle implique, en effet, que l'on sache rester fidèle à l'idéal politique de *fairness* sans recourir à des éléments de jugement objectifs et indiscutables.

Un des points faibles d'une approche où chacun travaille pour son supérieur en fonction des objectifs fixés par celui-ci, avec une cascade d'objectifs descendant du *chief executive officer* à l'ouvrier, concerne les questions de coordination horizontale. Car il n'est pas facile de traduire les exigences d'une telle coordination en objectifs verticaux dépourvus d'ambiguïté.

Certes, des systèmes élaborés de recueil et de traitement des données permettent, dans une certaine mesure, de juger chacun en tenant compte des répercussions de son action sur la marche d'unités autres que celle à laquelle il appartient. On introduit, par

---

1. Le best-seller de W. G. Ouchi, *Theory Z ; How American Business Can Meet the Japanese Challenge* (Avon, 1981), a particulièrement insisté sur ce point.
2. B. B. Tregoe, « Productivity in America : Where it went and how to get it back », *Management Review,* février 1983.

exemple, le temps de disponibilité des divers équipements dans les paramètres permettant de juger de la qualité des prestations d'un service d'entretien. Mais on butte, là encore, sur les difficultés à se situer sur un terrain de mesures objectives et de responsabilités indiscutables sans maltraiter pour autant la complexité de la réalité. Ainsi en cas de panne, souligne le responsable de l'entretien à Patrick City, il faut, pour faire fonctionner les procédures formellement prévues, « réellement avoir des faits bien établis [*straights*] et connaître beaucoup de faits. Et cela prend beaucoup de temps ». Au dire du directeur de l'usine les responsables de fabrication et d'entretien « ont du mal à s'asseoir ensemble ». Et on les voit poursuivre au mieux leurs propres objectifs avec les moyens dont ils disposent, en avouant leur impuissance à influencer, ou même à bien saisir, ce que font leurs partenaires.

Des dérives autoritaires lourdes d'inefficacité

La transposition, dans le fonctionnement d'une ligne hiérarchique, de la logique de l'échange entre égaux ne demande pas seulement, avons-nous vu, la mise en place de procédures appropriées. Elle exige que les supérieurs respectent, au-delà de la lettre des textes, les principes moraux d'égalité des personnes qui régissent le credo politique américain. Dès que l'adhésion à ces principes s'affaiblit, le système tend à dériver. On glisse vers l'autoritarisme du « *Do this, do that* », et du « C'est ça qu'il faut faire, obéis. » Le pouvoir dégénère en abus de pouvoir. L'histoire des rapports entre l'encadrement et le personnel ouvrier des entreprises américaines est lourdement marquée par cette forme de déviation, qui n'a pas manqué d'obérer leur efficacité productive.

Se trouver réduit au rôle d' « exécutant » conduit à adopter une attitude de responsabilité limitée (cf. encadré 36). Celui qui est couvert, parce qu'il peut invoquer de « bonnes excuses », ou parce qu'une tâche ne lui a pas été fixée explicitement et personnellement, tend à s'estimer quitte. Et on rentre dans une sorte de cercle vicieux où ce manque de zèle incite à multiplier les consignes précisant à l'extrême ce qui est attendu de chacun et où cette multiplication renforce encore le sentiment que l'on n'est responsable que de ce qui vous a été explicitement demandé.

ENCADRÉ 36

Une attitude de responsabilité limitée
(les ouvriers vus par l'encadrement)

« Les ouvriers ont une attitude très médiocre. Ils n'ont pas changé les anodes, car le pont roulant était en panne et ils ne pouvaient pas le faire. Ils étendent cela à des choses qui sont totalement sous leur contrôle, par exemple des choses qui n'ont rien à voir avec les équipements en panne, et les équipements en panne deviennent une excuse pour ne pas faire ce qu'ils devraient faire. Par exemple, si l'un d'eux diagnostique un problème dans les cuves, il ne s'en occupe pas et s'assied plutôt dans son bureau jusqu'au matin et dit : " Mon pont est tombé en panne hier soir, c'est pourquoi j'ai eu une nuit terrible, je n'ai pu faire cela " » (chef de service, fabrication).

« Ils pourraient faire des choses d'eux-mêmes qu'il faut plus ou moins leur dire de faire. L'ouvrier est encore le gars qui n'accepte pas la pleine responsabilité de sa position. Il accepte la responsabilité de faire le travail de routine, le changement des anodes, le relevage des cadres, toutes les choses dont nous précisons bien qu'ils sont responsables. Mais ils n'ont pas cette responsabilité profonde de dire : " Je suis un opérateur, je suis le maître des cuves, pour m'occuper des choses que je vois, et je fais tels changements moi-même, sans qu'on me dise de le faire. " Dans la plupart des cas, même vos meilleurs opérateurs ont tendance à prendre soin des fonctions majeures très rapidement, et à garder du temps pour se reposer avant le prochain travail, sans conserver de temps vraiment disponible [rire] pour le travail additionnel dont je parlais, à moins qu'on ne les dirige » (contremaître principal, fabrication).

Ceux-là mêmes qui critiquent vigoureusement les attitudes ouvrières reconnaissent le rôle de l'encadrement dans la genèse de pareilles conduites. « La manière dont ils voient l'entreprise, la manière dont ils font le travail, est fonction de la façon dont nous les dirigeons », admet un chef de service qui se plaint de l' « attitude médiocre » de ses ouvriers. « Je pense que c'est parce qu'on ne leur a pas donné au début la responsabilité de quelque chose avec quoi travailler », déclare pour sa part un contremaître principal qui déplore que l' « ouvrier n'accepte pas la pleine responsabilité de sa position ».

Quand ils bafouent les valeurs américaines (rappelons les propos du responsable du syndicat de notre usine, affirmant qu'à une époque « les gens étaient traités comme des animaux »), les abus perpétrés par les détenteurs du pouvoir conduisent à une utilisation très défensive des procédures[1]. « Dans beaucoup d'entreprises, constate W. Ouchi [dont il faut rappeler qu'il n'est pas un dangereux idéologue gauchiste, mais un enfant chéri du monde des affaires], le syndicat a été contraint à adopter une position d'adversaire par un management *unfair* et irresponsable. N'ayant pas confiance dans l'entreprise, il en est venu aux extrêmes de la bureaucratie. »

Certes les obligations contractuelles ont une légitimité suffisante pour être respectées, même lorsque règne ce type de rapports. Une usine peut arriver à fonctionner, à des niveaux de productivité qui feraient rêver dans bien des pays, malgré l'existence d'une vive hostilité entre la direction et le personnel ouvrier ; cela a été le cas dans le passé à Patrick City. Mais on peut faire beaucoup mieux encore avec un bon climat.

Respecter les valeurs américaines d'égalité

Instruits par les difficultés qu'ils rencontraient, les responsables américains ont pris conscience des limites de l'organisation et des procédures (même s'ils continuent parfois à affirmer qu'en les raffinant encore plus ils obtiendront enfin ce qui leur a échappé jusqu'alors). Fascinés par l'expérience japonaise, ils ont découvert qu'il ne suffisait pas d'un zeste de « relations humaines » pour établir des relations fécondes avec leur personnel. Et, cherchant des équivalents américains de ce qui réussissait au Japon, ils se sont aperçus que les « meilleures » entreprises de leur pays déviaient du modèle classique par la force qu'y prenaient la rectitude morale, la confiance partagée et le sentiment d'appartenance à une communauté, grâce auxquels chacun s'engageait intensément dans son travail ; qu'elles s'attachaient à respecter scrupuleusement l'idéal politique américain de *fairness* ; que ceux qui y travaillaient, et en particulier leurs ouvriers, étaient traités « décemment » sans avoir

---

1. Les procédures mises en place par la législation américaine des relations professionnelles ont été elles-mêmes conçues pour lutter contre les pratiques *unfair* qui avaient fleuri lors de la grande dépression.

besoin de recourir à des excès procéduriers économiquement désastreux. « *Productivity through people* », « *commitment* », « *dedicated people* », et « *trust* » sont devenus les maîtres mots[1].

La qualité des relations que leurs concurrentes japonaises implantées aux États-Unis sont arrivées à nouer avec un personnel ouvrier et des syndicats réputés intraitables, non sans effets remarquables sur la productivité (cf. encadré 37), montre l'étendue du chemin que beaucoup d'entreprises américaines avaient à parcourir. Et la recette s'est révélée simple : traiter le personnel conformément aux valeurs politiques américaines[2].

Un ensemble de manifestations symboliques d'égalité ont, semble-t-il, fait beaucoup pour obtenir des rapports coopératifs avec le personnel ouvrier. « A Nissan-USA, Honda et NUMMI, il n'y a pas de parkings réservés pour les dirigeants. Les principaux responsables de Honda prennent leurs repas dans la cafétéria du personnel — il n'y a pas de salle à manger séparée pour les grosses légumes. Tout le monde ici porte une combinaison blanche avec son prénom en évidence. Les membres du personnel sont appelés " associés ". Le président de Honda n'a pas de bureau. Il se tient dans la même pièce qu'une centaine d'autres employés. » Le fait que les managers japonais font ainsi des « sacrifices personnels » semble « avoir fait plus pour gagner même les mordus du syndicat que n'auraient fait des concessions dans les formes de l'entreprise ». Il faut dire que l'on revient de loin. « Quand GM était là, nous nous haïssions mutuellement », affirme le responsable syndical d'une ancienne usine du grand constructeur, reprise par Toyota.

Ces manifestations symboliques sont la face la plus spectaculaire d'un ensemble de changements d'attitudes et de conduites qui affectent tous les aspects des rapports entre l'entreprise et son personnel. « Maintenant le management nous donne une voix au chapitre et plus de responsabilités et nous écoute », note ce même responsable syndical. Et de grands efforts sont faits, en cas de

---

1. Cf. les deux best sellers *Theory Z* et *In Search of Excellence*, qui, à la fois témoins et instruments de la prise de conscience qui s'est produite, sont très révélateurs des orientations de ce mouvement (*Theory Z, op. cit.*, et T. J. Peters et R. Waterman Jr., *In Search of Excellence*, Harper & Row, 1982).
2. « The difference japanese management makes », *Business Week*, 14 juillet 1986.

ENCADRÉ 37
La gestion japonaise aux États-Unis

L'usine de montage automobile de Fremont en Californie constitue l'exemple le plus fameux des résultats obtenus par les entreprises japonaises aux États-Unis. Sa gestion, précédemment assurée par General Motors, a été reprise en 1982 par Toyota, dans le cadre d'une *joint venture* entre les deux entreprises. Son climat social et sa productivité en ont été bouleversés. « Le taux d'absentéisme planait à 20 %. Il y avait habituellement de l'ordre de 5 000 *grievances* en suspens, à peu près par salarié en moyenne. C'était la guerre entre les ouvriers et la direction. » Mais tout a changé : « Il y a seulement deux *grievances* en suspens, et le taux d'absentéisme est inférieur à 2 %. » Avec très peu de changements techniques : « 2 500 ouvriers peuvent assembler 240 000 automobiles par ans, à peu près autant que ne faisaient 5 000 personnes ou plus sous GM. » « Nous avons le même personnel, les mêmes bâtiments, la même technologie — juste un management différent et un système de production différent », note un responsable syndical. Le coût de production obtenu est « comparable » aux coûts japonais, affirme l'entreprise. Une société d'étude indépendante estime de son côté que la Nova, construite dans l'usine, « demande de l'ordre de 21 homme-heures à assembler, pendant que le modèle de GM le plus comparable, la Chevrolet Cavalier, en demande 38 ».

Les transformations d'organisation qui permettent d'obtenir pareil résultat sont intimement liées à une transformation des relations avec le personnel. « L'approche japonaise de la production, qui met l'accent sur les équipes flexibles, les fournitures juste-à-temps, et l'attention à la qualité, demande une loyauté extrêmement élevée de la part du personnel, en grand contraste avec les relations traditionnelles d'adversaires que l'on trouve dans la plupart des usines américaines. Les ouvriers à qui l'on donne des responsabilités pour conduire la chaîne de production le prendront à cœur et ne laisseront pas passer les erreurs, à condition qu'ils aient confiance dans le management. La confiance doit être réciproque, parce que le système d'approvisionnement juste-à-temps, qui suppose un flux régulier de composants, est facile à saboter » (d'après *Business Week,* 14 juillet 1986).

difficultés économiques, pour réduire au maximum les licenciements.

Pareille manière de faire n'est pas seulement japonaise. Elle appartient à la tradition de certaines entreprises d'outre-Atlantique, à qui elle paraît avoir particulièrement réussi. J. Watson Jr., dirigeant historique d'IBM, affirmait déjà que le « respect pour les individus » constitue le cœur de la philosophie de l'entreprise. Et il précisait, conformément à la tradition américaine de l'intérêt bien entendu, que cette orientation « n'est pas motivée par l'altruisme, mais par la simple conviction que si nous respectons nos gens et les aidons à se respecter eux-mêmes, l'entreprise fera le maximum de profits[1] ». Beaucoup se sont convertis à pareille approche, découvrant, à l'image d'un des artisans d'une transformation particulièrement profitable apportée à la gestion d'une usine automobile, que « le personnel est formé, pour l'essentiel, de gens responsables. Ils sont des parents responsables, des dirigeants de leurs églises, mènent des troupes de boy-scouts, prennent part aux affaires publiques. Pourquoi devraient-ils être traités comme irresponsables à partir du moment où ils entrent dans une usine[2] ? ».

Cette forme de relations conduit à étendre au personnel ouvrier le type de rapports hiérarchiques qui est classique pour l'encadrement, avec les mêmes types de liberté, de responsabilité et de confiance : le supérieur définit les objectifs mais non les moyens de les atteindre, et il confie en la matière de vraies responsabilités à ceux qui travaillent pour lui. Lors de notre enquête, pareille évolution avait commencé à Patrick City (encadré 38), avec des effets très positifs sur la marche de l'usine. De nombreuses entreprises américaines participent actuellement à ce mouvement, obtenant des gains importants de productivité grâce « à l'implication des ouvriers et à des objectifs bien définis et hautement visibles descendant jusqu'au niveau du salarié individuel », ou observant que, « quand vous laissez un gars organiser son propre travail, il est plus dur envers lui-même que vous ne le seriez si vous l'organisiez pour lui[3] ».

Ce changement de style ne se fait pas sans mal. Passer d'un rôle de « policier » à un rôle de manager ne va pas de soi. A Patrick City, les contremaîtres, naguère convaincus « que devoir expliquer à quelqu'un pourquoi ils voulaient que quelque chose soit fait constituait une perte d'autorité », manifestaient un certain embarras dans l'affirmation de leur nouveau rôle : « Je pense qu'il est... bon, comment appeler cela, un traitement humain. Si vous donnez une sorte d'arrière-fond, ça ne prend pas beaucoup de temps. Mon style est... je ferais ça. *Je ne pense pas que j'ai le devoir de leur donner des raisons... mais je pense que ce sont de bonnes relations*

---

1. Cité dans *In Search of Excellence, op. cit.*
2. Déclaration de John Nora à *International Management,* novembre 1986.
3. *Business Week,* 8 juin 1987.

ENCADRÉ 38

Un nouveau rôle pour les ouvriers

« Nous donnons à certains mécaniciens un domaine de responsabilité pour la maintenance des équipements. Nous voulons qu'ils apprennent à connaître le matériel et ses problèmes d'entretien et à faire l'inspection d'entretien préventif. Et nous avons certains ouvriers d'entretien électrique à qui nous disons : " 12 semi-portiques sont à vous, vous les surveillez, et vous nous en faites rapport. " Nous voulons qu'ils s'en sentent responsables » (chef de service, entretien).

« Je devais compter sur les gens eux-mêmes, les rendre plus responsables qu'ils ne l'étaient ; leur dire ce qu'il y a à faire, mais pas exactement comment le faire. Je leur ai demandé ce qu'ils pensaient, commençant à les faire penser par eux-mêmes. Jusque-là les résultats ont été très bons » (contremaître, entretien).

« Vous leur montrez ce qui a besoin d'être fait et vous pouvez largement compter sur eux pour qu'ils fassent ce qui est nécessaire. Il faut juste faire en sorte qu'ils soient fiers de bien faire leur travail » (contremaître, fabrication).

---

humaines de leur donner quelques explications. *Je pense que c'est un bon style de* leadership *que de faire cela.* »

La transition est d'autant plus difficile que, dans la conception américaine, celui qui dirige doit rester capable de montrer la voie. Il y a des moments où il doit « être fort et être ferme dans ses convictions ». Beaucoup, semble-t-il, se trouvent démunis quand ils perdent les facilités d'une attitude autoritaire. Et, d' « accords » en « compromis », ils glissent alors vers un style par trop « accommodant » (*easy going*). Pour traiter en égaux ceux que l'on a à diriger sans perdre son *leadership,* il faut disposer d'une autorité morale fondée sur une vraie compétence, dont les contremaîtres actuels ne sont pas toujours pourvus.

Pour éviter de s'enliser dans les résistances de la maîtrise, il importe de lui ouvrir des perspectives positives. Il faut au premier chef « accorder aux contremaîtres une reconnaissance similaire à celle qui est accordée aux ouvriers [1] ». Les dirigeants japonais qui

---

1. J. A. Klein, « Why supervisors resist employee involvment », *Harvard Business Review,* septembre-octobre 1984.

réussissent aux États-Unis ne se contentent pas de prêcher aux autres les valeurs d'égalité. Ils s'en inspirent dans leur conduite personnelle.

Ainsi, respecter sans réticences les principes fondamentaux du credo politique américain, permet déjà d'échapper aux dérives procédurières et à l'absence de motivation qui ont longtemps obéré l'efficacité des entreprises d'outre-Atlantique. Les entreprises « excellentes » vont plus loin encore dans l'utilisation des ressources que leur offre la culture de leur pays.

De l'échange à la communauté

Même utilisé au mieux de ses possibilités, dans un climat d'honnêteté et de respect mutuel, l'approche classique de la gestion continue à buter sur une difficulté majeure : il est souvent impossible de mesurer de façon vraiment objective la contribution de chaque membre de l'entreprise à des résultats globaux qui sont le fruit, souvent à long terme, de l'action d'un grand nombre. Prenant conscience de cette difficulté, les Américains ont été impressionnés par la façon dont une communauté stable, unie par des valeurs partagées, est capable de la surmonter.

Pareille communauté sait attendre l'arrivée des fruits lointains et indirects de l'action de ses membres, sans se borner à reconnaître ce qui est « explicitement défendable » face à l'appréhension « grossière » d'un regard « étranger ». Chacun, moins tenu de construire une image qui fasse bonne impression à court terme en fonction de critères simplistes, peut se consacrer sans crainte aux actions dont la fécondité est la plus grande, même si elle n'est pas la plus facilement démontrable. Et l'attachement à « ses » résultats ne le détourne pas du souci des résultats d'ensemble.

De plus une communauté unie par une inspiration commune est riche de capacités d'enthousiasme, et par là d'efficacité, qu'ignore une collection d'individus s'en tenant au jeu strict de l'échange honnête. Les grands desseins où elle s'élève dans les hauteurs sont infiniment plus stimulants que la grisaille des approches analytiques (cf. encadré 39).

Mais comment un sentiment de communauté capable de susciter pareille confiance et pareil enthousiasme peut-il se concilier avec

191

ENCADRÉ 39

L'enthousiasme dans les entreprises « excellentes »
(d'après *In Search of Excellence*)

« Bien qu'il soit vrai que les bonnes entreprises possèdent de magnifiques talents d'analyse, nous croyons que leurs décisions majeures sont plus façonnées par leurs valeurs que par leur dextérité à manier les chiffres. [...] Leur aptitude à extraire des contributions extraordinaires d'un nombre très important de gens est fondée sur leur capacité à donner le sentiment qu'elles poursuivent un dessein de grande valeur. Pareil dessein se découvre invariablement dans l'amour du produit, dans la haute qualité du service fourni, et dans la manière dont la contribution de tous est honorée. Il fait par esence mauvais ménage avec 30 objectifs trimestriels de MBO, 25 mesures de limitation des coûts, 100 règles avilissantes pour les ouvriers à la chaîne, ou une stratégie fondée sur les chiffres qui met l'accent sur les coûts cette année, l'innovation la suivante, et le ciel sait quoi l'année d'après. »

---

l'individualisme américain ? Les « entreprises à forte culture » que les nouveaux prophètes célèbrent sans relâche paraissent certes peu nombreuses. Elles n'en existent pas moins. Quelles ressources de la société américaine parviennent-elles donc à exploiter ?

Ceux qui évoquent l'existence de ces entités singulières utilisent volontiers des images religieuses. « A l'étranger sceptique, relate un reportage consacré à l'une d'elles, les expressions d'enthousiasme et de loyauté de ceux qui ont été régénérés (*born-again*) peuvent sembler relever de la religion plus que des affaires [1]. » Pareille image paraît loin d'être arbitraire. On retrouve en effet dans ces entreprises l'association de recherche de sens, de rites de communion, de rigueur morale et de leadership vigoureux d'une sorte de gourou, qui inspire les multiples groupes religieux dérivant plus ou moins vers la secte dont l'existence jalonne l'histoire des États-Unis.

On voit des déracinés, à la recherche d'une institution porteuse d'une « philosophie » qui « donne sens » à leur vie, trouver dans pareilles entreprises bien autre chose qu'un travail. Un grand

---

1. Il s'agit de Tandem, *International Management*, juillet-août 1987.

nombre d'entre elles, affirment les auteurs de *In Search of Excellence*, sont devenues des sortes d'« institutions mères ».

D'innombrables célébrations procurent un sentiment de fusion communautaire à travers des « expériences paroxystiques », conduisant à « s'enthousiasmer, bouillonner, et communiquer joie et exultation », dans une sorte de « communion séculière ». Et des rites mobilisateurs, associés à des obsessions de qualité de service défiant la logique des calculs coût-avantage à courte vue, transforment ceux qui sont chargés des tâches les plus prosaïques en émules de saint Michel terrassant le dragon.

L'appétit de succès et de pouvoir est tenu en respect en cultivant une grande rigueur morale. On voit prêcher (à Compaq) « diligence, patience, travail d'équipe, et humilité ». Si l'argent gagné en travaillant dur et bien est hautement apprécié, la spéculation, la finance, les raccourcis indus vers la richesse sont considérés comme moralement méprisables. L'échec matériel, dont il faut tirer des leçons pour corriger ses erreurs et repartir de l'avant, est perçu comme beaucoup moins grave qu'une entorse aux valeurs.

Un « leadership moral » (capable, selon les auteurs de *In Search of Excellence*, de tirer beaucoup plus de l' « homme moyen » qu'un « leadership politique ») fournit de la « transcendance » et du « sens ». Il « élève », « inspire », « donne confiance », « fait croire à l'impossible ». Les dirigeants « croient, comme un évangéliste, qu'ils ont à constamment prêcher la " vérité ", non de leur bureau mais loin de celui-ci, sur le terrain ». Ce sont des sortes de « gourous », qui « occupent des rôles de proportion mythique que les personnes réelles auraient eu du mal à tenir ». « Nous vous connaissons et nous vous aimons, et nous savons que vous avez notre prospérité dans votre cœur », chantait le personnel d'IBM au grand fondateur de « Big Blue ». Jimmy T., créateur visionnaire de Tandem, passe pour être vu par bien des membres de son personnel « comme un héros, si ce n'est comme une divinité [1] », et la possibilité ouverte à chacun de « retremper sa foi [2] » dans les moments difficiles en étant en contact direct avec lui est un ingrédient essentiel de la vie de son « entreprise ». Les rituels qui

---

1. Il s'agit de Jimmy Teybig (Jimmy T. ou Jimmy pour ses fidèles), *International Management*, octobre 1984.
2. L'expression est utilisée à propos du même personnage, *International Management*, juillet-août 1987.

ramènent périodiquement les responsables intermédiaires à leur condition d'homme ordinaire se gardent de porter atteinte à l'aura de ce type de « manager ». Répondant lui-même, quelle que soit le nombre de ses ouailles, aux plaintes des plus humbles des membres de son troupeau, les protégeant contre les abus de ceux dont ils dépendent, il prend la figure du bon berger.

Les entreprises de ce type tendent, à la limite, à se rapprocher étrangement des sectes. Dans l'une d'elles (3M), affirment les auteurs de *In Search of Excellence,* « les membres passés par un lavage de cerveau d'une secte politique extrémiste ne sont pas plus conformistes dans leurs croyances fondamentales ». Et l'enthousiasme de nos apôtres se mêle d'inquiétude : « Nous nous abandonnons largement aux institutions qui nous donnent une impression de sens, et par là un sentiment de sécurité. Malheureusement, cherchant ce sentiment, la plupart des gens semblent beaucoup trop prêts à se soumettre à une autorité. Et, en procurant du sens grâce à des croyances auxquelles on peut s'agripper, les autres sont beaucoup trop prêts à exercer un pouvoir. » On sent planer l'ombre du *brave new world.* Et certains croient reconnaître une forme extrême d'aliénation[1]

Pareil type d'intégration est actuellement proposé à tous. Les thuriféraires de la « forte culture d'entreprise » remarquent que, dans les « institutions les plus performantes », celui qui dirige « ne crée pas seulement les aspects matériels et tangibles de l'organisation, tels que la structure et la technologie, mais aussi est le créateur de symboles, d'idéologies, de langages, de croyances, de rituels et de mythes ». Et ils invitent chaque responsable à faire de même. Pourtant, de leur propre aveu, les objets de leur admiration ont des propriétés singulières. Et celles-ci les rendent difficiles à imiter par le tout-venant.

Le mode de fonctionnement de pareilles entreprises suppose une population suffisamment homogène pour que l'on s'y comprenne à demi-mot. Et les intéressées ont tendance, reconnaît W. Ouchi, à n'être dans leur pratique (sinon dans leur idéologie) guère accueillantes pour les minorités, et peu ouvertes aux femmes. De plus, si on en croit les auteurs de *In Search of Excellence,* elles « ont acquis leur caractère fondamental sous la tutelle d'une personne extrême-

---

1. Ph. Messine, *Les Saturniens,* Paris, La Découverte, 1987.

ment spéciale », qu'ils qualifient de « gourou originaire ». Leurs concurrentes qui ne sont pas nées sous de pareils auspices paraissent n'avoir guère de chance de surmonter ce handicap.

Par ailleurs, ces entreprises ne bénéficient pas seulement d'une culture forte, mais d'une structure particulière de leur capital. Certaines gardent un statut « privé » au sens américain du terme [1], qui les dispense de l'obligation de publier des comptes trimestriels faite aux entreprises cotées en Bourse. Or l'existence de ces comptes, dont les résultats déterminent largement le cours des actions, tend à polariser sur le court terme l'attention des responsables (qui risquent de perdre leur fonction si les cours chutent) [2]. Et W. Ouchi observe que le développement des entreprises déviantes auxquelles il s'intéresse exige pour le moins « une forme concentrée de propriété ou de contrôle », seule capable de mettre à l'abri de la tyrannie sommaire du court terme.

La loyauté d'entreprise dans l'Amérique profonde

Si les théories classiques de gestion valorisent l'échange pur et dur entre étrangers et si la communauté proche de la secte a tout pour alimenter les succès médiatiques, les entreprises américaines sont loin de correspondre toutes à des incarnations opposées de ces deux images extrêmes. Les références à l'échange honnête (donc à la responsabilité personnelle) et à la communauté à tonalité fortement affective ont certes des poids fort divers d'une entreprise à une autre. Aucune des deux n'est jamais absente.

« La responsabilité ultime pour la décision continue à reposer sur un individu », rappelle W. Ouchi. Chacun a toujours des comptes à rendre personnellement, notent les auteurs de *In Search of Excellence*. Les entreprises « communautaires » américaines restent bien différentes de leurs homologues japonaises. Pour déterminer qui est personnellement responsable, on a besoin de savoir sans ambiguïté qui a décidé quoi. L'étiquette japonaise, qui permet

---

1. C'est le statut d'une entreprise dont les actions ne sont pas dans le public.
2. E. Gaylord, fabricant « privé » de machines-outils dont l'entreprise reste compétitive dans une branche en grande difficulté, déclare sans ambages que « l'influence de Wall Street est le baiser de la mort », *International Management*, novembre 1987.

de combiner un leadership vigoureux avec des décisions à forme collective, n'est pas de mise. Et, si on consulte largement, les procédures de décision conduisent à mettre clairement en avant le rôle personnel des leaders[1].

De son côté, l'image d'Épinal d'entreprises régies par le modèle pur et dur de l'échange économique à court terme n'est qu'une caricature. Même une usine aussi classique que celle de Patrick City, où la logique contractuelle s'appliquait de façon inflexible, était loin d'ignorer toute référence communautaire. Quand l'encadrement y parlait de « communication » et quand le président du syndicat y prêchait le respect mutuel, l'image de la communauté était présente en arrière-fond. Et, à en croire la vivacité des réactions que l'on observe quand il se rompt, le lien qu'un Américain entretient avec son entreprise paraît souvent très vif.

« Je suis blessé. Après trente-quatre ans passés dans l'entreprise, j'ai été surpris que cela se résume à une relation d'argent. Je pensais que j'étais dans quelque chose du genre famille », se plaint un homme de cinquante-sept ans, invité à prendre une retraite anticipée[2]. Sans constituer des « communautés » aussi soudées que celles que célèbrent les apôtres de l'excellence, beaucoup d'entreprises américaines avaient développé, au cours des dernières décennies, particulièrement chez le personnel d'encadrement et les « professionnels » (les *salaried employees*), une forme de « loyauté vis-à-vis de l'entreprise » *(corporate loyalty)*. Celle-ci était fondée sur une sorte de contrat moral, que tous respectaient même s'il n'était écrit nulle part. Le personnel, « conservé dans les temps difficiles autant qu'il était possible », « s'attachait aux objectifs de son employeur ».

Certes, dans le climat de compétition intense qui règne actuellement, bien des responsables pensent que ce mode de relation « constitue un luxe qu'ils ne peuvent plus se permettre ». Mais on découvre, à travers le désabusement qu'entraîne sa remise en cause, combien le sentiment d'appartenir à une entreprise peut être fort (cf. encadré 40). Loin de constituer la norme de référence, la relation contractuelle à court terme est associée à une image de

---

1. Cf. A. Pippper, « Is traditional management dead ? », *International Management,* janvier 1986.
2. Cité dans le dossier « The end of corporate loyalty ? », *Business Week,* 4 août 1986 ; les citations qui suivent sont extraites du même dossier.

ENCADRÉ 40

**La vivacité des réactions produites par la remise
en cause des politiques de stabilité de l'emploi**

« Ce qui tourmente les gens est que leurs entreprises deviennent des organisations à idée fixe qui sont au service d'un seul intérêt — Wall Street. Ainsi, affirme un homme qui a passé vingt ans à Exxon Corp., et a encore son emploi : " Nous étions une communauté : personnel, actionnaires, des tas de groupes. Nous étions dévoués à cette entreprise. Nous la défendions quand les gens l'accusaient de cacher des pétroliers derrière l'horizon [pour faire monter le prix du pétrole]. Maintenant il est clair qu'il n'y a qu'un groupe important — les actionnaires. "

Ceux qui survivent à des réductions massives de personnel ont généralement le sentiment d'une distance entre eux et l'entreprise. Chacun commence à penser plus à sa sécurité personnelle et moins à sa loyauté vis-à-vis de l'entreprise. Cela accélère la dérive réduisant cette loyauté qui prévalait déjà dans la *me-generation* des années 70. Dans les biotechnologies, par exemple, " nous sommes tous des bohémiens ", affirme Carl Berke, trente-trois ans, docteur en chimie qui a passé plusieurs années à Polaroid avant de rejoindre une entreprise de diagnostics médicaux qui se créait à Newton [Mass.]. " Vous travaillez pour une industrie, non pour une entreprise. "

Travailler pour une grande société est vu de plus en plus comme une relation contractuelle à court terme entre *Me Inc.* et l'entreprise ; cette relation peut être rompue par chaque partie avec un préavis réduit. " Les gens ont appris que vous ne devez allégeance qu'à votre propre carrière ", affirme le conseiller en carrières de Chicago Marilyn Moats Kennedy. " C'est la mentalité de Paladin. Ayez un fusil, Voyagez. " Le modèle de travail dans les grandes entreprises risque de devenir bientôt Hollywood, où les producteurs vont d'un studio à un autre, loyaux seulement à eux-mêmes et à leur profession » (« The end of corporate loyalty ? », *Business Week*, 4 août 1986).

« bohémien », au monde interlope de « Hollywood », et au règne moralement douteux de « Wall Street ». Tout ce qui, dans la notion de *fairness,* va au-delà de la stricte équité matérielle pour intégrer le respect des personnes débouche naturellement sur un certain esprit communautaire. Et, lorsque celui-ci est bafoué, le personnel a le sentiment que les actionnaires « constituent le seul groupe important ». Une fois de plus, l' « Amérique profonde » se montre éprise de stabilité et de moralité.

Dans l'optique américaine, le modèle politique du contrat n'a pas de mal à se combiner au modèle religieux de la communauté (même si cette combinaison paraît étrange à un regard français). La religion, notait déjà Tocqueville, n'est pas perçue comme un adversaire, mais comme un soutien des libertés politiques. Et, quand tous se voient comme égaux devant Dieu, la force du lien religieux soutient l'idéal d'égalité des citoyens. Dans ces conditions, un leadership moral à connotations religieuses se marie volontiers au respect des valeurs politiques d'autonomie et de responsabilité personnelle. Et on conçoit que l'on puisse passer sans discontinuités marquées d'une extrémité à l'autre du spectre qui mène de l'entreprise classique, où l'échange se mêle de morale, à la communauté quasi religieuse, où la morale se mêle d'échange.

En fin de compte, l'Amérique profonde constitue un bon terreau pour des formes d'entreprises à tendance communautaire, dont les dirigeants ne sont pas de grands gourous, mais des leaders fortement imprégnés des valeurs morales américaines. Même les dirigeants exceptionnels dont Peters et Waterman chantent les louanges ne s'appuient pas sur un « magnétisme personnel » extraordinaire, mais sur « une adhésion personnelle, manifeste, sincère, soutenue, aux valeurs qu'ils cherchent à implanter, associée à une persistance extraordinaire à renforcer ces valeurs. » Et on voit un type de leader à la fois fort et modeste, qui « ne laisse pas son ego barrer le passage » *(get in the way),* « inspire un esprit de coopération » parmi les gens de qualité qu'il sait attirer, et dont il arrive à faire une « famille », disposer de grands atouts pour conduire son entreprise au succès [1].

A la croisée des chemins

Au moment où les entreprises redécouvrent les vertus de l'adhésion communautaire, l'émergence d'une économie plus « turbulente » mine un fondement majeur de cette adhésion. Et, tirée aussi à hue et à dia, la gestion américaine se trouve en situation inconfortable.

---

1. Cf. le portrait de Robbert F. Daniel, président de Sikorksky, dans *Business Week,* 18 janvier 1988.

L'évolution des conditions de concurrence appelle un surcroît de flexibilité. Pour réagir rapidement sur des marchés mouvants, il faut adapter en permanence non seulement les produits et les techniques, mais aussi les hommes. Et réduire l'importance du personnel d'encadrement permet de « débureaucratiser » tout en abaissant les coûts. On assiste à des compressions sévères de personnel là où elles auraient paru jusqu'alors impensables. Va-t-on donc oublier les enseignements des années 80 pour revenir, de manière peut-être plus radicale, au modèle « classique » du strict échange ? Les Américains sont divisés.

Certains stigmatisent pareille conception de la « flexibilité », où ils retrouvent l'idéologie ultra-libérale qui inspire l'administration Reagan[1]. Ils soulignent que la flexibilité technique nécessaire pour renouveler rapidement les gammes de produits et les équipements de production demande une coopération étroite entre les divers niveaux hiérarchiques et secteurs de l'entreprise. Et ils ne manquent pas de rappeler que les concurrents les plus féroces de l'industrie américaine viennent de pays ayant une solide tradition en la matière.

D'autres, au contraire, tout en mettant l'accent sur le redressement immédiat des comptes, affirment qu'il ne faut pas dramatiser les réactions du personnel. Ils plaident par exemple que dans certaines branches, telles la radio et le cinéma, l'absence de loyauté d'entreprise n'a pas empêché la croissance de firmes extrêmement prospères. Et certains d'eux cherchent à mettre au point un style de gestion combinant au mieux les avantages de l'échange à court terme et ceux de l'enthousiasme communautaire. A défaut de montrer à chacun qu'elle se soucie (*cares*) de son sort en lui assurant un emploi durable, une entreprise ne peut-elle arriver au même résultat en faisant preuve d'une honnêteté rigoureuse envers ceux qui travaillent pour elle, et de générosité envers ceux dont elle se sépare ? Ne peut-elle développer ainsi une forme de loyauté, génératrice d'esprit d'équipe, sans doute à très court terme (« profonde de 24 heures »), mais intense dans l'instant ? On voit

---

1. Cf. M. J. Piore, « Economic flexibility or social anarchy : a critique of the Reagan labor policy », texte présenté lors d'un symposium du Joint Economic Committee du Congrès américain, janvier 1986, reproduit dans *Problèmes économiques,* 17 septembre 1986.

une des entreprises phares de l'industrie américaine, General Electric, naguère entreprise « paternaliste », faire actuellement ce pari[2].

Avec le faible recul dont on dispose, il est difficile de dire qui voit juste. Mais on ne manque pas de raisons de penser que, les mêmes causes produisant les mêmes effets, les entreprises qui se veulent radicalement « flexibles » vont retomber dans les dérives classiques qui menacent la gestion américaine : l'autoritarisme et la tyrannie du court terme. Ainsi, à GE, certains se réjouissent de la plus grande marge d'autonomie dont ils disposent. Mais on entend aussi parler de gens « paralysés de peur », pendant que les rapports entre l'encadrement et les ouvriers se durcissent. S'il n'est pas équilibré, d'une façon ou d'une autre, par un attachement proclamé et vécu envers la communauté, il paraît difficile que le culte de l'« individu énergique » et du leadership ne conduise pas sur la pente glissante d'une gestion brutale qui en fin de compte démobilise. Certes, quand les temps sont troublés, quand les comptes se dégradent, il est concevable que l'on cherche à parer au plus pressé. Et, à toutes les époques, le modèle du strict échange se présente alors comme une planche de salut. Les États-Unis ont déjà rencontré cette situation dans les années 30. Mais quand ce modèle règne de manière trop exclusive, un jour vient où la qualité de coopération dans l'entreprise s'est tellement détériorée qu'il faut songer à nouveau aux vertus de la communauté.

Des rapports tâtonnants à la culture

Ainsi les entreprises d'outre-Atlantique tirent, suivant les époques et le talent de leurs dirigeants, des partis très divers et plus ou moins heureux des contraintes et des ressources que leur offre la culture américaine. Tout en bornant à bien des égards le champ d'action ouvert aux responsables, celle-ci est loin de les enfermer dans un carcan. Et la façon dont elle s'impose à eux est largement indirecte, à travers les succès et les échecs que rencontrent les multiples pratiques qu'ils tentent de mettre en œuvre.

Toutes les manières de gérer, à toutes les époques, doivent

1. « Jack Welch : how good a manager ? A new corporate culture has made GE more competitive — but at a price », *Business Week,* 14 décembre 1987.

s'accommoder de la place que la culture américaine donne aux préoccupations d'équité et à la mise en jeu de la responsabilité personnelle de chacun. Ceux qui n'en tiennent pas compte explicitement et volontairement en subissent le poids, à travers les difficultés qu'ils rencontrent à mobiliser leurs troupes. Et des dérives procédurières, qui constituent le symptôme classique dans le contexte américain de rapports tendus, les conduisent à respecter, de mauvais gré et par des voies guère favorables à l'efficacité productive, ce qu'ils tendaient à négliger. On ne triche pas avec les grands principes qui régissent la culture de son pays.

La redécouverte empirique de ces principes, quand ils ont été par trop laissés de côté, n'est pas seulement faite par chaque entreprise pour son propre compte. Elle se réalise à travers des courants de pensée, des modes, le fruit tiré de ce qui a réussi ailleurs et que de multiples canaux, des consultants à la presse d'affaire, ne manquent pas de véhiculer. Dans tout cela, il n'est pas besoin que l'on se préoccupe explicitement de culture ou d'aspects politiques de la gestion pour que cette dimension soit présente. De même la découverte (ou la redécouverte) de la diversité des modes de gestion compatibles avec les traditions nationales est le fruit de tâtonnements largement empiriques et collectifs.

La singularité de la période récente est peut-être que les leçons venues du Japon ont conduit à apporter une attention plus explicite aux rapports entre la gestion et la culture. Les Américains qui les avaient oubliées (et ils étaient nombreux) ont redécouvert un certain nombre de vérités fondamentales, qui sont certes de tous les lieux et de tous les temps, mais auxquelles les Japonais ont eu le mérite de se montrer particulièrement attentifs. Il leur est revenu en mémoire que la gestion d'une entreprise, loin de relever seulement ou même d'abord d'un ensemble savant de procédures et de ne faire appel qu'à l'intérêt et à la raison, possède une dimension fondamentalement morale. Les hommes, en effet, ne coopèrent volontiers à une œuvre commune que s'ils sont traités conformément aux valeurs auxquelles ils croient. Et cette redécouverte les a ramenés vers leur propre patrimoine de valeurs et de mœurs.

Manifestant plus d'attention à ce qui en elles relève de la vie d'une communauté, les entreprises d'outre-Atlantique ne sont pas pour autant devenues japonaises. Ce sont les valeurs morales

201

américaines et le modèle américain de communauté qui les ont inspirées. Elles se sont tournées vers l'exemple que donnaient certaines d'entre elles, particulièrement respectueuses des grands principes qui régissent les conceptions américaines de la vie en société.

L'approche « classique » de la gestion apparaît, dans cette perspective, comme *un* fruit particulier de la culture américaine. Marqué par une relative mise en veilleuse des valeurs morales, et par une croyance exacerbée dans les procédures, dans un climat de confiance réduite entre ceux qui travaillent ensemble, il n'en est sans doute pas le meilleur. Son règne ne remonte pas à la nuit des temps[1]. Et il n'a pas été établi pour l'éternité.

---

1. Cf. P. B. Doeringer et M. J. Piore, *Internal Labor Markets and Manpower Analysis,* Sharpe, 1986 (2ᵉ éd.).

Le consensus
néerlandais

Les Pays-Bas sont plus célèbres pour leur peinture, leurs tulipes et leur attitude fière face aux envahisseurs que par leurs pratiques de gestion, même si certaines de leurs entreprises sont parmi les premières du monde. Pourtant, il vaut la peine de s'arrêter à ces pratiques. Elles constituent en effet un exemple instructif d'une manière de gérer bien différente de l'approche américaine et qui actuellement fascine : la recherche de consensus. Non que la forme néerlandaise de consensus soit la seule possible (et soit en particulier identique à la forme japonaise ; elles paraissent fort différentes à maints égards). Mais regarder de plus près le fonctionnement d'une variété particulière de consensus aide à sortir d'une vision un peu vague de cette notion. On entre ainsi dans une perception plus claire des voies par lesquelles les esprits peuvent s'accorder comme des procédures nécessaires pour traduire en acte ce qu'une culture ne fait que rendre possible. Des Français ont sans doute beaucoup à gagner à regarder quelle voie prend une démarche consensuelle dans une culture pour eux moins exotique, notamment par la place qu'y tient l'individu, que la culture japonaise.

Après avoir cherché à comprendre la manière néerlandaise de vivre en société en la voyant s'exprimer dans un fonctionnement d'usine, nous vérifierons, à travers quelques incursions dans le présent et le passé des Pays-Bas, que ce que nous avons observé vaut bien pour l'ensemble des pays. Nous dessinerons alors les axes d'une gestion adaptée à cette manière de vivre ensemble.

1. L'usine de Sloestad

L'usine de Sloestad, située dans le Sud des Pays-Bas, appartient majoritairement à un groupe français qui l'a construite, et qui s'y trouve représenté, au moment où nous étudions son fonctionnement, par un directeur, un sous-directeur technique, les chefs de deux services de fabrication (sur quatre) et un contrôleur de gestion français. Un autre directeur, un sous-directeur administratif, les chefs des deux autres services de fabrication, les deux chefs de service de l'entretien, et le chef de service chargé du personnel sont néerlandais, tout comme les contremaîtres principaux de tous les services et la grande majorité du reste du personnel. On trouve dans les niveaux inférieurs de la maîtrise et parmi les ouvriers quelques Français, sans liens avec le groupe auquel appartient l'usine, fixés aux Pays-Bas par leur mariage avec des Hollandaises. En outre diverses nationalités sont représentées dans le personnel ouvrier (Allemands, Turcs, Marocains, citoyens du Surinam, etc.)[1].

Ce type de situation est extrêmement riche d'enseignements quant aux relations entre cultures nationales et gestion, et en particulier quant aux problèmes qu'ont à résoudre les entreprises françaises ayant des filiales étrangères. Les chocs qui se sont produits dans l'histoire de l'usine entre Français et Néerlandais, l'évolution qui a été progressivement introduite dans sa gestion pour l'adapter à la culture néerlandaise, les rapports de travail quotidiens entre les représentants des deux nationalités, constituent en effet autant d'occasions pour les logiques propres à chacune des deux cultures de se dévoiler en se rencontrant. Et elles le font de façon d'autant plus instructive que les divers cas

---

1. Avec au total 123 étrangers, dont 29 Français, pour 841 Néerlandais.

d'interactions possibles sont représentés . supérieur français et subordonné néerlandais, supérieur néerlandais et subordonné français, Français et Néerlandais de mêmes niveaux hiérarchiques en situation de coopération horizontale.

Vue par un œil français, la manière néerlandaise de vivre ensemble est paradoxale. Elle donne au premier abord une impression étrange de combinaison d'individualisme farouche et d'esprit grégaire, de soumission au groupe et d'indépendance radicale (et elle amène à douter de la pertinence même des notions globales d'individualisme et d'esprit communautaire, à y voir plutôt des mots fourre-tout, tant les Néerlandais se montrent par exemple, par rapport aux Américains ou aux Français, à la fois beaucoup plus et beaucoup moins individualistes). Le consensus néerlandais, qui paraît loin de n'être qu'un mot, ne ressemble nullement pour autant à l'image mythique d'une communauté où chacun se fondrait dans la masse.

Une forte affirmation de l'individu

La forte affirmation de l'individu se traduit de multiples façons.

Chacun a une place bien définie dans l'organisation, et celle-ci doit être strictement respectée. Il existe une définition écrite précise des responsabilités des divers niveaux hiérarchiques : chef de service, contremaître, contremaître-adjoint, surveillant. Et il ne s'agit nullement d'une simple référence de principe. « Un chef de service qui parle à un ouvrier, affirme un surveillant néerlandais, c'est plutôt du système français. Une ligne hiérarchique doit être respectée. Cela doit être clair. » Ce n'est nullement ici le respect des supérieurs qui est évoqué (comme le croirait peut-être un Français survolant le texte), mais celui des attributions des subordonnés. Et ce caractère strict est un sujet d'étonnement pour un regard français (cf. encadré 41).

De même, le pouvoir de décision personnelle des divers échelons de la hiérarchie est vigoureusement affirmé. On parle avec d'autres, supérieurs et inférieurs, avant de décider. Cela n'empêche pas de décider soi-même de ce qui relève de ses responsabilités. Un contremaître principal néerlandais explique que, « pour la marche de la cuve, la technique de la cuve, ici en Hollande, c'est le

---

ENCADRÉ 41

**Il faut respecter strictement
les attributions des subordonnés**

« Il faut respecter davantage la hiérarchie, dans la façon de donner des ordres, qu'en France. J'ai l'impression que, si je veux qu'un ordre passe, il faut que j'en parle au contremaître principal, qui en parlera au surveillant et qui en parlera à l'ouvrier. Je suis sûr que si je vais voir un surveillant et que je lui dis : " Vous ferez changer les anodes comme ça ", et que je n'en parle pas au contremaître, ça va être la panique. Inversement, si le contremaître voit un ouvrier et lui dit trop souvent des choses en dehors du surveillant, le surveillant va lui dire : " C'est pas la peine que je reste, *je n'ai plus aucun rôle à jouer.* " Je peux vous dire que quand un directeur ou un sous-directeur [français] va directement discuter avec les contremaîtres, il y a un certain nombre de chefs de service qui trépignent ici » (chef de service, français).

---

contremaître qui *prend la décision*. Il *parle* avec le chef de service, mais il *prend la décision* ». Symétriquement, dans ce qui relève de la responsabilité dudit chef de service, « quand il n'est pas d'accord le chef de service, il le dit. Quand je n'ai pas d'arguments pour dire autre chose, *c'est sa décision* et c'est fini ».

Chacun manifeste son attachement pour ses propres idées. Ainsi chacun des deux services d'électrolyse, qui opèrent en parallèle, a une individualité bien marquée. « J'ai l'impression que si un service développe une idée, c'est une raison pour que l'autre n'essaye surtout pas ça, mais autre chose », affirme un contremaître chargé des automatismes. Chaque contremaître de fabrication tient à ses propres programmes : « On pense toujours pouvoir faire mieux que l'autre. »

Cette défense de l'individu se traduit de manière spectaculaire par une grande résistance aux pressions exercées par l'autorité hiérarchique ; pareille résistance existe aussi bien à l'égard des pressions formellement prévues (à l'américaine) qu'à l'égard des pressions informelles, dont nous avons vu la place qu'elles occupent en France.

« Les États-Unis sont plus durs ; quand on n'a pas de résultats, il y a sanction. Ici, on n'accepte guère les sanctions », explique un chef de service néerlandais ayant travaillé dans une usine sœur américaine. « Aux USA, quand quelqu'un ne veut rien faire, on peut le licencier. Pas ici », déclare un de ses collègues ayant fait la même expérience. Et il précise : « Aux États-Unis, quand un ouvrier fait une fois, deux fois, une faute professionnelle grave, les syndicats ne discutent pas. Ici, même s'il y a une faute grave, on dit que c'est le surveillant qui n'a pas donné les bonnes consignes. Cette situation n'est pas propre à l'usine. On la retrouve en général en Hollande. »

Par ailleurs, si, à la différence des États-Unis, aucune règle contractuelle n'empêche formellement de récompenser par des primes ou des promotions spéciales les ouvriers dont le travail est le plus apprécié, la mise en œuvre de pareilles mesures se heurte en pratique à de fortes résistances. « Il y a un système de promotion, raconte un agent de maîtrise. Si on dit à quelqu'un qu'il n'a pas bien travaillé et qu'il n'aura pas de promotion, il crie, et, au bout d'un certain nombre de jours, on finit par dire assez et par accepter. » Pareille situation paraît constituer la norme aux Pays-Bas. Certes, il existe dans la plupart des entreprises industrielles du pays un système de primes de « mérite » ou de primes de « rendement ». Mais il est d'usage que celles-ci soient totalement prédéterminées en pourcentage du salaire de base, et leur montant est indiqué dans toutes les conventions collectives. Ce n'est qu'au niveau le plus élevé (chef de service, contremaître principal) qu'il existe une gratification financière modulée en fonction des résultats obtenus. Et les procédures adoptées sont alors, verrons-nous, bien différentes des procédures américaines.

Cette absence de sanctions et de récompenses va de pair avec la quasi-impossibilité où se trouve la hiérarchie de forcer un ouvrier récalcitrant à respecter les règles, les consignes, les ordres donnés. « La maîtrise, explique le responsable néerlandais du personnel, dit qu'il faut que le gardiennage arrête ceux qui partent avant l'heure. Ce n'est pas correct, si les gens font leur travail. Il ne faut donner une consigne que si on peut l'appliquer et la faire respecter. » De même un chef de service d'entretien oppose la rigueur américaine en cas d'accident à la situation qui règne dans l'usine. « A I... [usine américaine], s'il y a un dégât matériel qui est la cause d'un accident, l'entretien ne répare pas le matériel tant qu'un rapport d'accident, qui en donne la cause, n'a pas été fait.

On note toujours qui a provoqué l'accident et celui-ci peut être imputé comme faute. Ce n'est qu'ensuite que la réparation est faite. Ici on a essayé d'agir de même, on n'y arrive pas. » Et un contremaître néerlandais nous parlera de la nécessité où il se trouve de faire « accepter » les consignes par ses subordonnés s'il veut qu'elles soient « appliquées ».

Ainsi privé de la possibilité qu'a son homologue américain d'imposer des consignes strictes à ses subordonnés et de sanctionner ceux qui les enfreignent, celui qui exerce ses responsabilités aux Pays-Bas n'a pas non plus à sa disposition les moyens de pression informels qu'affectionne son homologue français. La violence verbale (« gueuler », « s'énerver », « disputer ») est très mal reçue et peu efficace, comme ont pu en faire l'expérience les responsables français, et en particulier les contremaîtres, venus massivement lors du démarrage de l'usine (cf. encadré 42).

Cette prohibition de toute violence verbale concerne également les subordonnés. En cas de mécontentement en matière de circulation de l'information, « on n'a pas de mouvement d'humeur », indique le directeur, « on a des questions ». Un chef de service français s'étonne de même, à propos de la manière dont des mutations à l'intérieur de l'usine ont été acceptées : « Je ne dis pas qu'intérieurement ça ne leur pose pas un certain nombre de problèmes. Mais les gens ne l'ont jamais manifesté de manière violente. Ne l'ont même jamais exprimé. » L'usine n'a jamais connu de grèves, ce qui n'a rien d'extraordinaire aux Pays-Bas. Et un ouvrier français « râleur » détonne. Selon les termes de l'intéressé, « les chefs disent : " T'as toujours des problèmes, toi. " Les collègues c'est pas pareil. Ils gueulent moins. Ils s'énervent pas comme nous. On me dit souvent : " T'énerve pas, doucement, on y arrivera. " »

Si la hiérarchie ne peut rien imposer, ou pas grand-chose ; si, par rapport aux États-Unis, « on est beaucoup plus soumis à la bonne volonté de chacun », comment éviter que les uns et les autres tirent à hue et à dia ? C'est là qu'intervient la fameuse recherche de consensus, qui ne désigne pas aux Pays-Bas une contrainte rigide exercée par le groupe sur des individus soumis, mais un processus par lequel les convictions des uns et des autres tendent à s'ajuster et à converger.

ENCADRÉ 42

Les réactions hollandaises à la violence verbale française

« Un peu à tous les niveaux, on traitait les Hollandais pour des c... Les Hollandais riaient, quand on discutait, ils restaient imperturbables, ils se marraient » (contremaître, français).

« En 1970, les gens entendaient encore ou acceptaient l'engueulade d'un contremaître, mais actuellement, ils ne l'acceptent pas. Et en 1969, ils commençaient à ne pas l'accepter, ils tournaient le dos, et après, bon, c'était fini. Le contremaître était complètement comme un petit idiot, ils le laissent râler » (chef de service, néerlandais).

« Il n'y a jamais de problème entre les gens en bas, les ouvriers ; il y a toujours des problèmes quand ils s'occupent de leur propre travail, et quand un contremaître, ou un monsieur qui est au niveau au-dessus commence à crier, commence à faire du bruit. C'était le chef de service à l'époque qui engueulait les contremaîtres » (chef de service, néerlandais).

Écouter, expliquer, s'accorder

Si chacun est très maître de ses décisions, s'il est difficile de lui imposer quelque chose, il a le devoir de ne rien faire sans avoir pris l'avis de ceux qui peuvent être concernés, sans les avoir écoutés avec un esprit ouvert, sans avoir informé et sans avoir expliqué. Cela est vrai à l'égard des supérieurs, comme des subordonnés, ou de ceux qui sont au même niveau que soi. Aux Pays-Bas, avons-nous vu, le contremaître « prend la décision » pour la marche de la cuve. Mais auparavant « il *parle* avec le chef de service ». De même celui-ci décide pour les questions qui le concernent, mais après avoir écouté son contremaître « jusqu'à ce que celui-ci n'ait *pas d'arguments pour dire autre chose* ». Un surveillant peut changer le programme de piquage établi par le cuviste. Dans ce cas, relate l'un d'eux, « je vais trouver le cuviste et je lui *explique* pourquoi je veux que le programme soit fait ». On retrouve la même démarche dans les relations entre services, ce qui contraste avec les pratiques américaines, comme le souligne un chef de service d'entretien : « A I... [usine américaine de groupe], c'est l'entretien qui fait le budget et c'est tout. Ici, il y a une discussion avec les services de fabrication pour intégrer les prévisions (gros entretien, modification). » Et une série de discussions en cascade se déroule entre les contremaîtres des deux services, entre les chefs de service, entre les services et la direction, avec divers allers et retours. Celui qui refuse de discuter (comme l'ont fait certains Français dans les débuts de l'histoire de l'usine) fait scandale : « J'ai eu des problèmes avec mes gens, raconte un chef de service, il y a un contremaître qui est venu me voir en disant : " Je ne veux plus que ce type-là vienne dans mon atelier, parce que *c'est un type brutal : il n'entend pas, il tourne le dos quand je dis* [...]. " »

Parler, discuter, expliquer, convaincre, ne se fait pas en vain et les Néerlandais paraissent aussi ouverts aux bonnes raisons qu'ils sont allergiques aux pressions. « Quand on dit que l'on ne donne pas d'ordres aux gens, explique le directeur français, ce n'est pas qu'ils mettent en cause le pouvoir, c'est qu'ils veulent comprendre. Mais en contrepartie ils acceptent l'ordre s'il est compris. » Et il explicite ainsi son propos : « Il faut expliquer. Quand on veut changer quelque chose, changer d'organisation, augmenter le travail par exemple, ce n'est pas la peine de donner l'instruction seule, ce ne sera pas fait ou ce sera mal fait. Il faut expliquer pourquoi on veut faire les choses d'une autre façon. Là, on l'obtient. »

Nos interlocuteurs néerlandais ont tous insisté sur ce point : « il est nécessaire de parler beaucoup », il est facile de motiver « si on se donne la peine d'expliquer aux gens ». « Quand je fais une consigne, je vais toujours expliquer, dire, parler. Sinon cela risque de n'être pas appliqué. »

Expliquer est considéré comme la manière efficace d'agir, même là où aux États-Unis on parlerait de sanctionner. Celui qui a mal agi est supposé avoir mal compris, jusque dans des cas où un Français accepte difficilement pareille interprétation. Ainsi, quand, à propos de la casse faite par le personnel de fabrication, un contremaître responsable des automatismes déclare : « Une personne de fabrication ne comprend peut-être pas que les appareils de mesure sont beaucoup plus fragiles que les marteaux », il n'utilise pas le ton ironique qui, en pareille circonstance, aurait été de mise en France ; et cette déclaration suit l'affirmation suivant laquelle « la première réaction [qui tendrait à être agressive] n'est pas toujours la bonne ». Un contremaître de fabrication indiquera de son côté que, « si le cuviste ne marche pas, fait beaucoup de fautes, c'est à moi d'aller le trouver, de lui *dire,* et puis on va aller *discuter* ». Et un surveillant d'entretien de déplorer, devant la casse d'une pièce fragile d'équipement dont les ouvriers de fabrication se rendent régulièrement coupables : « *On discute tous les jours, c'est tout ce que l'entretien peut faire.* »

Le rôle de la discussion est également essentiel quand il s'agit de changer quelque chose à l'état des choses existant. La recherche de consensus, assortie d'un échange intensif d'explications, d'informations, joue alors à plein. Et l'on voit que le terme « discussion » recouvre en fait une réalité assez différente, beaucoup moins conflictuelle, que ce qu'il évoque en français. A l'étonnement d'un chef de service français. « Les gens aiment bien discuter, donc à partir du moment où on consent à discuter, à s'asseoir autour d'une table, il y a accord souvent. Je crois que les gens aiment bien obtenir, pas discuter pour rien. Il est très rare qu'une réunion se termine sans qu'on ait un accord et qu'on s'y tienne. Parce que l'on s'y tient effectivement à cet accord. Et c'est très rare qu'on ne l'obtienne pas. »

Les discussions productrices de consensus peuvent être engagées à l'initiative de chacun des intéressés, quelle que soit sa position hiérarchique (cf. encadré 43). Et on les voit intervenir pour régler les questions les plus fondamentales. Ainsi, quand la liste des responsabilités a été établie, « il y a eu une réunion énorme pour déterminer ce qui revient à chacun ». De même, pour fixer les objectifs des divers services, la discussion est de règle, comme l'explique le directeur de l'usine : « On fixe les objectifs au moment du budget, les objectifs peuvent être négociables ou non suivant les chefs de service. Si certains sont routiniers ou discutailleurs, on peut être amené à leur dire c'est comme cela et c'est tout. *Mais c'est très rare que les objectifs soient fixés sans discussion préalable et c'est très rare qu'il n'y ait pas d'accord.* »

Le devoir d'expliquer, d'informer, ne concerne pas seulement les responsables vis-à-vis de leurs subordonnés. Il joue aussi en sens inverse. Quand quelque chose est anormal, « il faut que les gens s'expliquent ». Ainsi, d'après l'expérience d'un chef de service, le suivi des dépenses d'entretien n'est pas aussi strict que dans une usine américaine, où c'est « très sévère ». Mais il est beaucoup plus

---

ENCADRÉ 43

**L'élaboration du consensus,
d'après un contremaître de fabrication**

« On pensait peut-être que cette chose était mieux pour les cuves, mieux pour les gens, pour le travail, et je parlais avec mon collègue, et on dit, ça c'est la meilleure situation, et je vais parler avec les surveillants. Ils sont d'accord, ils vont parler avec quelques cuvistes, et prendre l'information des cuvistes qui ne sont peut-être pas anti ; mais on prend l'information, et après ça, on fait une réunion avec le surveillant et on prend la décision.

Je dis au sous-directeur ce que je pense, *mon idée,* il accepte ça. Le cuviste fait des suggestions sur la marche technique. Le surveillant me dit *ses idées,* et quand je suis d'accord, je dis ça au surveillant, ou aux surveillants, et *on va essayer* peut-être.

Il y a quelques mois, un surveillant, dit : " C'est peut-être mieux de ne pas piquer la tête de la cuve avec le semi-portique, mais avec le pont. " Je dis : " Bien c'est peut-être bon. " Je vais parler avec d'autres surveillants, pas tous, mais les meilleurs. Ils disent : " C'est peut-être mieux, on va essayer. " J'ai fait la consigne et on a essayé et ça marche très bien. »

---

strict qu'en France, où « on laisse faire ». L'opacité vis-à-vis des supérieurs, dont nous avons vu la place qu'elle occupe dans le mode français de vie en société, n'est pas de mise ici. Le subordonné doit être capable d'expliquer ce qu'il fait, de le justifier, ce qui implique que l'on puisse l'observer, le contrôler (et on pense irrésistiblement aux intérieurs hollandais, où chacun, tout en étant bien maître chez lui, laisse ses rideaux grands ouverts sur des pièces dont l'ordre impeccable est exposé à la vue des passants). On vit sous le regard des autres, avec tout ce que cela ouvre comme possibilité de contrôle. Un surveillant, qui met par ailleurs l'accent sur l'autonomie dont bénéficie chaque cuviste, souligne simultanément l'importance de ce contrôle, qui revient comme un leitmotiv dans ses propos : « C'est le cuviste [qui établit le programme du semi-portique] et moi *je contrôle* [...]. Il marque sur les tableaux et moi quand je fais ma ronde *je contrôle* pour voir si tout est marqué sur les tableaux [...]. Chaque cuviste *est contrôlé,* par exemple pour un changement d'anode [...]. Il faut qu'ils me préviennent d'abord [pour mettre une cuve en attente de brûlure] et *je contrôle* [...], par-derrière je vais *contrôler.* »

Ce contrôle paraît si bien entré dans les mœurs qu'un de nos interlocuteurs néerlandais, à qui nous demandions, dans une perspective bien française, comment on pouvait à la fois être ainsi contrôlé et se sentir libre (ce qui, nous disait-il, était son cas) a trouvé notre question étrange.

Deux caractéristiques de la manière néerlandaise de vivre en société font que ce devoir d'expliquer, de s'expliquer, d'écouter, et de chercher un accord influence suffisamment les individus pour conduire à une coopération efficace : d'une part la grande importance attribuée à ce que pensent les autres, et d'autre part la place accordée aux données de fait.

Un ouvrier français travaillant dans l'usine, mais mal intégré aux Pays-Bas, nous a déclaré de manière lapidaire : « Ils n'ont pas de respect pour le chef, mais ils font beaucoup pour se faire bien voir par le chef. » En fait il semble bien que, si effectivement le respect pour le chef, en tant qu'il serait différent des autres, n'a guère de place, ce que pense le chef est quelque chose d'important, comme est important ce que pensent les autres membres de la communauté, voisins, amis, collègues, subordonnés. Cette importance est telle que, selon une note interne à l'usine, « le personnel néerlandais serait peu enclin à travailler dans une usine engendrant des pollutions importantes et refuserait même de travailler à une œuvre si elle était rejetée par la société locale ». Pareil souci de l'opinion de ceux avec qui on est en relation est un grand régulateur des conduites. Il est associé aux risques d'ostracisme auquel s'expose celui qui dérive trop. « De temps en temps, indique le responsable du personnel, on a des cas d'ouvriers rejetés par le groupe. De même dans le cas d'ouvriers souvent malades pour des raisons douteuses. »

Un tel souci de ce que pensent les autres, de l'accord au sein de la communauté, se retrouve dans des cultures qui sont loin de se ressembler en tout point. Il s'associe à des manières très diverses d'assurer la convergence des points de vue de chacun. L'approche néerlandaise est très différente, par exemple, de l'approche africaine. En effet, contrairement à celle-ci, elle accorde une place centrale à l'examen de données factuelles.

Quand un surveillant veut qu'un programme soit fait, il va en parler avec le cuviste « à la cuve même ». « Prendre l'information », « regarder », arbitrer sur la base de faits objectifs, constitue la manière normale de procéder. Et les responsables français de l'usine sont très frappés par le respect néerlandais pour les faits. Pour eux, « le pragmatisme des Néerlandais évite que les discussions fréquentes ne deviennent stériles et que l'on s'égare dans des abstractions intellectuelles. Aussi les discussions restent-elles ouvertes et constructives, bien que critiques... ». Cela est vrai pour les relations avec les syndicats, « qui peuvent être qualifiées de bonnes parce qu'empreintes d'objectivité ». De même les relations avec l'administration sont rendues fécondes par « l'attitude d'objectivité et d'honnêteté intellectuelle de tous les interlocuteurs néerlandais de la société ». Le contraste avec les habitudes qui prévalent en France frappe également les deux parties, et nous avons vu se manifester un certain étonnement néerlandais devant la capacité française à argumenter avec une bonne foi limitée.

Lorsque la hiérarchie se donne la peine d'informer et d'expliquer, cet ensemble de facteurs est en fin de compte à la source d'attitudes et de conduites dont le caractère coopératif étonne souvent les Français. « Un contremaître admet mieux ici [qu'en France] d'être dépossédé au profit d'un de ses adjoints devenu indépendant, explique le directeur. Il fait une bonne œuvre. On lui trouvera autre chose. » Des mutations internes à l'usine ayant été rendues nécessaires par une réduction de production, un chef de service français qui a dû faire de la « location de personnel » se déclare « extrêmement étonné des réactions des intéressés ». « Je suis même époustouflé par la bonne volonté des gens, déclare-t-il, la souplesse qu'ils ont montrée dans ce genre de chose. Les gens ont accepté sans aucun problème. On demande un certain nombre de choses aux gens, et les gens réagissent sainement en disant " Bon c'est l'avenir de l'usine, il faut le faire, on le fait. " »

La force d'un groupe de pairs non divisible

Dans de nombreux pays, telle la France, la société est fragmentée en une multiplicité de groupes qui marquent fortement leurs particularismes et tendent à se considérer comme mutuellement étrangers. L'usine de Sloestad, au contraire, est relativement peu marquée par la force des appartenances particulières de groupe social, de niveau hiérarchique, de service. Non, certes, que ces appartenances ne jouent aucun rôle. Mais, comparé à ce qui s'observe en d'autres lieux, leur poids paraît fort modeste par rapport à l'appartenance de tous à un groupe plus vaste, qui non seulement englobe l'ensemble de l'usine, mais s'étend largement au-dehors des frontières de celle-ci. Le consensus qui est recherché n'est pas un consensus de petit groupe s'isolant du reste du monde.

L'aspect le plus spectaculaire de ce phénomène est sans doute, vu de France, le point auquel les responsables sont considérés comme des membres ordinaires de la communauté, avec qui on entre en rapport sans règles d'étiquette particulières (cf. encadré 44). Leurs subordonnés ne manifestent aucune révérence à leur égard. Ils n'hésiteront pas le cas échéant à inverser les rôles pour leur donner des instructions relevant de leur propre compétence ; le directeur de l'usine s'est vu interdire par un ouvrier de pénétrer sans casque dans un atelier, et ceci ne paraît pas constituer aux Pays-Bas une histoire édifiante, mais quelque chose de naturel. On ne retrouve pas non plus les différences qui règnent en France entre des strates hiérarchiques (ouvriers, maîtrise, cadres) que séparent des différences symboliques radicales. « La différence que l'on fait en France, entre agent de maîtrise et cadre n'existe pas », explique un chef de service. Un ouvrier de fabrication peut, sans que cela nuise à son autorité, être promu agent de maîtrise sur place, sans avoir besoin d'acquérir l'aura du chef par un itinéraire initiatique approprié. Quelqu'un peut traiter avec un représentant d'un niveau supérieur d'un autre service sans que l'intéressé ait l'impression de déchoir. « Le statut du chef, note le responsable du personnel, les gens ne s'en occupent guère. Le pouvoir se base sur le comportement, sur le rôle que le chef sait jouer, mais pas sur le statut lui-même. »

Cette place symbolique modeste accordée au supérieur, la faible importance attachée à son statut personnel par rapport à sa pratique, sont intimement liées au rôle concret qu'il joue dans la manière néerlandaise de vivre en société et de gouverner les hommes. Ce rôle est, avons-nous vu, très différent de celui du chef américain ; et il ne ressemble pas non plus à celui du chef français. « Ici, ce n'est pas celui qui sait galvaniser qui est le chef, poursuit le responsable du personnel. C'est le bon organisateur. » Le chef ne peut emporter l'adhésion à travers une révérence qui « galvanise » et permet de trancher quand la raison n'impose rien. Ce rôle

---

ENCADRÉ 44

Les responsables, membres ordinaires de la communauté

« Vous êtes chef de service, vous êtes considéré comme n'importe qui dans le service, vous n'avez pas le respect qu'on retrouve en France, et qu'on retrouve avec les ouvriers turcs ici. Les ouvriers turcs, quand j'arrive avec un contremaître dans leur bureau, ils sont assis en train de discuter, ils laissent la place. Ici, les Hollandais pas du tout. Vous arrivez, ils ont les pieds sur la table, ils enlèveront peut-être les pieds, mais c'est tout juste, et ils vous parleront comme à quelqu'un de tout à fait [...]. Il n'y a pas la même considération pour le chef. Le chef, c'est pas quelqu'un de lointain qu'on respecte. C'est quelqu'un avec qui on a des contacts normaux, qui n'a pas vraiment cette distanciation. Quand on débarque ici, de France, quand on voit la façon dont les secrétaires traitent leur patron, le directeur de l'usine, elles le traitent vraiment comme un copain. Ça reste toujours très poli et très convenable, mais on n'hésite pas » (chef de service français).

« Je n'aurais jamais dit, en France, à un chef : " Si tu n'es pas content, tu n'as qu'à le faire. " Je peux le dire ici. Ils s'en foutent. J'admets pas de parler à mon chef comme à un chien. Je dirais [j'aimerais mieux dire] à mon chef, Monsieur, que je dirais Max ou Fernand à mon chef » (ouvrier, français).

« On ne sent pas du tout la ligne hiérarchique comme en France, ne serait-ce que dans la façon de s'habiller. Dans ce pays, tout signe extérieur de différences est pratiquement banni entre groupes sociaux. Les signes extérieurs jouent beaucoup moins. Cela se répercute sur les comportements hiérarchiques » (directeur, français).

« En Hollande, on parle librement avec le directeur. En France, le directeur c'est le directeur » (contremaître, entretien mécanique, néerlandais).

---

appartient au groupe. C'est au contraire un agent de la raison, de l'objectivité, qui agit en convainquant. Il n'est pas forcément nécessaire qu'il justifie dans le détail toutes ses décisions. Mais il ne peut s'en dispenser que s'il a établi avec ceux qu'il dirige des relations de confiance telles qu' « on est sûr que le chef a réfléchi et que s'il donne un ordre c'est pour une raison valable ».

Cette absence de rupture entre niveaux hiérarchiques se retrouve selon toutes les dimensions qui constituent classiquement des bases de différenciation au sein d'une usine. Elle joue en particulier entre les membres des différents services. « Les ouvriers ensemble [tous services confondus], *c'est vraiment une famille,* raconte un chef de service. On appelle " grand-père ", " oncle Jean ". » A un niveau plus élevé on retrouve la même proximité. « Et même avec aussi les surveillants différents des séries et des annexes, et avec ceux d'entretien, *tout ça c'est un bloc,* on se connaît », dira un des intéressés. Les questions de préséances entre services, si aiguës en France, ne jouent guère ici. Certes, il existe des différences significatives de niveaux de formation : « Les gens d'entretien regardent les cuvistes d'un peu haut comme en France, témoigne un contremaître d'électrolyse ; le surveillant d'entretien qui a un diplôme (hydraulique, pneumatique) voit le surveillant de fabrication très bas. Mais ça ne complique pas les choses à mon niveau. » Et un contremaître d'entretien d'affirmer : « On a besoin de tout le monde. Aucun groupe ne doit se situer à côté ou au-dessus des autres, chaque personne a besoin des autres. »

Cette importance donnée au groupe dans sa totalité apparaît sous les formes les plus diverses. Ainsi dans un service d'entretien. « Une fois tous les deux mois le service se réunit ensemble », raconte un contremaître du service. Et, ajoute-t-il, « souvent les gens viennent avec certaines questions pour lesquelles j'ai l'impression qu'ils *ont exprès attendu que tout le monde soit là* ». De même le faible rôle des organisations syndicales dans la vie quotidienne de l'usine paraît lié au fait que la recherche privilégiée d'un accord général prend le pas sur la défense organisée de groupes particuliers. Selon le directeur de l'usine, les syndicats « ne sont qu'un recours face à un partenaire qui refuse d'écouter et d'expliquer sa décision ». Si les responsables jouent correctement le jeu d'une recherche de consensus, leurs interlocuteurs ouvriers s'y tiennent volontiers.

Consensus n'est pas paradis

Quand on est habitué aux conflits perpétuels qui marquent l'existence des organisations françaises, on peut succomber à une vision idyllique du consensus néerlandais, et imaginer qu'il correspond à des rapports idéaux entre des gens qui s'entendent parfaitement. La réalité n'est pas aussi rose. La recherche de consensus est un moyen de gérer les tensions. Elle ne permet pas de créer une harmonie parfaite, et n'est pas forcément plus facile à vivre que les querelles françaises.

Ainsi l'accent mis sur l'égalité foncière de tous, au-delà des différences de capacités et de fonctions, n'est manifestement pas quelque chose qui va de soi aux Pays-Bas : c'est le fruit d'une volonté partagée, qui a besoin d'être sans cesse réaffirmée et entretenue par diverses formes de pression morales. Un chef de service d'entretien nous a fait part de ses interventions répétées en la matière. « Je dis toujours à mes gens : " Attention nous sommes ensemble. Nous sommes peut-être très nobles, là je suis d'accord. Mais il faut bien savoir que nous sommes là pour aider la fabrication à faire du métal. " » Et si les suggestions des cuvistes sont écoutées par les ouvriers d'entretien, bien que le niveau de formation de ces derniers soit très supérieur, c'est le fruit d'une attitude morale qui conduit à surmonter une réaction première rejetant le cuviste dans son infériorité foncière : « " Ah ! Oui, mais c'est le cuviste qui déc... ", parce que lui n'a pas le même niveau que l'accusateur. » Gommer les différences, et spécialement les différences de niveau, constitue une attitude de principe. Celle-ci va parfois jusqu'à nier des différences évidentes, par exemple quand un surveillant déclare : « Dans mon équipe, tous les cuvistes, je fais pas de différences », et affirme que tous sont capables de tout faire, alors qu'en fait des différences notables subsistent entre les rôles des uns et des autres.

De même le devoir de laisser contrôler ce que l'on fait, qui paraît dans l'ensemble extrêmement bien respecté, ne cesse pas pour autant d'être coûteux. Et quand les circonstances permettent de s'y soustraire, l'occasion peut être bonne à prendre. Ainsi, relate un chef de service d'entretien, quelqu'un est rentré avec un chariot dans une bouche à incendie, cassant tous les tuyaux et causant une fuite énorme. Cette fuite n'ayant été signalée par personne, il a fallu attendre une baisse générale de la pression d'eau dans l'usine pour qu'elle soit découverte. « Et, une semaine après l'accident, on ne sait toujours pas qui l'a fait. » Ce type de situation n'a rien d'exceptionnel.

La pression à laquelle chacun est soumis de la part du groupe, pour prohiber toute attitude ou activité susceptible de miner le consensus, est sans doute assez forte pour ne pas être toujours facile à supporter. « Ils ont peur de l'ouvrier, déclare brutalement un ouvrier français mal intégré, ils ont peur du chef, ils ont peur de s'engueuler avec le mec. Il y a moins de solidarité qu'en France. Ils s'entassent beaucoup plus les uns dans les autres. » Ces déclarations sont bien sûr, dans leur radicalité, colorées par les propres difficultés de l'intéressé. Mais il est vrai que le moyen de défense privilégié autorisé par ce type de pression — le retrait — est largement utilisé. « Les gens partent ou s'absentent plutôt que de faire grève », indiquent en chœur le directeur français et le responsable néerlandais des affaires sociales. On observe simultanément des formes de retrait subtiles. Quand un contremaître crie, les ouvriers « commencent à faire un cocon autour », raconte un chef de service. Et de multiples formes de désengagement par rapport au travail, sur lesquelles nous reviendrons, tendent à se produire.

La vie de l'usine de Sloestad est ainsi marquée par une manière de vivre ensemble et de gouverner les hommes bien différente de celle que nous avons vue à l'œuvre dans les usines sœurs américaine et française. Ce n'est pas l'exigence d'être jugé et rétribué avec justice, sur la base de ses mérites et de ses fautes personnels, qui domine, ni celui d'agir conformément aux devoirs et aux privilèges que la coutume fixe au groupe auquel on appartient. C'est plutôt le désir de parvenir à des accords entre pairs, à partir d'un examen honnête des faits, sans que quiconque soit en position d'imposer sa volonté. Nous allons voir que pareille conception de la vie d'une usine s'enracine dans une tradition sociale et politique qui remonte aux origines mêmes des Pays-Bas.

2. Une forme de vie en société

Nos interlocuteurs de l'usine de Sloestad, aussi bien français que néerlandais, ont souvent, alors qu'ils évoquaient certains traits de la vie de l'usine, insisté sur le fait qu'il s'agissait de traits « néerlandais ». Ainsi, un responsable néerlandais, pour qui « la Hollande est plus dans une logique de négociation-coopération que dans une logique lutte de classes », précise que « cette logique peut avoir une influence sur la vie interne de Sloestad, mais elle n'est pas typique de l'usine. *Elle est néerlandaise* ». De même, pour un responsable français, « on ne sent pas du tout ici la ligne hiérarchique comme en France, ne serait-ce que dans les façons de s'habiller. Cela est une *situation générale*. Dans ce pays, tout signe extérieur de différence est pratiquement banni entre les groupes sociaux ». Le portrait que nous avons brossé de la manière néerlandaise de vivre ensemble, telle que nous avons pu la découvrir à Sloestad, regroupe, pour l'essentiel, des traits qui nous ont été explicitement présentés comme marquant les Pays-Bas dans leur ensemble, et pas seulement l'usine. Aussi avons-nous hésité un instant à nous satisfaire de ces affirmations, sans pousser plus loin nos investigations. Agir ainsi paraissait d'autant plus sensé que nous avions pu voir aux États-Unis et en France à quel point les grands traits des manières de vivre en société qui marquent les établissements dont nous étudiions le fonctionnement, étaient bien le reflet de traits beaucoup plus généraux. Il nous a quand même paru utile de recouper rapidement ce que nous avons vu et entendu à Sloestad par des données tirées de sources totalement indépendantes. Cela nous a permis de cerner avec plus de sûreté les traits fondamentaux d'une manière originale de vivre en société.

Les origines de la nation

Les Provinces-Unies ne se sont pas constituées comme nation sous l'égide d'une famille princière, mais par un accord entre provinces, l'Union d'Utrecht (1579). Et, dès les origines, le mélange d'indépendance et d'esprit de compromis qui marque les Pays-Bas se manifeste dans le fonctionnement des institutions politiques de l'Union[1].

L'Union d'Utrecht, conclue pour faire pièce à la domination espagnole, a uni sept provinces qui restaient des alliés « souverains » et conservaient chacune son gouvernement propre. Les États-Généraux, organe fédéral, étaient formés de délégués des sept provinces. Chaque province disposait d'une voix. L'unanimité était requise pour les décisions les plus importantes. Et celles-ci demandaient un long processus de persuasion et d'accommodation mutuelle[2].

Ce style d'organisation se retrouvait largement à l'intérieur de chaque province. Les États provinciaux y jouaient un rôle déterminant. Ils étaient composés de manière fort variable d'une province à une autre, de délégués représentant principalement les villes (encore que dans les provinces les plus rurales les représentants de la noblesse jouaient un rôle important). Divers dispositifs conduisaient à limiter le pouvoir des plus puissants. Ainsi, dans les États de Hollande, la ville d'Amsterdam, qui payait à elle seule le tiers des taxes de la province, ne disposait que d'une voix sur dix-neuf. Et la personnalisation du pouvoir était limitée par un équilibre entre deux personnalités élues, le stathouder et le conseiller pensionnaire.

Le refus des positions hégémoniques se manifestait également dans le domaine, fort sensible à l'époque, des questions religieuses. Certes, la religion réformée était en position dominante et les

---

1. Nous n'avons pas recherché plus loin dans l'histoire les sources de cette manière de vivre ensemble. Elle n'a certainement pas été créée *ex nihilo* à la fin du XVIᵉ siècle. Elle ne paraît pas dépourvue de rapports avec la forme de vie en société des tribus bataves, telle que l'évoque Max Weber dans sa *Philosophie du droit*.
2. Cf. H. Daalder, « Consociationalism, center and periphery in the Netherlands », *in* E. Allardt et L. Svasand (*ed.*), *Mobilization Center-Periphery Structures and Nation-Building,* Oslo, Universitetforlaget, 1981.

autres religions subissaient certaines discriminations. Mais la tolérance religieuse était beaucoup plus large que dans les autres pays européens, et le principe de liberté religieuse a constitué une sorte de dogme de la nouvelle république. De même, à une époque où l'absolutisme monarchique était à son apogée sous beaucoup d'autres cieux, et où les journaux plus ou moins officiels y étaient les seuls à paraître, les gazettes indépendantes fleurissaient aux Provinces-Unies.

Les institutions politiques des Pays-Bas ont connu maintes évolutions au cours des âges. Le système fédéral a été aboli au cours de la période « française » (1795-1813), pour conduire à la constitution d'un État unitaire. Et il n'a pas été rétabli par la suite. Mais, aux diverses périodes de l'histoire, on a vu resurgir, sous des formes différentes, des manières de résoudre les problèmes politiques de l'heure inspirées par le même esprit.

La société néerlandaise est restée constituée de groupes bien différenciés, se considérant comme fondamentalement égaux et refusant d'accepter la domination de l'un d'entre eux ou même celle de la majorité sur la minorité, tout en étant soucieux d'aboutir entre eux à des compromis. Les conflits sociaux, politiques, religieux n'ont pas manqué dans l'histoire des Pays-Bas. Les clivages majeurs liés à ces conflits et donc la nature des groupes dont il fallait articuler les intérêts et les idéaux, ont varié au cours du temps. Mais on a vu se maintenir un certain style de rapports entre ces groupes, impliquant une manière particulière de coexister et de régler leurs conflits, qui peut être considéré comme un des traits permanents de la société néerlandaise.

La « pilarisation »

Le fonctionnement des institutions politiques néerlandaises a été marqué à partir de la deuxième moitié du XIXᵉ siècle, et jusqu'à une période récente, par une approche originale qui fait les délices des experts en science politique[1]. Ils la désignent par le terme quelque peu barbare de « démocratie consociationnelle » fondée sur une

---

1. Cf. le classique d'Arend Lijphart, *The Politics of Accommodation, Pluralism and Democracy in the Netherlands* (University of California Press, 1968 [2ᵉ éd., 1975]), et la discussion de certaines de ses thèses dans H. Daalder, *op. cit.*

« pilarisation » (*verzuiling*) de la société. Cette approche se caractérise par le contenu même des procédures mises en œuvre, comme par l'esprit qui préside à leur utilisation. L'idée sous-jacente à cette approche est que la société est formée de plusieurs blocs, représentant des « piliers » (*zuilen*) séparés, ayant chacun ses propres droits, et tous ensemble indispensables pour porter la structure nationale ; dans ces conditions le pays doit être gouverné par un accord unanime entre les blocs.

Alors que, dans la première moitié du xixᵉ siècle, la bourgeoisie protestante libérale contrôlait largement les affaires publiques, trois autres groupes se sont progressivement affirmés comme décidés à jouer un rôle politique à la hauteur de leur place dans la société : les calvinistes orthodoxes, les catholiques et les socialistes. Aucun d'entre eux n'a revendiqué une position de domination. Mais chacun a cherché à obtenir sa juste place, à la fois en organisant ses propres institutions (écoles, établissements de soins, partis politiques et, plus tard, radios et télévisions) et en participant à la gestion des affaires d'intérêt commun.

L'affirmation par chaque bloc de son identité et de ses spécificités a été poussée très loin. Ainsi, par exemple, l'histoire de la révolte contre l'Espagne et de l'indépendance du pays a été présentée sous des jours substantiellement différents dans les écoles catholiques et protestantes[1]. Il y a eu des périodes de tensions très fortes entre ces groupes, qui étaient séparés par de grandes divergences d'intérêts et d'idéaux. Celles-ci ont porté sur des sujets difficiles concernant aussi bien les questions religieuses (tels les rapports entre l'État et les écoles confessionnelles) que les institutions politiques (telles que le mode de scrutin et l'étendue du droit de vote, qui n'a été universel qu'en 1918) et les questions sociales. Elles ont toujours conduit à mettre au point des solutions de compromis de façon pacifique et constitutionnelle, sans aucune période de guerre civile, ni de révolte, ni de tentative de renverser le gouvernement en utilisant des moyens violents (le dernier meurtre politique de l'histoire des Pays-Bas a été commis en 1672).

Le moyen fondamental de résoudre les différends entre les diverses fractions de la société a été de considérer les divergences idéologiques comme des réalités fondamentales que l'on ne pou-

---

1. Cf. J. Goudsblom, *Dutch Society,* New York, Random House, 1967.

vait, ni ne devait, essayer de changer, et de mettre au point des compromis pragmatiques recueillant l'adhésion des responsables des quatre grands « piliers ».

Dans pareille approche, les convictions essentielles des autres blocs doivent être au moins tolérées, sinon respectées, et toute attitude méprisante ou tout zèle prosélyte à leur égard est alors exclu. Et il en est de même de la domination de la majorité sur la minorité. Ce n'est pas la capacité du plus fort ou du plus nombreux à l'emporter qui permet de décider, mais un esprit très développé de recherche d'accords raisonnables. Quand une question est considérée comme vitale par un des blocs, aucune décision ne peut être prise sans son accord ou tout au moins sans lui avoir fait des concessions substantielles. Ce n'est pas qu'il existe un pouvoir formel et absolu de veto. Aucun groupe ne peut bloquer l'action complètement. Mais ses souhaits doivent être pris en compte autant que possible par les autres. Et ce principe joue même envers ceux qui sont en position très minoritaire (cf. encadré 45).

Le rôle du gouvernement s'inscrit dans pareille perspective. Selon les termes d'un Premier ministre, il est celui d'un « honnête courtier » entre les partis qui s'opposent. Les frontières mêmes entre le gouvernement et l'opposition sont loin d'être parfaitement nettes : « La responsabilité pour la politique gouvernementale passée ne peut jamais être simplement déterminée, en raison du flou qui sépare le gouvernement des partis d'opposition », écrit Arend Lijphart. Et à l'occasion, il ne paraît pas extravagant que le leader d'un parti ayant connu des résultats désastreux aux élections devienne Premier ministre d'un gouvernement de coalition formé à l'issue de celles-ci.

Les institutions politiques néerlandaises, mises en place lors de la « pacification » de 1917, sont en harmonie avec cette manière de faire.

Elles possèdent plusieurs traits qui, suivant mainte conception orthodoxe, devraient rendre le pays ingouvernable par l'impossibilité à former des majorités cohérentes capables de trancher les problèmes [1]. Ainsi elles comportent un système électoral consti-

---

1. Déjà, aux origines du pays, les ambassadeurs de France et d'Angleterre pressaient les responsables néerlandais « de réorganiser les pouvoirs pour qu'en fin de compte il y ait un responsable au lieu où se prennent les décisions » ; cf. Y. Cazaux, *Naissance des Pays-Bas,* Paris, Albin Michel, 1983.

ENCADRÉ 45

**La prise en compte des points de vue
minoritaires ; un exemple**

« La plupart des questions demandent que l'on arrive à une décision. On
s'efforce alors d'impliquer tous les blocs dans la mise au point d'un
compromis correct. Ou, si aucun compromis acceptable pour tous les blocs
ne peut être obtenu à cause de l'opposition idéologique d'un ou de plusieurs
d'entre eux, les autres groupes vont faire tout leur possible pour éviter de
contrarier les opposants. Les décisions ne sont pas prises par une majorité
l'emportant simplement sur une minorité grâce à un vote. Par exemple,
quand le Parlement a débattu en 1960, et de nouveau en 1964, une
proposition présentée par le gouvernement d'instituer des paris sur les
matchs de football, les calvinistes, et spécialement le parti orthodoxe anti-
révolutionnaire, y étaient fondamentalement opposés pour des raisons
religieuses ne laissant aucune place pour un compromis pragmatique. D'un
autre côté, une large majorité était en faveur du projet de loi et disposait de
suffisamment de voix pour le faire adopter en dépit de l'opposition calviniste.
Mais elle n'a pas agi ainsi. Les partis qui disposaient de la majorité ont fait
un grand nombre de concessions (comme limiter le montant maximum
qu'un individu pouvait parier et instituer un maximum relativement bas pour
le prix le plus élevé susceptible d'être gagné), pas tant pour constituer une
majorité capable de faire passer le projet de loi, mais principalement pour
apaiser la minorité » (Arend Lijphart, *The Politics of Accommodation*).

---

tuant un cas extrême de représentation proportionnelle à l'échelle
nationale : un parti a seulement besoin de deux tiers de pour-cent
des voix pour disposer d'un siège à la Chambre basse. Le Premier
ministre de son côté n'est qu'un *primus inter pares*, placé fort peu
au-dessus de ses collègues. Il n'a formellement pas plus de pouvoirs
que ceux-ci. Le remplacement des ministres, la définition des
grandes lignes de la politique du gouvernement et même la
détermination de l'ordre du jour des Conseils de cabinet ne
relèvent pas de son pouvoir, mais de décisions collégiales de
l'ensemble des ministres[1].

Si ces institutions ne conduisent pas pour autant à des crises

---

1. Cf. J. Van Putten, « Policy styles in the Netherlands : negotiations and
conflict », *in* Jeremy Richardson (*ed.*), *Policy Styles in Western Europe,* Boston,
Unwin Hyman, 1982.

insolubles, c'est que leur objet n'est pas de favoriser la constitution de majorités claires ou un leadership musclé, mais l'élaboration de compromis. Et l'esprit de compromis conduit au besoin les responsables des divers blocs à s'accorder pour détourner le jeu normal des institutions, quand la règle de la majorité risquerait de faire échouer les compromis qu'ils ont élaborés (cf. encadré 46).

Par ailleurs, la mise au point des compromis est facilitée par des institutions appropriées. Un système de concertation permanente entre les responsables des grands blocs a été mis en place, couronné par un Conseil économique et social dont les avis, contrairement à ceux de ses homologues de maints pays, ont un grand poids. Quand ils recueillent un accord général au sein du Conseil, pareils « avis » représentent en fait le fruit du processus de compromis entre les leaders des groupes d'intérêt les plus puissants, et le gouvernement comme le Parlement se trouvent devant une sorte de « fait accompli ».

Ce mode de fonctionnement du système politique va de pair avec l'existence, chez les divers acteurs concernés, d'attitude qui rendent ce type de rapports possible, et ces attitudes sont celles-là mêmes que nous avons vues mises en œuvre à Sloestad. L'existence d'anciennes traditions de compromis est, selon Hans Daalder, la raison majeure de la nature relativement pacifique du « pluralisme organisé » aux Pays-Bas. L'excitation du combat politique est soigneusement évitée. Et, écrit Lijphart, « on aurait tort de croire que le manque d'éclat de la politique néerlandaise doit être attribué au manque de problèmes à résoudre et de tensions. C'est l'inverse qui est vrai : les sujets potentiellement capables de semer la discorde et les tendances désintégratrices sont toujours présents, mais sont soigneusement contrôlés. Le manque de passion ne reflète pas une unanimité quasi parfaite, mais plutôt les efforts conscients et délibérés accomplis par les élites pour faire face à la fragilité du système ».

Pris sous sa forme que l'on pourrait qualifier de « classique », ce mode de fonctionnement de la vie politique néerlandaise a connu son apogée dans les années 50, pour s'effriter au cours de la décennie suivante. On a assisté à une large décomposition des quatre blocs (catholique, protestant orthodoxe, libéral et socialiste) qui avaient dominé la vie du pays pendant plus d'un siècle. Mais simultanément d'autres clivages ont pris de l'importance. Et les

---

ENCADRÉ 46

**Fonctionnement des institutions et esprit de compromis ;
la « Pacification » de 1917**

« Les recommandations des commissions furent adoptées virtuellement sans changement. Toutes les écoles élémentaires, publiques et privées, devaient recevoir la même assistance financière du gouvernement en proportion de leurs effectifs. Le suffrage universel serait adopté sur la base d'un système de liste avec représentation proportionnelle. Les propositions matérialisant ces solutions furent approuvées par le Parlement avec seulement un ou deux votes contre et parfois avec une totale unanimité. [...] La mise en œuvre des solutions demandait des amendements constitutionnels qui devaient être approuvés par deux Parlements successifs pour entrer en vigueur. Les partis étaient tellement anxieux de ne pas mettre en danger le règlement ainsi obtenu qu'ils transformèrent l'élection requise entre la première et la deuxième lecture des amendements constitutionnels [...] en une simple formalité. Ils passèrent un accord permettant aux sortants d'être réélus. Le plan fonctionna et le nouveau Parlement, exacte réplique de l'ancien, donna son approbation finale en 1917 » (Arend Lijphart, *The Politics of Accommodation*).

---

rapports entre les nouveaux partenaires ont continué à être inspirés, non parfois, certes, sans difficultés, par l'idéal de décision par délibération, consultation et accord mutuel qui existait précédemment [1].

Des compromis raisonnables entre « secteurs » d'intérêts

La vie politique néerlandaise de la période actuelle est profondément marquée par l'existence de « secteurs » d'intérêts (tels que le monde agricole, celui des travailleurs salariés ou celui des employeurs) dont les frontières traversent aussi bien les partis politiques que le Parlement ou le gouvernement lui-même. Le ministre et l'administration concernés sont des éléments de chaque « secteur », tout comme un ensemble de comités parlementaires,

---

1. Cf. J. Van Putten, *op. cit.*

de conseils consultatifs et d'organisations diverses. Et les rapports entre ces secteurs dominent la scène.

Les négociations qui marquent traditionnellement la vie politique néerlandaise se déroulent de plus en plus entre les diverses administrations, comités consultatifs et groupes d'intérêts appartenant aux divers « secteurs », pendant que le gouvernement et le Parlement perdent beaucoup de leur prépondérance. Et le Conseil des ministres tend à constituer pour l'essentiel un lieu où sont résolus les conflits entre les ministres représentant les divers secteurs.

Si de nouveaux acteurs jouent ainsi les rôles principaux, le style de la pièce n'a pas changé. La manière dont est résolue une question *a priori* aussi conflictuelle que la détermination des salaires est exemplaire à cet égard[1].

Jusqu'à la fin des années 60, les gouvernements, s'appuyant sur l'avis des partenaires sociaux, régissaient la politique des salaires. Des barèmes nationaux de salaires sont actuellement fixés grâce à des négociations collectives entre organisations patronales et syndicales. Celles-ci se déroulent au sein de chaque secteur d'activité, tout en étant strictement coordonnées par les échelons centraux des organisations concernées. De son côté, le gouvernement en surveille attentivement le résultat, prêt à intervenir s'il juge que l'augmentation des salaires prévue met l'économie nationale en danger.

Pareil processus de négociation tripartite n'a rien, dans son principe, d'exceptionnel. Par contre, les résultats auxquels il conduit sont dignes d'être remarqués. Ils ont été analysés sur une période de vingt ans (1960 à 1980) qui recouvre à la fois la période de politique des salaires des années 50 et 60, et la période de « libre négociation guidée » des années 70. L'étude ainsi faite cherche à expliquer la part du revenu national allant aux salariés. Elle montre que, dans l'une comme dans l'autre période, cette part est strictement fonction de la *situation économique objective* (croissance économique, chômage) et totalement indépendante de l'évolution du *rapport de forces entre les parties* (mesuré par le taux

1. A. Geul, H. Slomp et L. Van Snippenberg, « Union force and labour power », communication à la conférence européenne « The role of trade unions in the coming decade », Maastricht, novembre 1985.

de syndicalisation et la composition politique du gouvernement). Et ce résultat est d'autant plus remarquable qu'une étude menée parallèlement en Belgique, avec des méthodes identiques, a montré que le rapport de forces y était au contraire un facteur explicatif essentiel de la part du revenu national allant aux salariés.

Cherchant à expliquer ce phénomène et en particulier le rôle décisif des paramètres chiffrés définissant la situation économique du pays, les auteurs de l'étude néerlandaise soulignent combien les institutions gouvernementales qui font rapport sur la situation économique ont une grande influence. « Leurs constatations, disent-ils, font force de loi pour le gouvernement, indépendamment de sa composition, et, au même titre qu'une loi, sont fréquemment imposées aux employeurs et aux syndicats. » On constate un « empressement à se servir de données économiques pour interférer dans une négociation collective », ainsi qu'une « relative absence d'opposition aux interventions fréquentes du gouvernement ». Cet état de fait paraît intimement lié à l'existence de gouvernements de coalition où participent les représentants des divers « piliers » de la société. En pareille situation, les données objectives permettent de définir des orientations qui reçoivent l'accord de tous parce que chacun en reconnaît la légitimité, indépendamment du rapport de forces entre les parties. Et chacun est fidèle à pareil accord. On a même vu, dans des industries prospères où sévissait un manque de main-d'œuvre, les syndicats rejeter comme contraires à l'intérêt général des augmentations de salaire que le patronat était prêt à accorder[1].

On voit combien ce type de processus diffère des négociations américaines, où s'affrontent les *bargaining powers* des deux parties, avec grève programmée et lock-out, sans que les pouvoirs publics interviennent autrement que pour fixer les règles du combat. Et on voit également combien il diffère des affrontements français émaillés de grèves plus ou moins « sauvages ». Du reste, l'arme de la grève est extrêmement peu utilisée aux Pays-Bas, et le nombre de « journées de travail perdues pour grève » y atteint un taux très faible, comparé à ceux que l'on observe aux États-Unis et en France, inférieur même à ceux qui marquent des pays comme

1. Cf. J. Goudsblom, *Dutch Society, op. cit.*

l'Allemagne et la Suède, réputés pour leur paix sociale[1]. On retrouve tout à fait dans ces négociations menées au niveau national, la manière de vivre ensemble rencontrée à Sloestad avec la même recherche de consensus fondé sur un examen objectif de données de fait et le même refus des pressions liées aux positions de pouvoir.

Unité et diversité

Sans doute existe-t-il des nuances dans la manière néerlandaise de vivre ensemble : une variante urbaine, influencée par des traditions marchandes, met relativement plus l'accent sur l'autonomie des individus et le respect des différences ; et une approche paysanne insiste plus sur l'homogénéité du groupe. Certains de nos interlocuteurs de Sloestad ont insisté sur ces différences. Selon un chef de service originaire de la région, « cette partie de la Zélande a toujours été une île. La population vit sur elle-même. Amsterdam a un esprit très différent, difficile à combiner ». « Ici c'était seulement des paysans. A Amsterdam, La Haye, il y avait plus de marins, d'industries. Le type d'Amsterdam, ça ne l'intéresse pas de travailler pour M. X..., Y..., ou Z... Ici l'usine est une famille. » On peut penser que cette différence joue dans le fait qu'une certaine compétition interne à la communauté trouve mieux sa place (solidement encadrée par l'esprit de consensus) au sein de l'encadrement supérieur de l'usine qu'à la base. Cela ne remet pas en cause le fait que la conception de la vie en société reste homogène sur un ensemble de points essentiels, refusant les pressions exercées par une autorité qui se prétendrait d'essence supérieure, exigeant de comprendre les raisons des choses, prête à écouter ces raisons de bonne foi, et désireuse de trouver entre tous des accords qui seront fidèlement respectés.

---

1. Ainsi, pour la période 1962-1974, ce nombre a été par an de 26 pour 1 000 salariés aux Pays-Bas, 35 en RFA, 37 en Suède, 516 aux États-Unis et 931 en France (231 en excluant 1968). Pour la période 1981-1985, les chiffres correspondants sont 21 aux Pays-Bas, 28 en RFA, 93 en France. On trouve là une constante de l'histoire des Pays-Bas. Au milieu du XIXe siècle ce nombre était de loin le plus faible de toute l'Europe occidentale.

3. Gérer le consensus

Dans une période telle que la nôtre, où les vertus de la coopération au sein des entreprises sont partout célébrées, on ne peut qu'être particulièrement sensible aux mérites de la manière néerlandaise de vivre en société. Mais l'esprit de consensus n'opère pas de façon magique. Ses indéniables effets positifs en matière d'efficacité productive sont accompagnés de contre-effets négatifs. Et, pour bénéficier de ce qu'il peut apporter de meilleur, comme pour neutraliser au mieux les dérives dont il est porteur, une gestion active s'appuyant sur des procédures appropriées est nécessaire.

Une bonne qualité de coopération

Il est sans doute superflu de souligner les effets bénéfiques d'un attachement au consensus sur la qualité de coopération à l'intérieur des entreprises.

Ainsi, quand on connaît les difficultés associées, dans les mêmes circonstances, à l'approche contractuelle américaine, ou à l'approche corporatiste française, la qualité de coopération que des services de fabrication et d'entretien arrivent à établir dans une usine néerlandaise fait rêver. On pourrait bien sûr se demander, quand les intéressés déclarent d'une manière unanime qu'il n'y a « pas de problèmes entre eux », s'ils ne sont pas inspirés par une volonté néerlandaise de taire les conflits. Mais les Français qui travaillent dans l'usine ne s'expriment pas différemment. Et il existe de multiples signes que la qualité effective de coopération est excellente à tous les niveaux. Ainsi les responsables de fabrication et d'entretien choisissent de concert les matériels que l'usine

234

commande, en tenant compte simultanément des facilités d'entretien et d'utilisation. Les ouvriers d'entretien se font aider « pour des travaux simples » par des ouvriers de fabrication inoccupés, par exemple « lorsqu'il y a du matériel lourd à bouger » (situation difficilement pensable aux États-Unis, où le principe de délimitation précise des responsabilités de chacun s'y oppose). Les électriciens et mécaniciens s'aident mutuellement en cas de panne. Une réunion quotidienne entre le contremaître principal d'électrolyse, son adjoint et la maîtrise d'entretien du secteur permet de « régler effectivement les problèmes de réparations et d'entretien préventif » (ce qui, dans une vision optimiste du fonctionnement des organisations, paraît aller de soi, mais est en fait loin de se retrouver dans tous les pays). L'organisation même de l'usine se trouve affectée ; les mêmes dépanneurs postés peuvent travailler pour l'ensemble des services de fabrication, sans que cela crée des conflits insolubles de priorités quand des pannes demandant des interventions urgentes surviennent simultanément dans plusieurs d'entre eux.

La qualité de coopération entre niveaux hiérarchiques est favorisée, elle aussi, par l'esprit de consensus. Dès lors qu'elles sont comprises et perçues comme raisonnables, les consignes sont respectées, cependant que les contrôles, les mutations à l'intérieur de l'entreprise, les heures supplémentaires et le chômage partiel sont bien acceptés. Simultanément, la base n'est pas avare d'initiatives et de suggestions.

En outre, la recherche de consensus incite à élaborer, de manière méthodique, des plans que chacun, une fois qu'il a donné son accord, aura à cœur de respecter. Ce respect contraste vivement avec des pratiques françaises que nos interlocuteurs hollandais de tous niveaux ont évoquées avec un mélange souvent savoureux d'étonnement, d'agacement et d'humour (cf. encadré 47).

Les effets pervers du consensus

Mais ce consensus a deux faces. Si on met généralement l'accent sur la volonté de bien s'entendre, la peur de mal s'entendre en est le revers, présent lui aussi aux Pays-Bas. « Ils ont peur de s'engueuler avec le mec », affirme brutalement un ouvrier français. Cette peur s'est manifestée de façon plus feutrée dans les discours

---

ENCADRÉ 47

Le respect néerlandais des plannings vu à travers une critique des pratiques françaises

« Les formes de gestion des Français sont très différentes de celles des autres pays [c'est un contremaître, ancien marin, ayant navigué à travers le monde qui parle]. Normalement, le chemin à suivre est : on réfléchit, on fait un plan, on rassemble les personnes, et on fait. Les Français cherchent toujours à faire des plans, mais font selon leur esprit. Sans explications. Parfois ils partent de plans, mais lorsque les plans sont prêts ils agissent à leur guise. C'est typiquement français. Ils agissent par à-coups, en désordre. En fait, on devrait avoir peu de mots, précis, et agir » (contremaître, entretien mécanique).

« Le Hollandais fait un travail plus systématique que le Français. Par exemple quand il va faire un travail, il prépare d'abord ses outils, ses pièces de rechange, systématiquement. Un Français arrive, regarde. Il commence le travail. Il ne sait pas trop pourquoi, et après il va chercher ce dont il a besoin. C'est net » (surveillant, entretien mécanique).

« Avant d'être ici, j'ai travaillé dans le service travaux neufs d'une société de hauts fourneaux en Hollande. Tout était bien préparé. Par exemple, je me souviens qu'on a créé une usine d'acier-oxygène. C'était préparé sur le papier sur un an et demi. Suivant ce planning, l'usine devait démarrer par exemple, le 15.10 à quatorze heures. C'était prévu sur le planning, parce que c'était vraiment un planning. Et effectivement, ça a démarré à treize heures le 15.10. Quand on vient ici [1], et quand on se pose la question : " Où est le planning ? ", il y a quelques papiers à côté. " Bon, quand vous démarrez ? — Ben, on verra " [rire], un peu cette réponse-là : on verra [rire]. Ça n'était pas si mauvais, mais l'esprit était complètement différent » (chef de service, entretien électrique).

1. Une usine conçue par des Français.

---

de nos interlocuteurs néerlandais : « C'est mieux de ne pas discuter de ça », nous a affirmé l'un d'eux, préférant éviter le sujet qu'il jugeait épineux de la distance hiérarchique dans les usines françaises. Et on observe de temps en temps des bouffées brutales d'agressivité : « Il y a de temps en temps des problèmes... Là, tout d'un coup, pouf... la remontée. »

Ce dernier phénomène se retrouve, semble-t-il, de manière générale dans les sociétés où les manifestations ouvertes d'agressivité sont fortement censurées. Dès que l'on sort, dans ces sociétés, d'une zone d'équilibre plus ou moins étroite, où l'expression des tensions est soigneusement contenue, le système risque de fortement diverger. Aussi, de grands efforts sont faits pour ne pas atteindre les limites dangereuses.

Certes le degré auquel l'agressivité est censurée est fort variable d'une société à une autre, même parmi celles qui valorisent le consensus. Il n'est pas le même aux Pays-Bas qu'au Japon (ou à Bali). Les manifestations franches d'opposition, peu licites au Japon, le sont parfaitement aux Pays-Bas, à condition d'être purifiées de toute violence verbale et de voir ainsi contenue la charge émotive qui s'y attache. Elles peuvent alors être très directes, et même surprendre à ce titre ceux qui sont habitués à des formes plus courtoises. Reste que la neutralisation affective des oppositions est toujours quelque chose de fragile et qui menace de dégénérer si l'on n'y prend pas garde. On conçoit qu'il y ait alors des sujets qu'il vaille mieux éviter, même en essayant de les traiter sans passion.

Dans ces conditions, une situation d'harmonie apparente peut aussi bien traduire un accord profond que masquer des tensions dont l'expression est simplement contenue. Ces tensions se manifestent alors d'une manière indirecte qui est susceptible de nuire, parfois sérieusement, à l'efficacité productive.

L'agressivité, que la pression du groupe interdit d'exprimer ouvertement dans les rapports directs de personne à personne, reprend ses droits quand cette pression diminue, parce que l'on n'est pas vu, ou que l'on a affaire à du matériel et non à des personnes [1]. Celui qui se trouve dans la cabine d'un engin motorisé voit ses réactions violentes beaucoup moins inhibées par la pression sociale : « Normalement, c'est le gars qui est à pied qui a la priorité. En réalité, on a intérêt à dégager », raconte un ouvrier français. On trouve dans l'usine de nombreuses affiches de sécurité portant sur la conduite des engins roulants, et le même ouvrier de commenter : « Dans la cabine des ponts roulants, on ne voit pas la route. On n'a pas à s'arrêter. C'est aux camions qui transportent le

---

1. Cf. les expériences de Milgram, où on voyait de paisibles étudiantes placées dans des conditions expérimentales appropriées, se montrer extrêmement violentes ou même cruelles.

métal de s'arrêter. J'ai rentré la cabine du pont au-dessus de la cabine du camion. Ils s'amènent comme des dingues là-dedans. C'est pour ça qu'il y a des papiers comme ça. » Le chef de service de l'entretien mécanique explique de son côté : « On a un mauvais traitement du matériel. On est probablement le plus mauvais de ce point de vue, plus mauvais qu'en France, plus mauvais qu'aux USA. » Tous les équipements appartenant à l'usine, ponts roulants, voitures, appareils automatiques de la cantine, sont traités brutalement.

Par ailleurs, on voit de multiples formes de retrait accompagner la prohibition d'attitudes agressives. Ceux qui sont soumis à une pression relativement forte de leur hiérarchie, et spécialement les ouvriers de fabrication, ne « font pas d'histoires », mais limitent leur engagement dans le travail (encore qu'il y ait en la matière une diversité notable). On ne retrouve ni l'attitude de l'ouvrier américain qui « défend son job et s'en occupe », ni celle de l'ouvrier français qui considère qu' « il est important de connaître *sa* cuve » et se bat pour défendre son territoire.

De plus, le désir de bien s'entendre peut conduire à masquer des problèmes qui devraient être saisis à bras-le-corps. Certes, cela n'est pas un monopole des Pays-Bas. Cela a plus de chance de s'y produire que dans des sociétés où il est considéré comme légitime de défendre opiniâtrement son point de vue ; « on a toujours tendance à vouloir cacher les conflits au fond des tiroirs », explique un chef de service de fabrication. Un de ses collègues d'entretien établit, pour sa part, un parallèle avec une usine américaine où il a travaillé : « Le contremaître [d'entretien mécanique] ne se bat pas assez avec la fabrication quand elle demande des travaux. A I..., si la fabrication veut des dépenses non prévues, elle doit le prendre sur son propre compte d'exploitation. Ici, on accepte plus de choses que prévues sur le budget d'entretien. Ce sont les contremaîtres qui sont les interlocuteurs. On a tendance à vouloir faire plaisir à la fabrication en faisant des choses qui ne sont peut-être pas nécessaires et qui coûtent plus d'argent. » Pour « faire plaisir », on peut être amené à accepter ce qui est techniquement peu justifié.

Le désir de bien s'entendre constitue également un frein aux changements. Une fois que l'on s'est mis d'accord sur une manière d'agir, il faut un consentement unanime pour la modifier, et cela prend pour le moins du temps. Un chef de service néerlandais s'en plaint, non sans humour : « Les Hollandais peut-être [...]. On organise quelque chose et on travaille comme ça, avec un peu une discipline de cadavre. Parce qu'en 1840, ou quelque chose comme ça, un monsieur a inventé ça, et a dit : " Il faut faire comme ça ", on continue de faire comme ça, il n'y a pas beaucoup de volonté de changer, parce que chaque changement est difficile, donne des problèmes. »

Nos interlocuteurs nous ont affirmé de façon générale qu'on pouvait certes obtenir des changements en s'y prenant bien, mais « pas d'un jour à l'autre ». Et un bilan fait par les responsables de l'usine après dix ans de fonctionnement insistait pour sa part sur le fait qu'il existe « des délais nécessairement longs pour faire évoluer les organisations, les méthodes de travail, et, de façon générale, pour introduire des modifications techniques et humaines ».

Certains phénomènes perturbateurs (instabilité du process, variation de la qualité du minerai) conduisent par ailleurs à des situations où, tout n'allant pas pour le mieux, on peut craindre que des tensions n'apparaissent entre ceux qui sont concernés. Et vouloir absolument éviter celles-ci ne conduit pas forcément aux actions les plus appropriées. Ainsi le traitement des « cuves malades » semble marqué par une certaine impatience à faire rentrer les choses dans l'ordre. Cette impatience tend à engendrer des interventions intempestives de nature à prolonger la situation de déséquilibre. L'adaptation aux changements de minerai, qui créent des périodes de perturbation et exigent de nouveaux réglages, est plus difficile que dans les autres usines du groupe. Il est même arrivé qu'elle engendre une situation de vraie crise ; les tensions habituellement contenues ont resurgi au grand jour cependant que le fonctionnement du process s'est notablement détérioré. « Quand ça va mal il y a une certaine panique », affirme pour sa part un surveillant d'entretien. « On nous demande dans la journée de remplacer dix, douze ou quatorze marteaux piqueurs. On ne sait pas d'où ça vient, mais on nous demande de changer des choses, même si ce n'est pas nécessaire. »

De même le désir de bien s'entendre favorise une certaine prudence de réaction, que certains de nos interlocuteurs ont vivement critiquée, pendant que d'autres en célébraient les aspects positifs. « On traitait les Hollandais de bons à rien, ils ne réagissaient pas assez vite, ils étaient lents », raconte un contremaître français, ancien de l'usine. A l'époque du démarrage, « les chefs de service français avaient une politique de courir très vite, de s'arrêter, et de repartir en courant dans l'autre sens », relate, de son côté, un responsable néerlandais. Et un ouvrier français, bien intégré aux Pays-Bas, propose pour sa part une sorte de « motion de synthèse » : « Le Hollandais est plus calme. Il regarde deux fois les choses avant de faire quelque chose. Des fois, on fait des choses en vitesse, vous avez des surprises. Des fois on trouve que ça marche doucement, mais à la sortie [...] il arrive moins souvent qu'il faille défaire ce qu'on a fait. »

L'absentéisme et le turn-over déjà évoqués aident eux aussi pour une part à échapper à la pression du consensus. A Sloestad, comme de manière générale aux Pays-Bas, ils sont extrêmement élevés. Ils constituent « le problème majeur de l'usine », remarquait une note de politique générale établie par la direction. L'absentéisme des ouvriers postés est en particulier très élevé (il était de 18 % au moment de notre enquête, environ cinq fois plus élevé que dans l'usine française correspondante pour des postes équivalents). Il correspond pour l'essentiel à un absentéisme « maladie » sur lequel on peut s'interroger, au dire d'un contremaître français ayant exercé des responsabilités dans les deux pays. « Aux États-Unis, il n'y a jamais de fausses maladies. Mais en Hollande le pourcentage était très important. Il y avait un match de football, ils demandaient une journée. On leur expliquait que ça n'était pas possible, ils ne venaient pas. »

Pareille situation a sans doute de multiples causes. Le caractère quelque peu laxiste de la législation (qui n'autorise en particulier aucun contrôle patronal des absences pour « maladie » et fait que ces absences ne s'accompagnent d'aucune pénalité financière) n'est sans doute pas indifférent. « Il n'y a pas besoin d'avoir l'avis du médecin, précise le responsable du personnel, il suffit de téléphoner. Quand on manque, on garde tout son salaire, sauf les heures supplémentaires. » Il s'y joint, estiment certains, un certain « dépérissement de l'éthique du travail ». Mais ces facteurs n'expliquent pas tout. Pour les ouvriers postés au sein d'un même secteur, les écarts sont à la fois très élevés (avec des taux d'absentéisme allant de 8 à 20 %) et stables dans le temps. Or, il semble bien que la diversité des relations propres aux diverses équipes joue un rôle déterminant. L'absentéisme paraît ainsi constituer à certains égards une manifestation de malaises qui manquent de canaux leur permettant de s'exprimer de façon plus agressive.

Ces multiples tendances, *a priori* favorables ou défavorables en matière d'efficacité productive, voient leurs effets se concrétiser plus ou moins suivant la manière dont la gestion s'y adapte, tire parti des possibilités qu'elles offrent, et limite leurs effets dommageables.

Une vive résistance à des modes de gestion étrangers

La manière néerlandaise de vivre en société conduit à résister vigoureusement aussi bien à une approche « américaine » qu'à une approche « française » de la gestion.

Les stricts principes américains de responsabilité contractuelle constituent pour les gestionnaires, aux Pays-Bas comme ailleurs, un modèle révéré. A Sloestad, les responsables néerlandais et français ne manquent pas de s'y référer. Mais la mise en œuvre de ces principes y rencontre des résistances souvent insurmontables. Ainsi, « on n'accepte guère les sanctions ».

Symétriquement, la direction n'est pas non plus soumise à la rigueur d'un système contractuel pur et dur. Elle est, par exemple, infiniment plus libre à Sloestad que dans l'usine sœur américaine pour tout ce qui touche aux heures supplémentaires. Là-bas, toute absence doit être compensée en faisant appel à des heures supplémentaires, attribuées en fonction de strictes dispositions contractuelles. Au contraire, à Sloestad, « quelquefois, il n'y a que sept ou même six cuvistes pour quatre sections », alors qu'il devrait y en avoir huit, explique un contremaître, les présents prenant en charge le travail des absents. Et, selon un de ses collègues, « s'il y a des travaux à finir, on cherche des volontaires. S'il n'y en a pas, on désigne les uns ou les autres. Ils doivent accepter et le font sans problème, car il est prévu dans la convention collective qu'on doit accepter deux heures supplémentaires par semaine si nécessaire ».

Même la partie de l'organisation (le groupe réduit formé par le directeur, les chefs de service et les contremaîtres principaux), dont les rapports internes ressemblent plus au modèle américain, est loin de suivre celui-ci à la lettre. Certes, on y trouve une certaine responsabilité contractuelle, marquée par l'existence d'une prime

---

ENCADRÉ 48

La gratification de fin d'année des responsables

« On est jugé là-dessus [la réalisation des objectifs]. Nous [les chefs de service] avons une gratification de salaire en fin d'année qui correspond à un mois de salaire avec un coefficient. Celui-ci est complètement à la volonté de la direction. Si vous n'atteignez pas vos objectifs, vous n'avez rien [...], et ça peut arriver. Ça arrive rarement. S'il y avait vraiment zéro, on se débarrasserait du chef de service en question. Mais il y a une estimation de notre travail qui est également valable pour les contremaîtres principaux. Et cette gratification leur est donnée par le chef de service avec un contrôle pour essayer d'homogénéiser par une réunion de tous les chefs de services en présence de la direction. Et vous êtes vous, chef de service, jugé par le quadrumvirat dont vous parliez tout à l'heure [directeurs et sous-directeurs], et plus précisément par votre chef direct » (chef de service, fabrication).

---

de fin d'année modulée en fonction des résultats obtenus. Mais, contrairement à la pratique américaine, cette responsabilité n'est pas mise en jeu dans une relation entre chaque individu et son supérieur hiérarchique direct. Elle s'inscrit dans un mode de contrôle très collégial exercé sur chaque niveau hiérarchique par l'ensemble des responsables de niveau supérieur (cf. encadré 48).

Parallèlement, la gestion à la française qui a marqué les débuts de l'usine a suscité de vives réactions, et de nombreuses pratiques ont dû être progressivement modifiées pour adopter des manières de faire plus acceptables aux Pays-Bas. Conformément aux habitudes néerlandaises, ces réactions n'ont pris la forme ni de mouvements violents ni de grèves. Mais le turn-over, l'absentéisme et un niveau médiocre d'implication dans le bas de la hiérarchie ont constitué pour les directions successives des messages clairs. Et les règles de gestion en vigueur ont été progressivement infléchies. Cela a demandé du temps, et, dix ans après le démarrage de l'usine, un plan systématique d'adaptation de la gestion aux mentalités locales était encore en chantier.

Respecter autrui à la manière néerlandaise

Nous avons déjà évoqué quelques points sensibles, touchant au style de commandement. Les Français n'ont pas été obligés, en la matière, de se conformer en tout point aux pratiques néerlandaises ; si la culture de l'entreprise est différente de celle de la maison mère française, « les Français y apportent quelque chose ». Mais il leur a fallu s'adapter là où ce qui est acceptable dans leur propre culture sort de la plage de tolérance que comporte la manière néerlandaise de vivre ensemble.

« Les gens veulent être respectés », nous a affirmé le responsable du personnel. Cela n'est certes pas une singularité néerlandaise, et, dans tout pays, un chef doit respecter ses troupes s'il veut vraiment les entraîner. Mais ce que signifie concrètement respecter un subordonné a un sens particulier dans chaque pays, loin d'être identique aux Pays-Bas, aux États-Unis ou en France.

Écouter, parler, consulter, expliquer, s'abstenir de violence verbale et d'argument d'autorité, éviter d'imposer une mesure sans laisser le temps aux intéressés de la comprendre et de l'accepter, constitue, avons-nous vu, une dimension essentielle de la manière hollandaise de respecter autrui. « Gueuler » est tolérable en France, non aux Pays-Bas. Un contremaître néerlandais se comparant à ses collègues français cerne bien l'opposition des deux styles : « Le contremaître français donne une consigne à son surveillant ou aux cuvistes, et les réactions ne sont pas toujours comme il pensait. Alors, la réaction du contremaître c'est : " J'ai dit ça ", et c'est l'action directe. Nous on essaye de parler : " Vous n'êtes pas d'accord, pourquoi pas, et non [...]. " On essaye de parler, hein ; c'est pas toujours facile, mais on essaye. » Et un chef de service montre jusqu'où cette logique peut être poussée : « Il faut toujours adapter l'entretien, ça sans trop bousculer les gens. Il faut, je crois, bien discuter le développement avec les gens en question. Ça n'est pas que l'idée vienne du dessus, mais que eux-mêmes la développent. Ils disent : " Dans ce cas, c'est mieux que je travaille comme cela. " »

Simultanément, il est essentiel de respecter de manière stricte le rôle imparti à chacun dans la communauté, ce qui implique, au premier chef, de respecter ses attributions : « Si le contremaître voit un ouvrier et lui dit trop souvent des choses en dehors du surveillant, le surveillant va lui dire : " Ce n'est pas la peine que je reste, je n'ai plus aucun rôle à jouer " », et cela est vrai à tous les niveaux.

Respecter ses subordonnés, c'est aussi, aux Pays-Bas, éviter de les mettre en état d'insécurité par des conduites imprévisibles. Cherchant à décrire un chef idéal, le responsable du personnel note : « Il doit être facteur de stabilité et non une source d'inquiétude. On revient à l'importance de pouvoir compter sur le chef ; être sûr qu'on peut prévoir son comportement, qu'il ne fera pas défaut. »

Au cours d'une période précédente de l'histoire de l'usine, le turn-over était très élevé. Selon un surveillant, « les gens n'étaient pas contents. Il y avait beaucoup de promesses et rien n'était fait ». Or, les « promesses » n'étaient pas perçues comme en France (ou du moins dans la partie méridionale de notre pays) comme de simples déclarations d'intention générale, ou des manifestations d'intérêt, qui engagent plus dans leur esprit que dans leur lettre. Elles étaient prises au pied de la lettre.

Dans un univers où la violence est très crainte, ce qui est incertain, flou, paraît particulièrement lourd de menace. On est viscéralement attaché à savoir où on met les pieds et à être en état de prévoir. Le chef qui organise peu, respecte mal des attributions, change d'avis, comme celui qui « gueule », cesse d'être un « facteur de sécurité », pour devenir une « source d'inquiétude ». Et cette inquiétude est très mal supportée.

Pendant que, sur tous ces points, le supérieur doit ainsi se montrer beaucoup plus attentif qu'en France, il en est d'autres, au contraire, où ce seront les Français qui seront plus chatouilleux (ne se sentant pas respectés là où un Néerlandais ne verrait pas de malice). Les frustrations d'un ouvrier français qui supporte mal que son supérieur hollandais se mêle de ce qu'il considère comme ses attributions propres, en témoignent (cf. encadré 49).

Ces questions de style de relations sont ouvertement « culturelles », et les erreurs à ne pas commettre se voient relativement vite. Pour peu qu'il soit animé de quelque bonne volonté, un étranger arrivera sans trop de mal à ajuster ses pratiques. « Les ingénieurs français, explique le directeur, prennent au bout de quelques mois la logique de l'entreprise. Il n'y a guère d'expérience d'ingénieur

---

ENCADRÉ 49

Un refus français d'un mode néerlandais d'autorité

« Je connais mon travail depuis le temps que je suis là. Il y a des chefs depuis trois ans ici. Ils ont beaucoup de technique, mais la pratique c'est pas pareil. *Quand je suis pas d'accord,* maintenant je m'en fous. *Avant je gueulais :* " Il ne faut pas faire ça comme ça. " J'ai toujours des problèmes avec le contremaître, le surveillant. Par exemple pour savoir s'il faut ou non piquer la cuve. Moi j'ai dit : " J'ai marqué ça " ; " J'ai marqué ça " [au computer]. *Des fois il y en a un qui marque autre chose, je l'engueule.* Il ne faut pas me faire de... *Je ne fais plus rien après.* Avant je disais : " *Moi j'ai fait comme ça, pourquoi que tu changes ?* " Alors lui changeait et c'était quand même le b... Maintenant je dis : " J'ai fait ça. " Il me dit : " Tu aurais mieux fait de mettre ça comme ça. " Je dis : " Ça va. " On ne va pas *s'engueuler* une heure même si c'est bon pour la cuve » (ouvrier, français).

---

qui ne se soit pas adapté. » Ainsi, il ne leur a pas été difficile de prendre l'habitude « d'avoir des contacts avec les gens », de leur parler. Mais le style n'est pas tout. Pour bien gérer « à la hollandaise », il faut encore des structures et des procédures appropriées. L'histoire de notre usine n'a pas été seulement marquée par des ajustements de style, mais par la mise en place, très progressive (et qui n'était pas achevée dix ans après sa mise en service) d'un mode d'organisation adapté au contexte néerlandais. Et les modifications ainsi apportées se sont accompagnées d'améliorations, parfois immédiates et spectaculaires, du fonctionnement de l'organisation et des performances techniques.

Une organisation précise et riche en instances de concertation

La précision de l'organisation est aux Pays-Bas un point sensible : « Ici ce n'est pas celui qui sait galvaniser qui est le chef, c'est le bon organisateur », affirme le responsable du personnel dans son portrait du chef idéal. Pareille précision contribue à créer un environnement suffisamment prévisible pour rassurer. « On se sent bien quand tout est bien organisé », explique un surveillant d'entretien. Les directions françaises de Sloestad ont progressivement tenu compte de ce fait. « Ce qui a changé c'est que l'organisation est plus précise. Depuis deux ou trois ans, l'organisation s'est faite peu à peu », poursuit l'intéressé, qui ajoute en marquant son étonnement : « Avant que les Français partent. C'est une évolution. » Ainsi une liste précise des responsabilités a été définie deux ans avant notre enquête... et dix ans après le démarrage de l'usine. De même, une organisation stricte, s'appuyant sur des procédures appropriées, a permis de réduire l'insécurité qui accompagnait les mutations internes rendues nécessaires par les baisses de production. Et ces mutations ont été dès lors bien acceptées (alors qu'au début, relate le responsable du personnel, « on affectait les uns et les autres sans trop prévenir et faire attention, ce qui créait des incertitudes »).

Bien sûr, dans la perspective néerlandaise, cette organisation doit être largement conçue par les intéressés eux-mêmes. Quand une liste de responsabilités a été établie, « il y a eu une réunion énorme pour déterminer ce qui revient à chacun ». Et dans la répartition du travail entre les deux cuvistes d'une même section, « c'est eux qui s'arrangent entre eux ».

Une approche néerlandaise de l'organisation demande par ailleurs que soient mises en place des procédures permettant de bien tirer parti du désir de communication et de consensus. Celui-ci n'opère nullement par magie, il est simplement capable de donner vie à des institutions et à des procédures qui organisent la concertation (lesquelles ne sont elles-mêmes efficaces que parce qu'elles sont animées par cet esprit : organiser par exemple une réunion entre services d'entretien et de fabrication conduit à des résultats très différents si les participants l'abordent dans un esprit de consensus ou, comme c'est souvent le cas en France, dans un esprit d'affrontement rituel ; le même nom de « réunion » recouvre en fait des réalités bien différentes). L'esprit de consensus anime certes les relations informelles. Ainsi les chefs des équipes d'entretien mécanique et d'entretien électrique se trouvent dans le même bâtiment, ce qui, disent-ils, leur permet d'être « facilement en contact ». Mais le consensus se nourrit volontiers de procédures formelles, et en particulier de réunions ayant une existence officielle, sans doute parce que celles-ci permettent de solenniser le fait que chacun est dûment informé et voit son avis pris en compte. L'accent est alors plus ou moins mis, suivant les cas, sur la communication des informations, le recueil des avis, ou l'élaboration en commun de décisions.

De multiples réunions *ad hoc* sont organisées dès qu'un événement exceptionnel survient ou qu'une décision exceptionnelle est prise (qu'elle concerne le régime de marche du process, le changement d'un équipement, ou l'arrêt d'une partie des capacités de production, cf. encadré 50). Elles complètent une large gamme de réunions à périodicité régulière allant de la journée (pour les réunions entre services de fabrication et d'entretien) à l'année (pour des réunions d'une journée organisées en dehors de l'usine par la direction avec tous les surveillants en présence des contremaîtres et des ingénieurs). Certaines réunions sont internes à un service, d'autres communes à plusieurs. Beaucoup ont été créées au cours de l'histoire de l'usine, au fur et à mesure que sa gestion s'adaptait à l'environnement néerlandais.

Un trait particulièrement frappant de ces réunions, pour un observateur français, est l'étendue de l'éventail hiérarchique que l'on y trouve, et la place que peuvent y tenir les représentants des niveaux hiérarchiques inférieurs. Des commissions temporaires inter-services, où des surveillants se joignent à des contremaîtres, des chefs de service et un sous-directeur, sont ainsi créées de manière usuelle pour examiner des problèmes importants. Dans les réunions de concertation internes au service d'entretien mécanique, le compte rendu est fait usuellement par un ouvrier. « Par ce biais, commente le chef de service, il sait que les informations remontent directement au chef de service, par exemple le souhait d'un autre matériel, ou d'autres règles de promotion. » L'encadrement en fait aussi son profit. « On en rediscute avec le contremaître, cela d'une certaine façon raccourcit la communication. Cela permet de mieux savoir ce qui se passe. » De même, quand une commission paritaire direction-comité d'établissement a été réunie pour définir un système de primes de conditions de travail, un des cinq représentants de la direction était ouvrier.

Cette mise en place très poussée d'une concertation organisée a conduit à développer une coopération étroite entre services sur des points où elle était inexistante dans la période « française » de l'usine. Il en est ainsi notamment pour le choix des matériels neufs : une procédure, dont l'acteur central est le surveillant d'entretien mécanique du secteur concerné, permet d'éviter les

---

ENCADRÉ 50

Le rôle des réunions *ad hoc*

« On pensait, *peut-être* certaines choses sont mieux pour les cuves, mieux pour les gens, pour le travail. Et je vais *parler* avec *le surveillant*. Il va *prendre l'information* du cuviste. Après ça on fait une réunion et on prend la décision » (contremaître, fabrication).

« Par exemple, la production demande une modification. Nous faisons un prix pour elle. Après ça nous avons une discussion ensemble : est-elle nécessaire ou pas ; quelle est la possibilité d'une autre solution ? » (contremaître, entretien électrique).

« Lorsque nous avons décidé, fin juin l'année dernière, d'arrêter 64 cuves, nous avons réuni chaque équipe (toutes les équipes prises individuellement puisqu'elles travaillent à des postes différents), et j'ai fait un petit exposé sur la situation économique et sur les causes des arrêts cuves. Je leur ai dit bien entendu qu'on ferait éventuellement appel à eux pour aller travailler dans d'autres services, pour éviter de faire appel à de la main-d'œuvre extérieure » (chef de service, fabrication).

---

ruptures entre le bureau d'études et l'entretien. Naguère, raconte le responsable de l'entretien mécanique, « le bureau d'études travaillait comme dans une tour d'ivoire. Et, disaient les gens d'entretien, " le matériel n'était pas démontable et cela coûtait une fortune " ». Aussi, le surveillant d'entretien intervient maintenant très en amont du processus. « Avant que l'on passe la commande, il doit regarder si la machine sera accessible, si elle pose des problèmes d'entretien, quelles dépenses d'entretien seront nécessaires. » Animée par l'esprit de consensus, cette procédure (qui en bien des lieux n'aurait sans doute été que source de conflits) s'est montrée efficace.

Nous avons évoqué les procédures qui conduisent à fixer les niveaux de salaires en mettant en œuvre, à l'échelon national, ce même esprit de consensus qui joue alors dans les rapports entre patronat, syndicats et pouvoirs publics. Ces procédures se prolongent à l'échelon local pour préciser la façon dont les accords nationaux s'appliqueront à l'entreprise. Des négociations se déroulent à cet effet entre les représentants de la direction et des représentants syndicaux extérieurs à l'entreprise. Et si, par ailleurs, les syndicats n'interviennent guère dans la vie quotidienne de l'entreprise, le conseil d'établissement, dont l'existence est prévue par la loi, s'ajoute aux nombreuses instances volontaires de concertation, ayant des objets plus circonscrits. Ce conseil intervient notamment en cas de grosse réorganisation, et dans la nomination des membres du conseil de surveillance. Ses membres, désignés par bulletin secret par l'ensemble du personnel, appartiennent traditionnellement à l'encadrement.

Le rôle des données objectives

La forme d'accord qu'affectionnent les Pays-Bas demande que des données objectives appropriées soient recueillies et mises à la disposition des intéressés, suivant des procédures adéquates.

La démarche adoptée à Sloestad pour définir les primes de condition de travail, illustre bien ce que peuvent être pareilles procédures. Une commission paritaire, avons-nous vu, a été mise en place. Ses dix membres sont allés visiter l'usine pour interroger les intéressés sur un ensemble d'éléments : le chaud, le froid, le gaz, les poussières, etc. Le docteur a donné des indices médicaux, le laboratoire a apporté des mesures de chaleur. C'est à partir de ces bases qu'une série d'allers-retours entre la commission paritaire, les membres du personnel et le comité d'établissement a permis d'élaborer progressivement un accord. Le plus significatif, en la matière, est la façon dont le rassemblement de données objectives et les procédures de concertation n'ont pas été concurrents, mais intimement associés. L'usage de données objectives n'a pas conduit à une définition technocratique des primes (procédure qui avait été envisagée au départ par la direction, à dominante française). Et la rencontre des parties n'a pas non plus tourné au dialogue de sourds ou à un marchandage régi par le rapport de forces. Les données recueillies ont permis l'élaboration d'un consensus.

Plus largement, rassembler des données objectives et les mettre à la disposition de ceux dont elles traduisent les actions constitue un instrument de gestion très efficace.

Ainsi, dans le service d'entretien mécanique, des tableaux comparant les dépenses d'entretien de l'usine avec celles des trois

---

ENCADRÉ 51

**Les effets d'une procédure de recueil
et d'utilisation de données**

« Pour les tiges-cadres[1], si on n'avait pas ce contrôle permanent par l'intermédiaire de cette personne-là [le " supercuviste "], on serait obligé régulièrement de revenir à l'assaut : " N'oubliez pas les consignes, est-ce qu'elles sont respectées, ne les oubliez pas ", d'insister. Là non. Si nous avons des chiffres tous les jours : *les chiffres parlent d'eux-mêmes* et *les gens le savent, suivent la consigne.* C'est une espèce de garde-fou pour la dérive demi-certaine de nombre de consignes dans la qualité du travail » (chef de service, fabrication, série B).

« Il y a des cuvistes qui savent qu'ils sont contrôlés et *ils sont toujours curieux de savoir leurs résultats pour essayer d'améliorer leur fonctionne-ment.* C'est noté dans un livre, chaque cuviste a sa fiche, disons » (surveillant).

« Les chutes tiges-cadres sont passées de 25 mV en mai 81 à 10 mV (en janvier 83), ce qui fait 75 kWh/t » (chef de service, fabrication, série A).

« C'est un résultat qu'on n'osait pas espérer, puisque dans un premier rapport on pensait qu'on allait pouvoir descendre jusqu'à à peu près 15 mV. Donc, en fait on est allé plus loin » (chef de service, fabrication, série B).

1. Il s'agit des contacts entre les tiges d'anodes et les superstructures des cuves. Suivant la qualité du contact entre les deux surfaces, la perte de tension « peut aller de 5 à 10 mV quand tout va bien, jusqu'à 50 à 60 mV. » Des mesures de cette perte sont faites maintenant après chaque mise en place d'anode, et cette mise en place est revue quand le contact n'est pas bon.

---

usines américaines du groupe[1] sont présentés à la maîtrise « en lui montrant les efforts à faire pour atteindre le niveau des usines les plus performantes ». Ces tableaux, explique le chef de service, permettent de rassurer les « contremaîtres qui craignent des incidents avec des budgets trop bas », et de leur montrer qu'on peut gagner en efficacité.

Au moment où nous avons effectué nos investigations, une procédure de ce type avait été mise en place quelques mois auparavant dans le service principal de fabrication, avec des

---

1. Celles des usines françaises n'ayant pas été obtenues, ce qui est, avons-nous vu, loin d'être sans signification.

résultats particulièrement spectaculaires (cf. encadré 51). Il a été décidé que le meilleur ouvrier de chaque équipe serait déchargé de son travail habituel pour exercer, hors de tout rôle hiérarchique, une fonction de suivi de la qualité du travail de chaque cuviste. Les résultats de ses observations et des mesures qu'il effectue sont consignés dans un cahier, où chacun a sa fiche. Ce cahier n'est pas enfermé dans le bureau de la maîtrise. Posé sur une table, en un lieu où les intéressés se rendent fréquemment, il est à leur disposition pour qu'ils le consultent, ce qu'ils font en fait fréquemment. Aucune sanction ni récompense provenant de la hiérarchie n'est associée à ces résultats. Mais les cuvistes « sont toujours curieux de savoir leurs résultats pour essayer d'améliorer leur fonctionnement ». Et l'amélioration du travail résultant de la mise en place de cette procédure a dépassé les espérances les plus optimistes des responsables.

Principes universels
et traditions locales

Notre périple est achevé. Nous n'avons visité que quelques pays. Nous n'avons fait qu'esquisser dans chacun d'eux les voies d'une gestion appropriée (et des recherches permettant d'aller plus loin se poursuivent). Pourtant, nous pouvons déjà y voir plus clair sur quelques grandes questions touchant l'art de gérer : comment articuler les nécessités universelles de la gestion et la prise en compte des particularismes propres à chaque société ? Parmi les facettes innombrables d'une société, quelles sont celles qui, plus que d'autres, concernent la gestion ? Dans quelle mesure celle-ci doit-elle reposer sur des actions réfléchies qui, se fondant sur l'expérience et sur la raison, apportent des solutions soigneusement pesées à des problèmes dûment analysés ? Et comment ces actions interfèrent-elles avec le respect apparemment indépassable de traditions que l'on ne transgresse pas sans trembler, dans une révérence irréductible pour des formes issues du passé ?

Intégrer sans étouffer

Gérer une entreprise demande sous tous les cieux de faire coopérer des hommes à une œuvre commune, généralement sous la pression exigeante des acheteurs et des concurrents. Chacun de ces hommes a sa vie propre, ses propres désirs, ses objectifs, sa stratégie, qu'aucune magie ne met spontanément en harmonie avec la capacité de l'ensemble à produire efficacement. Le besoin d'intégrer des actions individuelles dans une marche collective est un impératif universel de la gestion. Et partout cet impératif est difficile à satisfaire. Car il faut coordonner, mais sans étouffer pour autant, sans casser l'enthousiasme de chacun, ses désirs d'aller de l'avant, d'innover, de créer, sans le « démotiver ». Comment avoir la main à la fois ferme et légère ? Comment faire entrer chacun dans un projet commun sans décourager les fortes personnalités ? Comment éviter une anarchie improductive sans s'enfoncer pour autant dans une routine improductive elle aussi ? Pris entre ces impératifs que personne n'est jamais vraiment arrivé à parfaitement concilier, les gestionnaires naviguent entre Charybde et Scylla. Et les entreprises ne trouvent jamais leur équilibre une fois pour toutes, les corrections faites aujourd'hui aux dérives d'hier étant toujours lourdes des dérives de demain.

Or ces hommes qu'il faut ainsi intégrer sans les asphyxier sont profondément marqués par la manière dont la société à laquelle ils appartiennent leur a appris à vivre avec leurs semblables, tout au cours de leur existence familiale, sociale, politique, etc. Chaque société les soumet pour cela à de multiples pressions (mêmes celles qui se veulent les plus « libres ») tout en leur ménageant de grandes marges de liberté (aucune n'est une fourmilière). Aucune société n'a trouvé de manière idéale de concilier les nécessités de la vie collective et le désir d'autonomie de ses membres, et chacune d'elles opère tant bien que mal cette conciliation suivant une approche qui lui est propre. Elle a ses recettes qui font partie de son identité. Elle apprend pour cela à chacun à considérer certaines pressions comme légitimes, ou du moins comme tolérables, et d'autres comme inacceptables. Elle sacralise certaines limites, certains interdits, qui pourront paraître étranges en certains lieux, et laisse libre là où ailleurs on rencontrerait des barrières infranchissables. Une entreprise ne peut négliger tout cela. Elle doit, sous peine de révolter ou de démotiver, éviter d'utiliser des pressions qui sont considérées comme illicites par ceux sur qui elles s'exercent. Elle doit éviter, de même, de tenter de se servir de barrières qui, respectées ailleurs parce qu'elles reposent sur des interdits solides, ne le sont pas là où elle opère. Et elle doit savoir s'appuyer sur les conceptions du légitime et de l'illégitime, de l'impensable et du pensable, du bien et du mal de ceux qu'elle emploie.

Ainsi chacun des pays où nous ont porté nos pas a-t-il donné le jour à une manière bien à lui de faire vivre les hommes en société. Et ces différences, auxquelles les entreprises doivent s'adapter, sont d'autant plus remarquables que les États-Unis, les Pays-Bas et la France paraissent, à l'échelle de la planète, relever de traditions bien proches.

Trois manières de vivre en société

La vie américaine est marquée par le règne du contrat. L'impulsion donnée en ce sens par les pèlerins venus s'établir, il y a plusieurs siècles, sur les rivages de la Nouvelle-Angleterre n'a pas seulement modelé sans défaillance les institutions publiques des États-Unis. Ses effets ne sont pas seulement présents dans le fonctionnement général du marché. Ce règne s'étend dans la vie interne des entreprises. Les institutions où il s'incarne sont différentes, certes, suivant qu'on a affaire aux contrats triennaux que les directions passent solennellement avec les syndicats ouvriers, ou aux quasi-contrats que la direction par objectifs conduit à instaurer entre divers niveaux d'encadrement. On reste en fait dans des rapports inspirés par le modèle du contrat passé entre un fournisseur qui se doit d'être honnête et un client qui peut se permettre d'être exigeant, à condition de définir clairement ce qu'il veut et de payer justement le service fourni. De plus, l'ensemble de ceux qui règlent ainsi l'articulation de leurs intérêts forme une communauté d'hommes libres, fondamentalement égaux malgré leurs différences de richesse et de pouvoir, unis par une loyauté partagée envers la communauté. Plus le sentiment de communauté est fort, plus les rapports d'intérêts que règlent les contrats peuvent l'être en confiance et dans un esprit de coopération. Et plus l'entreprise peut être productive. La gestion américaine dans sa stricte organisation et dans ses « relations humaines » est animée par cette double conception du lien social.

Les Pays-Bas privilégient d'autres types de rapports, dans la vie des entreprises comme dans la vie politique, entre ceux qui ont à ajuster leurs intérêts. Tout ce qui y ressemble à l'exercice d'une pression, formelle ou informelle, fût-ce au nom des droits que donne une position d'autorité, y est très mal accepté. Les sanctions, parfois brutales, que le système américain associe volontiers à la non-exécution des contrats y trouvent difficilement leur place. Pour s'ajuster entre pairs comme entre supérieur et subordonné, on se parle, on argumente, on met en avant des données factuelles qui seront examinées avec attention et objectivité, on se convainc. Il est du devoir de chacun de chercher à s'accorder, et de respecter les accords qu'il a passés. Quand de nouvelles données objectives

257

interviennent, chacun peut susciter de nouvelles discussions, conduisant à un nouvel accord. Et si on est peu satisfait de la situation que ses arguments ont été capables d'obtenir, il serait mal venu de se servir individuellement, ou en groupe, des atouts dont on dispose pour exercer une forme ou une autre de pression. Il ne reste plus qu'à se retirer. La gestion hollandaise utilise cet esprit de conciliation en mettant en œuvre de multiples procédures de concertation et en diffusant largement des informations factuelles susceptibles d'étayer l'argumentation des responsables en direction de tous ceux qu'ils ont à convaincre.

La France demeure la patrie de l'honneur, des rangs, de l'opposition du noble et du vil, des ordres, des corps, des états, qui se distinguent autant par l'étendue de leurs devoirs que par celle de leurs privilèges. Personne n'est prêt à s'y plier à la loi commune mais chacun aura à cœur d'être à la hauteur des responsabilités que fixent les traditions de son état. Et le sens de l'honneur interdit, à ceux qui ont quelque prétention, de défendre leurs intérêts de la façon mesquine qui sied au vulgaire. Intransigeant si on prétend l'avilir, chacun devra se montrer modéré, sous peine de déchoir, dans les innombrables affrontements où l'engagent des ajustements qu'aucun contrat, aucune règle, aucune pression générale du groupe, ne sauraient déterminer. S'il lui est peu tolérable d'être en position servile, c'est bien volontiers qu'il rend service, pour peu qu'on sache le lui demander avec les égards qu'il mérite. Prêt à suivre sans compter un chef révéré tant que celui-ci ne lui demande rien qui l'abaisse, il l'est tout autant à se rebeller devant une autorité qu'il méprise lorsque, exercée par un « petit chef » ou un « valet des puissants », elle reste vile, quels que soient ses pouvoirs officiels. Distinguant éminemment l'officiel de l'officieux, la gestion française tient souvent compte de tout cela, sans le dire, et même sans se le formuler. Elle peut beaucoup mieux encore éviter de démobiliser ceux qui, à tous les niveaux, ne demandent qu'à se sentir responsables, et les inviter à sortir d'une vision facilement trop locale de leur action en élargissant la perception qu'ils ont des conséquences de celle-ci.

Chacune de ces sociétés, comme n'importe quelle autre, est marquée par de fortes traditions qui régissent la manière dont les hommes y vivent en société. Le constater, sentir les limites que pareil état de fait dresse face à notre désir démiurgique, doit-il nous inciter à nous résigner, à nous « abandonner aux traditions », à renoncer à nos capacités d'organisation rationnelle ? Des représentations fallacieuses, édifiées par la modernité, nous y invitent sans doute. Nous ne devons pas en être dupes.

Le discours de la modernité

La modernité a fait un grand rêve : affranchir la vie des hommes, les rapports qu'ils entretiennent avec leurs semblables, la manière dont ils se gouvernent et celle dont ils se représentent le monde, de toute croyance, de tout préjugé, de tout respect des traditions, de tout attachement viscéral à un sol, un peuple, une lignée. Elle n'a prétendu connaître que la nature et la raison. Elle a voulu désenchanter le monde, dissoudre les mythes, abolir les rites. Des résistances, bien sûr, se manifestaient, arc-boutées sur le poids du passé. Mais elles étaient réputées bien localisées dans l'obscurantisme de la religion, de l'astrologie ou du racisme, dans l'envoûtement superstitieux produit par les dictateurs et les charlatans de tout poil. Pendant ce temps, le noble vaisseau de la raison était supposé faire son chemin, arrachant une humanité de plus en plus éclairée au poids d'archaïsmes voués à terme à disparaître. Et la science, la démocratie, pures, immaculées, préfiguraient ce que serait un jour le destin glorieux d'une terre nouvelle...

La vision commune de l'entreprise, fer de lance de la modernité, a été profondément marquée par ces perspectives. S'appuyant sur le savoir rationnel de la science et de la technique, arrachant les hommes aux particularismes de leurs terroirs pour les rassembler en un lieu marqué par un esprit d'innovation allergique aux préjugés, l'entreprise n'était-elle pas un canal essentiel de diffusion des nouveaux idéaux ? Et pour concevoir la manière d'y faire coopérer les hommes, de l'organiser, n'allait-il pas de soi qu'il fallait s'appuyer exclusivement sur la nature et sur la raison ? Qu'il fallait définir des méthodes, des procédures, des structures, qui ne devaient tenir compte, en dehors de la nature humaine universelle, que d'une nature physique d'où découlaient les « impératifs de la production » ?

Bien sûr, ceux qui en ont la moindre expérience savent que la vie des entreprises, comme celle du reste de la société, est marquée par bien d'autres choses. L' « irrationnel » y fleurit, les conduites « passionnelles », le poids des habitudes, des « esprits de clan » ou de « chapelle » ; un attachement viscéral à ce que l'on qualifie volontiers de l'extérieur de « traditions dépassées » ; des révoltes violentes contre une atteinte à ce qui apparaît aux intéressés comme des « droits sacrés ». Mais, dans une vision moderne, tout cela n'a pas réellement droit de cité, ne constitue qu'une face obscure, honteuse, d'un monde encore imparfait, face dont on ne peut faire état dans les beaux modèles de la théorie, à moins que ce ne soit pour lui jeter l'anathème et envisager les moyens de s'en purger. Tout dans la vie des entreprises devrait rentrer dans le moule des stratégies et contre-stratégies, des règles, des procédures, et de l'élaboration de compromis soigneusement dosés. L'univers des méthodes de gestion est un univers d'hommes sans racines et sans vraies passions, univers d'intérêts bien pesés, d'application raisonnable, avec éventuellement une pointe de bons sentiments, plus proche dans sa vision des hommes des romans à l'eau de rose que de l'épaisseur trouble que nous font goûter Cervantès ou Shakespeare.

Il existe, bien sûr, un autre discours moderne sur l'entreprise, pour qui celle-ci n'est pas un lieu d'organisation rationnelle, mais d'exploitation et d'aliénation. On passe alors du roman rose au roman noir. Dans le discours gestionnaire, c'étaient les passions qui divisent, les enracinements de clocher, de groupe social, de classe qui étaient traitées volontiers de préjugés « archaïques ». Dans le discours contestataire ce sont aux passions qui unissent qu'est réservé le même sort. Et la notion d'aliénation est alors bien commode pour construire des discours qui n'ont rien à envier sans doute à ceux des médecins de Molière. Attachement à l'entreprise : aliénation ; respect pour les chefs : aliénation ; dévouement à la production : aliénation, vous dis-je ; désir d'être honoré : aliénation ; esprit de service : aliénation, que diable !... Et parfois le discours gestionnaire et celui de l'aliénation se rencontrent. L'enracinement de métier, qui résiste à une gestion « rationnelle » de la main-d'œuvre, comme à l'unification de la classe ouvrière dans les luttes, est doublement suspect.

Par rapport à ce type de représentation, le discours actuel sur les cultures d'entreprise constitue à maint égard un retour à un sain réalisme. Il conduit à regarder enfin comme faisant partie de la vie normale des entreprises certains phénomènes trop longtemps occultés. Mais les lumières qu'il apporte restent bien partielles.

La célébration des cultures d'entreprise

L'intérêt pour les cultures d'entreprise est né d'une inquiétude étonnée des entreprises américaines face à la concurrence japonaise. Comment un pays tellement imprégné de traditions et de préjugés pouvait-il avoir une économie à ce point efficace ? Et, à travers le cas japonais, les traditions ont commencé à être vues d'un tout autre œil. On est vite passé d'un émerveillement anxieux pour la cohésion japonaise au désir d'acquérir celle qui s'attachait aux « fortes cultures d'entreprise », que l'on pouvait déjà trouver dans les « meilleures » entreprises américaines. Et les théoriciens de la gestion se sont détournés des outils rationnels (structure, contrôles, etc.) pour parler de *productivity through people*, d' « adhésion », de « loyauté », d' « implication », d' « engagement », toutes choses liées, disaient-ils, à des « valeurs partagées », à des « croyances ». On s'est mis à regarder l' « irrationnel » d'un autre œil, à moins le considérer comme un obstacle à une « modernisation » nécessaire, et plus comme une source de dévouements parfois sans mesure capables d'aller, dans certaines professions, jusqu'à des sacrifices héroïques.

On n'a pas obtenu pour autant, comme par un coup de baguette magique, une compréhension approfondie de ce qui était en cause et de l'articulation entre la gestion et la « culture ». Il n'était pas facile de rendre compte des sentiments et des conduites nouvellement célébrés, en se servant du cadre d'analyse utilisé habituellement pour comprendre les sociétés « modernes ». Pareils sentiments et pareilles conduites échappent trop pour cela au monde froid des intérêts, du calcul et du pouvoir comme au monde gentiment aseptisé des « relations humaines ». Un autre cadre se présentait, qui rendait compte d'enracinements passionnels dans des traditions vivaces, en parlant de sacré, de rites et de mythes : l'approche « culturelle » de sociétés traditionnelles. Il a été possible en se servant de cette approche de commencer à penser autrement que comme résidu ce qui, dans la vie de nos entreprises, échappe à une vision qui se veut « moderne ». Mais bien des

261

difficultés demeurent. Les réflexions sur les cultures d'entreprise ne font qu'un usage plutôt métaphorique des notions élaborées par l'anthropologie culturelle [1]. Et il n'est pas certain que ces notions soient vraiment adaptées à ce nouvel emploi.

Le point le plus délicat porte sans doute sur la manière dont ce qui relève de la « culture », et donc du respect des traditions propres à un groupe particulier, s'articule avec ce qui se rattache à l'usage d'une raison organisatrice vouée à l'universel.

Construisant leur propre image, les sociétés « modernes » ont élaboré simultanément une contre-image des sociétés « traditionnelles ». S'imaginant totalement affranchies des pesanteurs du passé, et des particularismes de groupe, elles ont eu tendance à imaginer leur contre-image entièrement assujettie à ces pesanteurs. Se voyant composées d'individus choisissant volontairement de vivre en « société », et organisant celle-ci par des institutions, fruit de leur autonomie créatrice, elles ont volontiers imaginé ceux qui vivaient dans leur contre-image comme entièrement englués dans une « communauté » où la tradition régirait les actes de chacun dans les moindres détails. Et dès qu'on parle de culture, cette contre-image mythique a tôt fait de se dessiner en filigrane [2].

Le terme de culture d'entreprise tend à son tour à évoquer pareille image, ou du moins une de ses variantes. Il existe dans notre imaginaire occidental une sorte de vision idyllique de la « bonne » communauté, patrie du « bon sauvage » où régnerait une harmonie spontanée, sans règles, sans rôles, sans procédures. Cette vision est revenue en force dans les années 60. Et la notion de culture d'entreprise lui doit beaucoup. Elle incite alors à voir dans la gestion par la culture, par les symboles, un substitut à la gestion par les procédures [3]. « *Soft is hard* », diront les nouveaux gourous, et que l'informel se substitue au formel. Plus besoin, à la limite, de système d'information sophistiqué, si on pratique le *management by wandering around*. Plus besoin d'organisation systématique, si

---

1. A. L. Wilkins et W. G. Ouchi, « Efficient cultures : exploring the relations between culture and organizational performance », *ASQ*, septembre 1983.
2. Les travaux actuels sur les sociétés « traditionnelles », tels ceux de G. Balandier sur l'Afrique, montrent son peu de réalisme, mais elle n'a pas disparu pour autant.
3. C'est à ce type d'orientation que s'attaque G.-Y. Kervern dans « L'Évangile selon saint Mac », *Annales des Mines*, « Gérer et comprendre », mars 1986.

des groupes de volontaires se réunissent spontanément pour résoudre les problèmes pendants, etc. Suivant que l'on est plus ou moins radical, on pourra aller plus ou moins loin dans cette voie (et si l'on est très prudent, on cantonnera l'usage de la culture à quelques temps festifs destinés à créer un sentiment de communauté). Dans tous les cas, la culture sera vue comme concurrente de l'organisation rationnelle et des procédures.

Or, notre périple de pays en pays nous a conduits à des perspectives bien différentes.

Être simultanément rationnel et traditionnel

Les recherches que nous avons pu faire dans les trois sociétés « modernes » que sont les États-Unis, les Pays-Bas et la France ne nous ont pas simplement rappelé que la modernité n'y a pas triomphé sans partage et qu'il y existe des traditions, des particularismes, vivaces. Elles ont plus profondément transformé notre perception des rapports entre le moderne et le traditionnel.

Ainsi, aux États-Unis, la législation qui encadre les rapports contractuels entre directions d'entreprise et syndicats, chacun des contrats couvrant une entreprise particulière, et les méthodes de gestion par objectifs sont indiscutablement « modernes ». Tout cela constitue bien, en effet, le fruit de grands efforts d'organisation rationnelle orientée vers une recherche d'efficacité. Mais cette modernité n'est nullement antitraditionnelle. Car le système contractuel s'appuie sur une tradition très forte de respect religieux des contrats, laquelle remonte aux origines de la société américaine et constitue un particularisme qui lui est propre. On peut dire que le système contractuel est *simultanément* moderne et traditionnel, qu'il s'appuie *simultanément* sur les manières d'être, de vivre en société, que l'on a coutume d'attribuer de façon exclusive aux sociétés soit modernes, soit traditionnelles. Le rapport qu'il établit entre, d'une part, les structures et les procédures et, d'autre part, les traditions est un rapport d'adéquation, de synergie, non de concurrence. Les traditions seraient impuissantes si elles ne se matérialisaient pas par des structures et des procédures, comme les structures et les procédures seraient impuissantes sans traditions capables de les faire respecter.

De même, si l'on regarde la France, on trouve des groupes (ingénieurs, agents de maîtrise, ouvriers) profondément attachés à des valeurs « modernes » de compétence technique, de bonne marche d'installations industrielles, d'efficacité productive. Mais le respect de ces valeurs est intimement associé au sentiment que chacun a de son honneur et à la force des traditions propres à l'état, à l'ordre, au corps auquel il se rattache. Être fidèle à la tradition d'un état porteur de valeurs de modernité pousse à être « moderne » dans la mesure où cette tradition l'exige. Et là encore on sera *simultanément* traditionnel et moderne.

Si l'on se tourne vers les Pays-Bas, on retrouve la même situation. Des systèmes tout à fait « modernes » de concertation, à tous les niveaux, y sont mis en place. Et ce sont les traditions du pays qui rendent le système efficace. Ils relèvent *simultanément* du traditionnel et du moderne.

Dans ces trois pays, la forme d'intégration des individus à la collectivité ne relève nullement d'un sentiment diffus d'appartenance à une communauté où tous se fondraient (suivant la *vision* plus ou moins mythique de la culture souvent associée à l'image des sociétés « primitives »). L'intégration passe par le sens que chacun a de son devoir, lequel exige le respect de règles, de rôles, de procédures. L'illusion de la modernité a été de croire qu'un individu soumis par son sens du devoir à sa propre conscience ne relevait plus (à l'image de celui que hante l'impératif catégorique kantien) que de la nature et de la raison. A partir de là, il était logique de penser que l'organisation moderne de la société par des règles, des rôles et des procédures ne relèverait à son tour que de la nature et de la raison. Mais en fait le sens du devoir est modelé par des traditions qui conditionnent la structure même de la conscience morale, privilégiant dans cette conscience l'honnêteté et le respect des contrats aux États-Unis, l'intégration dans la communauté aux Pays-Bas, l'attachement à l'honneur en France. Et quand des individus bâtissent rationnellement les institutions qui organisent leur manière de vivre ensemble (étant ainsi résolument modernes) tout en étant animés par un sens du devoir fruit d'une tradition propre à une communauté nationale, ils se montrent simultanément « modernes » et « traditionnels ».

Pareille capacité à être à la fois moderne et traditionnel est essentielle pour un gestionnaire. Il ne doit pas se contenter de mettre en place, au nom de la culture, une « gestion par les symboles », qui risque fort de produire du pseudo-traditionnel de pacotille. Et il lui faut éviter de se laisser enfermer dans l'alternative fallacieuse que présente le discours de la modernité, respecter les traditions et se montrer passif, ou innover au mépris de toute tradition. Cela n'est pas vrai que dans les sociétés qui se prétendent « modernes ». S'il se trouve en Afrique noire, un gestionnaire avisé ne cherchera pas à répandre la religion du contrat et à lutter contre la force des groupes. Ce serait peine perdue. Mais il mettra en place des itinéraires professionnels et un découpage des attributions tels que ceux dont il est important qu'ils coopèrent efficacement constituent un groupe. Il aura ainsi intelligemment innové dans le respect des traditions [1].

Pareille combinaison de sens des traditions et d'esprit d'innovation est nécessaire en particulier à qui veut agir sur la culture d'une entreprise.

On ne modèle pas pareille culture comme Yahvé prenant de la glaise modela Adam. Une entreprise est marquée par de multiples traditions, ayant de multiples origines, dont la plupart échappent totalement, ou du moins largement, à l'emprise des responsables. Les cultures nationales, bien sûr, pèsent de tout leur poids, même là où les plus grands efforts sont faits pour créer, au-delà des frontières, une culture d'entreprise originale [2]. Elles sont loin d'être les seules ; elles ne font en effet que définir, à grands traits, des manières de vivre ensemble d'individus et de groupes qui, restant à maints égards très différents les uns des autres, possèdent leur culture (on dit parfois leur sous-culture) singulière. Il existe, dans un pays donné, une infinité de traditions propres à des groupes régionaux, ethniques, religieux, sociaux, professionnels, de sexe, d'âge, etc. Et chaque entreprise est riche d'un vaste ensemble de traits culturels liés aux multiples origines des membres de son personnel. En outre, chaque usine, atelier, équipe de travail qui

---

1. Ph. d'Iribarne, « Cultures nationales et gestion. Un problème de ponts roulants dans une usine camerounaise », *Annales des Mines*, « Gérer et comprendre », n° 5, décembre 1986.
2. Cf. les travaux de G. Hofstede sur IBM : *Culture's Consequences*, Sage Publications, 1980.
Croire que l'existence de cultures nationales et celle de fortes cultures d'entreprise sont incompatibles relève là encore d'une vision monolithique et totalitaire des cultures empruntées à une fausse idée des sociétés « primitives ».

existe en son sein, a ses traditions particulières. Parmi les traits culturels que l'on y rencontre, ceux qui, étant à la fois entièrement spécifiques et communs à l'ensemble de ses parties, constituent au sens strict sa culture propre, ne forment qu'un élément d'un vaste ensemble.

Mais voir cela ne doit pas inciter à l'immobilisme. En matière de conceptions de la vie en société, un nombre infini de variations peuvent être associées à chaque thème national. Si, par exemple, les traditions américaines veulent que l'on définisse minutieusement les droits et devoirs de chacun et les critères qui serviront à le juger, elles sont loin de spécifier totalement quels devront être ces droits, ces devoirs et ces critères. Le champ est large ouvert alors pour une pluralité de traditions d'entreprise. Plus généralement, ce qui « se fait » et « ne se fait pas », dans la manière de rentrer en contact, de marquer les distances hiérarchiques, de surveiller ou de faire confiance, d'accepter ou de refuser de coopérer, de mettre l'accent sur le technique ou le commercial, d'être plus ou moins favorable au risque, etc., est précisé dans chaque entreprise par des traditions spécifiques. Et tout un champ d'action s'ouvre alors pour les dirigeants. Est-ce à dire qu'ils peuvent faire bon marché du passé et recréer des traditions *ex nihilo* ? Non certes. N'est pas qui veut un grand fondateur. Mais les traditions comportent souvent une multitude de courants, d'interprétations, de variantes, parmi lesquels une action réfléchie peut aider certains à s'épanouir tout en laissant d'autres en sommeil.

Petits détails et grands principes

Au moment de conclure, quelle dernière idée présenter au lecteur, en formant le vœu qu'il veuille bien la recevoir ? Insister peut-être une dernière fois sur le fait que la gestion d'une entreprise, dans chacun des détails concrets dont elle est faite, ne relève pas d'un autre univers que la compréhension générale de la marche des sociétés et du gouvernement des hommes. Quand, pour gérer, il faut savoir susciter l'enthousiasme de ceux que l'on dirige et éviter de les scandaliser, on a besoin de comprendre ce qui enthousiasme et scandalise. C'est, bien sûr, ce qui a rapport aux grands principes, au légitime et à l'illégitime, au pensable et à l'impensable, au bien et au mal, qui est en cause. Mais les grands principes ne relèvent pas d'un monde à part. Ils entrent en jeu dans ce qui peut paraître simple détail technique, une définition d'attribution, un programme de formation, une procédure de contrôle[1].

Voir les choses ainsi est peut-être particulièrement difficile en France, où l'on établit volontiers des frontières étanches entre un savoir clérical, qui relève des sphères « élevées » de la pensée, et un savoir pratique, « terre à terre » ; les clercs imprégnés de haute pensée répugnent autant à descendre dans les problèmes d'intendance que ceux qui ont à gérer ces problèmes répugnent à voir les clercs s'en mêler. Pour ma part j'ai bien conscience que, ayant entrepris de mettre en relation des questions de contremaîtres ou de ponts roulants, avec des considérations relatives au gouvernement des hommes ou au destin de la modernité, je me suis mal conformé à des habitudes bien établies. Que le lecteur veuille bien croire que je ne l'ai fait ni par fantaisie ni par volonté de provocation, mais aiguillonné par le désir de comprendre des faits déroutants pour trouver les voies d'une action plus lucide. J'espère que, au nom du respect de traditions plus profondes, cette transgression de nos préjugés me sera pardonnée.

1. Cela n'étant pas vrai seulement dans les entreprises. Ainsi on pourrait analyser, dans le même esprit, la façon dont des procédures parfaitement admissibles dans les universités américaines apparaissent comme scandaleuses si on veut les appliquer aux universités françaises.

Annexes

Repères bibliographiques

Les travaux permettant d'éclaircir la manière dont la gestion des entreprises doit s'adapter à la diversité des traditions nationales appartiennent à plusieurs courants bien distincts.

Il existe un courant de littérature significatif relatif à la « pratique des affaires » dans un contexte international et aux négociations avec des partenaires, spécialement commerciaux, appartenant à d'autres cultures. Ce courant met l'accent sur les questions de « communication interculturelle ».

Ainsi la *Harvard Business Review* publie de temps en temps un article portant sur ce type de sujet [1]. La revue *International Management* lui donne pour sa part une très large place [2]. Pour l'essentiel, les conseils donnés en la matière s'appuient directement sur l'expérience pratique, sans grande recherche de systématisation et de théorie. Toutefois, on voit parfois faire référence à des travaux d'anthropologie, tels ceux de E. Hall. Ceux-ci opposent par exemple, de manière tout à fait suggestive, les cultures, telles que la culture américaine, où la place de l'implicite est relativement réduite, aux cultures, telles que la culture japonaise, où cette place est beaucoup plus large [3]. Et on comprend facilement les difficultés que rencontrent ceux qui ont été modelés par des cultures du premier type quand il leur faut interpréter les messages subtils qu'émettent volontiers ceux qu'ont formés des cultures du second type.

Ce qui relève de la gestion interne des entreprises et spécialement des entreprises multinationales est l'objet de plusieurs types d'approches.

Une première génération de recherches, d'inspiration anglo-saxonne, date du début des années 60. Marquée par le souci de la preuve qui caractérise le monde dont elle est issue, elle a conduit à réaliser des comparaisons systématiques d'attitudes entre managers ou entre membres du personnel d'entreprises appartenant à divers pays. Ces recherches se sont appuyées pour cela sur de larges enquêtes par questionnaire, réalisées simultanément dans un nombre plus ou moins élevé de pays. Un intérêt spécial a été porté à ce qui concerne les rapports hiérarchiques et en particulier à l'opposition entre styles de direction plutôt « autoritaires » d'un côté et plutôt « démocratiques » de l'autre.

Ainsi une recherche portant sur des managers appartenant à quatorze pays (États-Unis et treize pays d'Europe de l'Ouest) a mis en évidence l'existence de différences notables entre ces pays quant aux croyances des managers en la capacité des individus en matière d'initiative et de leadership [4]. Il est apparu que ces différences opposaient plutôt des groupes de pays ayant des traditions culturelles voisines (pays latins, pays anglo-saxons, etc.), que des pays proches par leur niveau d'industrialisation. Et les auteurs de la recherche ont observé que les méthodes américaines de gestion, largement exportées à travers les manuels, reposaient sur une conception de l'homme qui n'était guère partagée en dehors des États-Unis.

Les recherches de Geert Hofstede, menées entre 1967 et 1978, constituent une sorte d'accomplissement des travaux faits en mettant en œuvre pareille approche [5]. Utilisant 116 000 questionnaires, remplis par des employés d'une célèbre multinationale, elles ont conduit à classer cinquante-quatre pays, industriels ou du tiers monde, suivant quatre « dimensions des cultures nationales ». Celles-ci vont d'une opposition entre « grande ou petite distance hiérarchique », à une opposition entre « masculinité et féminité ». Au total on voit se dessiner des différences marquées entre les valeurs qui marquent les sociétés « modernes » et « traditionnelles », pendant que le contraste entre pays « anglo-saxons », « germaniques » et « latins », se dessine de nouveau.

Cette utilisation massive d'enquêtes par questionnaires a permis de commencer à préciser les rapports entre cultures nationales et gestion. Elle a permis de réaliser des investigations portant sur de vastes échantillons d'individus et de nombreuses cultures. Elle laisse pourtant dans l'ombre un certain nombre de questions essentielles en matière de gestion.

Une culture nationale ne se réduit pas à une collection de

dimensions indépendantes. Elle correspond à un ensemble de traits possédant une certaine cohérence. Parmi eux certains paraissent plus fondamentaux, ne serait-ce que parce qu'ils résistent au temps, et toute gestion ne peut que les considérer comme donnés. D'autres, au contraire, paraissent susceptibles d'être remis en cause. Il ne suffit pas, pour les distinguer, d'enregistrer un ensemble d'attitudes à un moment donné.

S'il est intéressant de mettre en relation de façon relativement intuitive de grands traits culturels et des styles généraux de gestion, il est peut-être encore plus utile de rentrer plus avant dans le concret des procédures et de l'adaptation de celles-ci.

D'autres approches laissent donc de côté les enquêtes extensives par questionnaires, pour réaliser des études de cas approfondies [6]. Elles reposent largement sur des comparaisons attentives des fonctionnements réels d'unités de production situées dans des pays différents. Et les contrastes ainsi observés aident à mettre en évidence les spécificités de chaque pays. Cette perspective permet d'acquérir un nouveau regard sur les outils de gestion utilisés. On voit mieux comment ces outils, souvent conformes en théorie aux standards internationaux, sont mis en œuvre en pratique, et avec quels résultats, compte tenu des conduites réelles du personnel. On peut ainsi mieux comprendre ce qui sous-tend les adaptations déjà réalisées par les diverses gestions et définir les voies d'adaptations plus poussées.

On peut, par ailleurs, trouver des éléments de réflexion intéressants dans des travaux qui, sans donner directement une grande place aux questions de gestion, éclairent les spécificités nationales en matière de fonctionnement des entreprises. On peut citer spécialement à cet égard ce qui relève de la sociologie des organisations, particulièrement sous sa forme comparative [7].

Michel Crozier a effectué, il y a plus de vingt ans, un travail de pionnier sur les entreprises françaises [8]. Il a cherché à mettre en évidence la façon dont leur fonctionnement est un produit de la manière française de vivre en société. Ses recherches continuent à être une source féconde d'inspiration pour l'analyse de la vie des organisations. Elles ont toutefois souffert du fait que la perspective comparative n'y est qu'esquissée, ses travaux de terrain ne s'étant en fait déroulés qu'en France. Et, écrivant dans une époque particulièrement éprise de modernisme, il a eu tendance à ne voir qu'archaïsmes dépassés dans ce qui rattache un certain style français à toute une tradition.

La recherche française dans ce domaine est actuellement particulièrement vivante, spécialement au sein de diverses équipes du CNRS. On peut citer en particulier les recherches menées par le LEST (Laboratoire d'économie et de sociologie du travail). Celles-ci comparent, au sein de divers pays, les rapports entre l'organisation des entreprises et les itinéraires professionnels des membres de leur personnel [9]. Elles ont conduit à mettre en évidence certains traits d'une adaptation réciproque entre ce qui relève de l'un et l'autre domaine. On peut citer également les travaux du GLYSI (Groupe lyonnais de sociologie industrielle) sur les types d'organisation, qui, s'appuyant sur les cultures locales, permettent le fonctionnement d'installations automatisées dans des sociétés sans traditions industrielles [10].

Références

[1] Cf. John L. Graham et Roy A. Herberger Jr., « Negotiators abroad — don't shoot from the hip », *HBR,* juillet-août 1982.
[2] Cf. sa rubrique « Cross-cultural contact ».
[3] Robert T. Moran, « Cross-cultural contact », *International Management,* septembre 1986.
[4] Cf. Mason Haire, Edwin E. Ghiselli et Lyman W. Porter, « Cultural Patterns in the role of managers », *Institute of Industrial Relations,* vol. 2, n° 2. Cet article a été repris dans Theodore D. Weinshall (*ed.*), *Culture & Management,* Londres, Penguin Books, 1977.
[5] Geert Hofstede, *Culture's Consequences : International Differences in Work Related Values,* Beverly Hills - Londres, Sage Publications, 1980.
[6] *Revue française de gestion,* numéro spécial sur « Cultures nationales et gestion », n° 64, septembre-octobre 1987.
[7] Cf., sur les grandes orientations de cette discipline, Karlene H. Roberts et N. A. Boyacigiller, « On national organizational research. The grasp of the blind man », *Research in Organizational Behavior,* n° 6, 1984.
[8] Michel Crozier, *Le Phénomène bureaucratique,* Paris, Éditions du Seuil, 1963.

[9] Cf. Marc Maurice, François Sellier et Jean-Jacques Silvestre, *Politiques d'éducation et Organisation industrielle en France et en Allemagne*, Paris, PUF, 1982.

[10] Jean Ruffier, « La gestion de l'automatisation : un modèle mexicain », *Revue française de gestion*, n° 64, septembre-octobre 1987.

La recherche

Le présent ouvrage, qui s'inscrit dans un programme de recherche portant sur les rapports entre la gestion des entreprises et les cultures nationales, constitue l'aboutissement de sa première phase. La logique générale du programme le conduit à se développer suivant une double démarche.

D'une part, l'aire géographique couverte est progressivement étendue. Outre la France, les Pays-Bas et les États-Unis, dont nous avons traité ici, nos investigations ont porté jusqu'à présent sur le Québec, le Cameroun, l'Inde, la Yougoslavie, la Pologne et la Hongrie. De premiers résultats ont été publiés[1], et l'élaboration des matériaux recueillis se poursuit. Nous prévoyons d'étendre nos travaux à relativement court terme aux principaux pays de la CEE. Nous cherchons ainsi à reconnaître, au sein des diverses traditions nationales, les traits qui jouent un rôle essentiel dans les questions de gestion, en distinguant ce qu'ils ont de plus permanent des manières plus contingentes par lesquelles ils s'expriment à un instant donné.

Par ailleurs, une fois réalisés les travaux de base permettant de comprendre les grandes lignes de la manière de vivre en société qui prévaut dans un pays donné, il reste à cerner de plus près un ensemble de questions de gestion spécifiques, en discernant les points sur lesquels les pratiques de gestion demandent particulièrement à être adaptées aux diverses cultures. Nous cherchons en

---

1. Cf. l'article déjà cité « Un problème de ponts roulants dans une usine camerounaise », ainsi que les articles de T. Globokar (« Mieux motiver pour mieux gérer : un enjeu pour l'Europe socialiste »), M. Matheu (« Taylor et Peters au pays d'Arjuna ») et J.-P. Segal (« La gestion participative : une comparaison États-Unis, Québec, France ») publiés dans le numéro spécial de la *Revue française de gestion* sur « Cultures nationales et gestion », septembre 1987.

particulier à cerner pas à pas quelles peuvent être, dans de multiples domaines (allant de l'utilisation de la recherche par les entreprises au fonctionnement de la première ligne d'autorité), des pratiques de gestion adaptées aux spécificités françaises.

Nous cherchons en outre, en nous appuyant sur ces travaux concernant des terrains bien circonscrits, à mettre à jour les processus fondamentaux qui, de manière générale, régissent les rapports entre les traditions nationales, le fonctionnement des entreprises et la gestion. Nous mettons l'accent en la matière sur ce qui, dans la manière dont s'organise le gouvernement des hommes et la coopération entre pairs au sein d'une entreprise, reflète la façon singulière dont chaque société conçoit la « bonne » façon de vivre ensemble.

En ce qui concerne les méthodes adoptées, le recoupement d'observations détaillées faites à un niveau très local (une usine ou même une partie d'usine) et à un niveau général (la structuration générale de la société et son organisation politique) s'est montré extrêmement fécond. C'est ce qui se retrouve aux divers niveaux qui est réellement caractéristique d'une société nationale. On peut plus facilement appréhender à un niveau local le déroulement réel du jeu complexe des rapports entre les individus et les groupes. Mais le capital de réflexions et d'élaborations dont on dispose quant aux règles du jeu en vigueur porte plutôt sur le fonctionnement général de la société (cf. l'utilisation que nous avons pu faire de Montesquieu et Tocqueville). Par ailleurs, dans les pays où nous avons recoupé les observations faites dans plusieurs entreprises, nous avons pu voir que ce qui, dans chacune d'entre elles, se retrouvait à un niveau plus large, se retrouve également dans les autres entreprises.

Les données recueillies dans les entreprises sont de plusieurs sortes :

— d'une part des documents qui traduisent les divers aspects de la gestion et du fonctionnement de chaque usine (contrat d'entreprise, textes définissant les procédures, formulaires utilisés dans ces procédures, tels qu'ils sont remplis au cours du fonctionnement ordinaire de l'usine, rapports périodiques ou occasionnels, etc.) ;

— d'autre part des entretiens avec le directeur de l'usine, le responsable du personnel et des représentants des divers niveaux hiérarchiques (des chefs de service aux ouvriers), au sein d'un service de fabrication et d'un service de maintenance en relation avec celui-ci. Ces entretiens portent sur les divers aspects de la vie quotidienne de la production, qu'il s'agisse de la vie interne de chaque service, et en particulier du fonctionnement des relations hiérarchiques, ou des rapports entre services. Ils sont enregistrés et minutieusement transcrits.

Les entretiens sont une voie d'accès privilégiée à ce qui relève des évidences partagées, suscite adhésion ou réprobation, est légitime ou illégitime. Ils sont très précieux pour interpréter les données plus factuelles fournies par les documents rassemblés.

A partir de ces matériaux nous avons procédé à une sorte de construction progressive d'un puzzle, cherchant à découvrir quelles structures plus ou moins cachées se dessinaient derrière leur apparent désordre. Ce n'est qu'ainsi que nous avons pu progressivement découvrir les richesses contenues dans les données que nous avions recueillies, ce qui apparaissait constituer des bizarreries prenant sens et ce qui était jusqu'alors paru sans intérêt se révélant parfois porteur d'une information importante.

Les formes du vivre et travailler ensemble que nous avons ainsi dégagées n'étaient en un sens nullement dissimulées aux regards. Elles inspirent en effet les conduites les plus publiques. Mais l'expérience a montré qu'elles étaient néanmoins difficiles à appréhender. Cela est en tout cas vrai dans les sociétés « modernes », qui sont officiellement régies par des formes d'organisation « rationnelles ». Pareille vision (et c'est un intérêt essentiel des recherches comparatives portant sur les sociétés de le montrer) fait partie du « discours indigène » que ces sociétés tiennent sur elles-mêmes. On voit, dans la comparaison, se dégager la force des traditions spécifiques propres à chaque société nationale, traditions plus ou moins dissimulées (à la manière de la « lettre volée ») derrière le discours « moderne ».

« Gestion et société », qui mène cette entreprise, est une équipe de recherche du CNRS. Elle anime un réseau de chercheurs de diverses nationalités qui participent à ses travaux. Et elle met l'accent sur le fait que les recherches comparatives ne peuvent résulter simplement de la juxtaposition de démarches faites en parallèle par une série d'équipes travaillant sur leurs propres pays. Ses recherches se prolongent par des activités d'enseignement et de conseil, celles-ci concernant la gestion de filiales étrangères, l'utilisation d'outils de gestion formés dans d'autres cultures, ou l'élaboration de pratiques réinterprétant dans un contexte industriel les traditions qui marquent la vie en société d'une culture particulière.

Table

LES ÉTATS-UNIS OU L'ÉCHANGE « FAIR » ENTRE ÉGAUX

PRINCIPES UNIVERSELS ET TRADITIONS LOCALES

ANNEXES

IMPRIMERIE B.C.I. À SAINT-AMAND (5-95)
DÉPÔT LÉGAL : OCTOBRE 1993. N° 20784-2 (4/411)

Collection Points

SÉRIE ESSAIS